Dr. Klaus Grehn

Die Farben meines Lebens

Der Maler, Grafiker und Bildhauer
Prof. Gerhart Lampa

Ich widme dieses Buch Gerhart Lampa und seinen Künstlerfreunden

Liebe Leserin, lieber Leser,

Prof. Gerhart Lampa lernte ich auf einer Ausstellung vor vielen Jahren kennen. Bereits in unserem ersten Gespräch zog er mich in seinen Bann. Vom Ansehen wirkte er zunächst auf mich eher wie ein Intellektueller im positivsten Sinne. Was sich aber dann bereits in den nächsten Gesprächen und erst recht später, als wir Freunde wurden, als viel zu enge Betrachtung herausstellte. Es erwies sich, dass er ein kluger, bescheidener, uneigennütziger, großherziger, zuverlässiger, geradliniger, immer freundlicher Mensch und ein großartiger Künstler war, dem, und das wissen nicht nur sehr viele seiner Freunde und Bekannten, es große Freude bereitete, anderen zu helfen oder ihnen etwas zu schenken. Wenn er wusste, dass er jemandem mit einem Bild eine Freude machen konnte, es „bei demjenigen in guten Händen sein würde", verschenkte er es, auch wenn er es hätte verkaufen können. Nie war er rechthaberisch oder darauf aus, im Mittelpunkt zu stehen, auch wenn es ihm zustand. Nie habe ich ihn laut werdend erlebt. Er konnte aufmerksam zuhören und seine Meinung mit Sachlichkeit und durch die ruhige, wohlbedachte Art ihres Vortrages durchsetzen. Zu seinen Lebensmaxime gehörte es, seinen Künstlerkollegen Hilfe und Unterstützung zu geben und jüngere Kollegen an die Kunst heranzuführen. Unvergessen bleibt sein ausgeprägter Humor, seine Schalkhaftigkeit und seine unbändige Lebensbejahung, die ein Teil von ihm selbst und seiner Kunst waren.

In Gesprächen zwischen Gerhart und mir stellten wir viele Übereinstimmungen fest. Beide sind wir Jahrgang 1940, haben beide Erinnerungen an den 2. Weltkrieg, haben beide in unserer Biografie ähnliche Brüche und das soziale Engagement hat bei uns einen sehr hohen Stellenwert. In vielen unserer philosophischen, politischen, geschichtlichen und menschlichen Auffassungen stimmten wir überein. Beide waren wir daran interessiert, das Wissen um die regionalen Künstler und ihre Werke lebendig zu halten und etwas dafür zu tun. Mit der Biografie über die Bildteppichweber Christa und Günter Hoffmann wurden diese Gespräche intensiver und ich habe ihm angeboten, seine Biografie zu schreiben. Ich erinnere mich an diesen Tag sehr genau, den Tag der Ausstellung des „kleinen Formats" im Geschäft der Schmuckdesignerin Christine Przybilski. Es war der Tag, an dem ich tief betroffen von der sehr schweren Krankheit eines besonders engen langjährigen Freundes von Gerhart erfuhr: Der Maler Eckhard Böttger, der von Gerhart auch als Kollege hochgeschätzt wurde: „Was für ein Maler, der Maler!". Auch ihn kannte ich durch Gespräche auf Ausstellungen und durch den Erwerb einiger seiner wunderbaren Bilder. Inzwischen zählt er zu den besonders guten Freunden unserer Familie.
Angesichts der vielen Übereinstimmungen zwischen uns und der Persönlichkeit des Künstlers war die Entscheidung, das Manuskript für den guten Freund, den besonderen Künstler und Menschen zu erarbeiten, folgerichtig. Die Arbeit daran verfolgte das Ziel, Vorstellungen Gerharts möglichst nahe zu kommen und mein Versprechen zu erfüllen. Zugleich hoffe ich, getreu unserer Diskussionen über den Inhalt dieser Biografie, dass mit ihr auch für die Künstler der Region und die Region selbst etwas getan werden konnte.

Um aber aus dem Manuskript ein Buch werden zu lassen, bedarf es mehr, denn das Setzen, Drucken, Layouten und Binden verursacht erhebliche Kosten. Diese Kosten konnten durch Spenden gedeckt werden.

Impressum

ISBN 978-3-86929-150-5

Layout: Verlag am Ilse-See
Druck: Druck+Satz, Großräschen
www.drucksatz.com

Künstler der Lausitz, Biografien Band 2

Titelbild: Selbstbildnis Gerhart Lampa

Danksagung

Ganz herzlich möchte ich allen Sponsoren danken, die den Druck des Buches ermöglichten.

Mein ganz besonderer Dank gilt Frau Barbara Seidl-Lampa, die sowohl das ihr nach dem Tode ihres Mannes übergebene Geld, als auch Geld aus Verkäufen von Bildern für das Buch spendete. Zugleich danke ich den Käufern dieser Bilder, dem Kreisverband des DRK und der Hochschule Lausitz, Senftenberg (FH).
Mein besonderer Dank gilt auch dem Bürgermeister der Stadt Senftenberg, Herrn Andreas Fredrich, der nicht nur sehr erfolgreich weitere Sponsoren gewann, sondern das Projekt sehr tatkräftig unterstützte.

Der Dank richtet sich an folgende Sponsoren:
die Stadt Senftenberg,
den Zweckverband Lausitzer Seenland Brandenburg,
den LionsClub,
die Kommunale Wohnungsgesellschaft mbH Senftenberg,
den Theaterförderverein,
die Rechtsanwaltskanzlei Grehn, Weiß, Schubert und deren
Kollegen für ihre unkomplizierte Hilfe in Notsituationen.

Mit Bedauern habe ich zur Kenntnis genommen, dass die großen Unternehmen der Region das Projekt nicht unterstützen oder auf die Bitte nicht reagierten.

Gerhart Lampa im Oktober 1986.
Bild seines Freundes Wolfgang Joswig.
Joswig schrieb dazu:
"Lieber Gerhart, in Deinem zukünftigen Dasein werden Dich 'Personalfotos' ständig begleiten – denn die Serie ist unerschöpflich – Bild 1" (siehe oben, K.G.) „halte ich wert für die Memoiren, weil in typischer Grundhaltung ..."

Zum Geleit

Der Knabe

Ich möchte einer werden so wie die,
die durch die Nacht mit wilden Pferden fahren,
mit Fackeln, die gleich aufgegangenen Haaren
in ihres Jagens großer Winde wehn.
Vorn möchte ich stehen wie in einem Kahne,
groß und wie eine Fahne aufgerollt.
Dunkel, aber mit einem Helm von Gold,
der unruhig glänzt. Und hinter mir gereiht
zehn Männer aus derselben Dunkelheit
mit Helmen, die, wie meiner, unstät sind,
bald klar wie Glas, bald dunkel, alt und blind.
Und einer steht bei mir und bläst uns Raum
Mit der Trompete, welche blitzt und schreit,
und bläst uns eine schwarze Einsamkeit,
durch die wir rasen wie ein rascher Traum:
Die Häuser fallen hinter uns ins Knie,
die Gassen biegen sich uns schief entgegen,
die Plätze weichen aus; wir fassen sie,
und unsere Rosse rauschen, wie ein Regen.

Reiner Maria Rilke*

* Rilke: Das Buch der Bilder, Insel Verlag, 1955, S.25

Das Lieblingsgedicht Gerhart Lampas befindet sich am Beginn des Epilogs.

Gliederung

„Kunst ist nicht das Brot, aber der Wein des Lebens“

Liebe Leserin, lieber Leser,

die Menschheit hat viele ihrer wichtigen Erkenntnisse zu Lebensweisheiten verdichtet. Die Kenntnis einer dieser Lebensweisheiten, die ich dem Maler, Grafiker, Bildhauer und Freund Prof. Gerhart Lampa verdanke, habe ich zum Leitmotiv seiner Biografie gewählt:

„Kunst ist nicht das Brot, aber der Wein des Lebens.“

Als ich mit dem Schreiben der Biografie dieses weit über die Lausitz hinaus bekannten, das künstlerische Schaffen in der Lausitz prägenden Künstlers begann, planten wir, dass die Biografie anlässlich seines 70. Geburtstag erscheinen sollte. Der gemeinsamen Arbeit an der Aufbereitung seiner Lebensstationen und seines Lebenswerkes widmete sich der schon schwerkranke Künstler mit bewundernswerter Energie. Dankbar denke ich an die vielen langen Gespräche über sein Leben, seine Kunstwerke, zu philosophischen Aspekten der Kunst und Kultur, zur Stellung und Aufgabe der Kunst in Theorie und Praxis der Gesellschaft, zu geschichtlichen Aspekten der Kunst und Kultur, um nur die wichtigsten Themen zu nennen. Diese Gespräche, die weitgehend der dem Künstler vorgelegten inhaltlichen Gliederung der Biografie folgten, wurden ergänzt durch die Darstellungen und Erläuterungen zu seinen Bildern und seinen Steinsetzungen. Gerhart Lampa hat nach Kräften durch die Bereitstellung von Unterlagen und Dokumenten aus seinem Archiv die Arbeit an dem Manuskript gefördert und bereichert. Erst nach seinem Tode, als seine Frau, Barbara Seidl-Lampa, mich mit seinem Archiv vertraut machte, erkannte ich das riesige Ausmaß seines Fundus an Bildern, persönlichen und Zeitdokumenten, für dessen Aufarbeitung ihm nicht mehr die Zeit und die Kraft blieb. Eine weit über diese Biografie hinausgehende Aufarbeitung seines Werkes und seines Archivs wird notwendig sein, um das Schaffen und Wirken des Künstlers in all seinen Facetten zu würdigen und der Öffentlichkeit zugänglich zu machen.
Der Inhalt dieses Buches stützt sich somit auf die Dokumentationen der Gespräche mit dem Künstler, auf die Dokumente und Unterlagen seines Nachlasses, auf die Auswertung von Beiträgen in Katalogen, Presse, Rundfunk und Fernsehen sowie auf in Gesprächen getätigte Aussagen von Freunden und Gefährten aus den verschiedenen Lebensabschnitten Gerhart Lampas.

Sicher, das der Biografie vorangestellte Leitmotiv wird in einer stark auf die materiellen Dinge des Lebens orientierten Gesellschaft weniger deutlich reflektiert, doch aufgehoben ist seine Gültigkeit deshalb nicht. Im Gegenteil! Die Wirkungen der stark gewachsenen materiellen Herausforderungen bedürfen für eine ausgewogene Lebensgestaltung einer starken Kompensation, um Körper und Geist, Leib und Seele in der notwendigen Balance zu halten. Vielleicht wird diese Tatsache in den weiteren im Verlaufe der Biografie genannten ähnlichen Lebensweisheiten und Erkenntnissen deutlicher: „Kunst ist nicht das Brot, aber der Wein des Lebens.“ „Wo viel Kunst, da ist viel Weisheit“.

Schiller stellte in seinem Fiesko fest: „Kunst ist die rechte Hand der Natur“ und im Wallenstein: „Ernst ist das Leben, heiter ist die Kunst ...“

Dies alles sind Lebensweisheiten, die für alle Künste und auf allen Ebenen gelten. Sie gelten also auch für die bildende Kunst. Dieser wendet sich dieses Buch zu. In der Lausitz lebten und leben glücklicherweise viele auch überregional bekannte Künstler. Es gibt viele Gründe, die zu der Gefahr führen, dass diese Künstler und ihre Werke in der eigenen Region in Vergessenheit geraten. Damit beraubt sich die Region nicht nur der oben beschriebenen Wirkungen des Schaffens ihrer Künstler. Sie wird, wenn dieses Vergessen und die daraus erwachsenden Wirkungen fortschreiten, ein sehr wichtiges Stück ihrer Originalität, ihrer Anziehungskraft auf Menschen anderer Regionen und die Bindungskraft für die Menschen der eigenen Region verlieren. Zu diesen Künstlern gehören Schriftsteller/innen, Schauspieler/innen, Bildhauer/innen, Grafiker/innen, Maler/innen, Bildteppichweber/innen. Zu den vielen Künstlern, die mit ihren Werken den Bürgern der Lausitz Freude, Genuss und Entspannung gebracht haben und bringen, die auf sehr unterschiedliche, ihrer Kunst gemäßen Art und Weise, Kunde aus und über die Braunkohlenregion in die Welt getragen haben, gehören u.a. Eva und Erwin Strittmatter, Jürgen von Woyski, Ernst Sauer, Heinz-Karl Kummer, Günter Rechn, Dieter Dressler, Dieter Clausnitzer, Frank Merker, Günter Friedrich, Margo und Günter Wendt, Christa und Günter Hoffmann, Alfred Müller, Prof. Gerhart Lampa, Eckhard Böttger, Georgios Wlachopulos, Bettina Winkler, Rudolf Graf, Paul und Elke Böckelmann, Solveig Bolduan, Hanspeter Bethke, Hans Scheuerecker, Bernd-Dieter Hüge, um nur einige beim Namen zu nennen und von denen viele mit Gerhart Lampa befreundet waren. Aber auch die Künstler, die sich in Senftenberg in dem Kreis 07 zusammengefunden haben, oder Künstler, die in der Lausitz ihre Wurzeln haben, wie Georg Baselitz, Harald Metzkes, Siegfried Krepp u.v.a.m. gehören dazu.

Die Werke vieler dieser Künstler oder auch die Künstler selber, mit denen ich, das Gespräch suchte, lernte ich durch Ausstellungen und Vernissagen kennen. Bei einigen entwickelte sich aus diesem Kennenlernen eine engere Freundschaft. Dazu gehören neben der Bildteppichweberin Christa Hoffmann, die Maler Eckhard Böttger und Gerhart Lampa.

Das Buch „Gewebte Poesie – die Bildteppichweber Christa und Günter Hoffmann“ war der Versuch, einen Weg der Rückbesinnung auf die Künstler und ihre Werke zu finden. Dieser Weg soll nun mit der Biografie über den Maler und Grafiker Prof. Gerhart Lampa fortgesetzt werden. Zugleich soll das Buch der Band 2 einer Buchreihe über Künstler aus der Lausitz sein. Schön wäre es, wenn weitere Autoren sich an der Fortsetzung dieser Reihe beteiligen würden.

In der Biografie über die Hoffmanns wurde die Tatsache vermerkt, dass viele der Lausitzer Künstler miteinander befreundet waren, zumindest sich aber kannten. Zu denen, die nicht genannt wurden, obwohl mit den Hoffmanns bekannt, gehörte u. a. der Maler, Grafiker und Bildhauer Prof. Gerhart Lampa, der seine Bilder auf Ausstellungen im In- und Ausland sehr erfolgreich präsentierte.

Natürlich kannte ich einige der beeindruckenden Bilder des weit über Brandenburg hinaus bekannten und geachteten Künstlers. Er selber aber war mir als Person vor meinem Umzug in die Lausitz lediglich aus Abbildungen in der Presse und seinen Katalogen bekannt. Erst auf einer Vernissage mit seinen Bildern in der Rechtsanwaltskanzlei Grehn und Kollegen in Senftenberg, in der u.a. auch Eckhard Böttger und Bernd Winkler Bilder ausstellten, traf und sprach ich mit ihm. Es war der Beginn der späteren Freundschaft zwischen uns, d.h. zwischen ihm, seiner Frau, der verehrten Figurengestalterin Barbara Seidl-Lampa, auf der einen Seite und meiner Frau und mir auf der anderen Seite. Inzwischen haben meine Frau und ich nicht nur zu den Kunstwerken von Barbara Seidl-Lampa und Gerhart Lampa ein inniges Verhältnis, sondern auch zu den beiden

Künstlern. Jüngst schien es mir, dass auch unsere Enkelinnen eine Bindung zu den Bildern von Gerhart Lampa und den Skulpturen von Barbara Seidl-Lampa entwickeln. Als wir unlängst mit ihnen in dem so anheimelnden Atelier der beiden Künstler in Ruhland waren, erhielten sie von Gerhart Lampa eines der bekannten kleinen Formate, die er so gerne und so häufig verschenkte. Zu Hause schrieben sie auf die Rückseite: Einfach schön. Vom Künstler selbst überreicht!
Bei der nicht leichten Auswahl unter den vielen Künstlern für diesen zweiten Band der Reihe Lausitzer Künstler habe ich mich für Gerhart Lampa entschieden. Gründe dafür sind auf Seite 3 genannt. Natürlich ist der wichtigste, den Freund, den Künstler und sein umfangreiches Schaffen als Maler, Grafiker und Bildhauer zu würdigen, es in dem Bewusstsein und dem Leben der nachfolgenden Generationen zu erhalten, dem Wunsch folgend, sie mögen damit Eingang in die Lebensgestaltung dieser Generationen finden.
Gerhart Lampa hat diesen Generationen durch seine Kunstwerke sehr viel zu sagen und zu geben. Das ist unbestreitbar. Aber es gibt da noch einiges mehr.

Es ist der philosophierende Maler, auf den die Feststellung von Lessing in Emilia Galotti zugeschnitten scheint:

„Der denkende Künstler ist noch eins soviel wert“,

dessen Ansichten uns nachdenklich machen und die lehrreich sind.

Es ist der Geschichtenerzähler, der mit und durch seine Geschichten die Menschen fesselt. Einige dieser Geschichten, die Gerhart Lampa so lebendig erzählen konnte und die für viele von uns so interessant sind, werden in verschiedenen Kapiteln dieses Buches Eingang finden.

Es ist der Gerhart Lampa, der zu der Generation der im Krieg Geborenen gehört. Ein Mensch jener Generation, die den Krieg noch erlebt hat und die dieses Erlebnis ein ganzes Leben mit sich herumgetragen hat. Die letzte Generation der lebenden Zeitzeugen, die ihr Leben lang versucht haben, die Schrecken der Kriegserlebnisse zu verarbeiten und die Erkenntnisse und Schlussfolgerungen aus diesem Verarbeiten deutlich zu machen.
An vielen Stellen des umfangreichen Schaffens von Gerhart Lampa wird der Prozess des Verarbeitens deutlich, wie etwa in jenen Bildern, die durch die Bombardierungen der Städte Magdeburg und Dresden oder durch eigene familiäre Entwicklungen und Geschehnisse in dieser Zeit geprägt wurden. Wir werden auch diese Erfahrungen, Erkenntnisse und Schlussfolgerungen des Künstlers in das Buch einfließen lassen.
Auch die diesen Kindheitsjahren folgenden Lebensabschnitte von Gerhart Lampa waren wechselvoll und durch viele Brüche geprägt. Aus diesen Lebensabschnitten erwuchsen die Lebenserfahrungen, wurden die Lebenshaltungen und Einstellungen Gerhart Lampas geformt und führten zu seinen Lebensweisheiten.
So wird das Buch in seiner Gliederung den Lebensabschnitten des Künstlers folgen: Kindheit und Jugend, Vorstationen auf dem Weg zur Malerei, Studium und Ausbildung, 9 Jahre Museumsdirektor, Theater und Malsaal, der freischaffende Künstler, Kataloge, Laudationes, Bildfonds, Lehrtätigkeit, Steinsetzungen, der Maler und sein Werk im Spiegel der Medien, der gereifte, philosophierende Künstler.
Nach dem Tod von Gerhart Lampa wurde es notwendig, der Biografie ein weiteres Kapitel als Epilog anzufügen. Es ist dem Nachruf des Künstlers gewidmet.

Liebe Leserin, lieber Leser,

Gerhart Lampa hat ein sehr umfangreiches Lebenswerk hinterlassen. Es ist völlig unmöglich, es in diesem Buch in seiner Gesamtheit aufzunehmen. Daraus entstanden für den Autor zwei Fragen: Welche Werke aus den einzelnen Schaffensperioden werden in das Buch aufgenommen und wo werden sie platziert? Die Auswahl folgt dem Bestreben, einen möglichst breiten Einblick in das vielseitige Schaffen zu geben. Hinsichtlich der Platzierung der Bilder habe ich mich entschieden, sie weitestgehend hintereinander einzuordnen. Dafür bot sich das Kapitel 5 an. Innerhalb der anderen Kapitel sind eine Reihe von Werken aus der jeweiligen Schaffensperiode genannt und auch beispielhaft aufgenommen, um ihre Einordnung zu erleichtern.
Ich hoffe, dass dieses Verfahren sein Ziel erreicht.

Jedes Leben, so sagt man, ist ein Roman. Das wechselvolle Leben und Schaffen von Gerhart Lampa, dem Maler, dem philosophierenden Maler (oder malenden Philosophen?), dem Grafiker, Bildhauer, dem Historiker und Germanisten, dem Museumsdirektor und Hochschullehrer, dem Geschichtenerzähler ist ein Roman.
Tauchen Sie mit mir ein in die Bilder-, Gedanken- und Lebenswelt von Gerhart Lampa. Als Mittler zwischen ihnen und dem Künstler bin ich mir sicher: Sie werden es nicht bereuen.

Ich danke allen, die mir bei der Erfüllung meines Versprechens gegenüber Gerhart Lampa, seine Biografie zu schreiben, geholfen haben.
Mein besonderer Dank gilt seiner Ehefrau, Barbara Seidl-Lampa für die Hilfe bei der Durchsicht des Nachlasses, die Hilfe bei der Auswahl der in diesem Buch aufgenommenen Bilder. Angesichts des Umfangs der von Lampa geschaffenen Bilder war dies eine wahrlich große Arbeit. Ich danke ihr für die Gespräche über ihren Ehemann.

Mein Dank gilt den Freunden und Kollegen von Prof. Lampa für die Gesprächen und die mir zur Nutzung überlassenen Unterlagen. Ohne eine der Hilfen vergessen zu haben möchte ich die Unterstützung durch den Bürgermeister der Stadt Senftenberg, Herrn Andreas Fredrich, durch Hans-Peter Rößiger, Dr. Klaus Trende, Bernd Gork, Prof. Alfred Tempel, Prof. Adolf Böhlich, Bernd Leubner und Steffen Rasche hervorheben.
Dank auch den Kolleginnen und Kollegen des Verlages am Ilse-See.

Ich danke meiner Frau für ihre Hilfe und ihr Verständnis in den manchmal stressigen Phasen der Arbeit an diesem Buch.

„Kunst will Fleiß“

Kindheit und Jugend

Geht es Ihnen, liebe Leserin, lieber Leser, auch so? Immer dann, wenn ich bemerkenswerte Künstler/innen entdecke, frage ich mich: Ist ihnen die Begabung, das Talent bereits in die Wiege gelegt? Waren die Eltern bereits Künstler? Oder ist das Talent in Mühen herangewachsen und gereift? Das Ergebnis solcher oder ähnlicher Überlegungen mündet immer in der Suche nach einer Antwort. Naturgemäß beginnt diese Suche in der Betrachtung der Kindheit und Jugend der Person, die mein Interesse geweckt hat. So lassen Sie mich auch bei Gerhart Lampa mit der Suche nach einer Antwort auf die obige Frage in seiner Kindheit und Jugend beginnen und dabei möglichst wenige der prägenden Ereignisse übersehen.

Gerhart Lampa wurde am 11. August 1940 in Magdeburg im Kloster der lieben Frauen, in der „Ottonen – Stadt“, an einem Sonntag um 12 Uhr, als alle Glocken läuteten, wie er lächelnd hinzufügt, geboren. Er fügt hinzu, dass diese Tatsache seine historischen Rückblicke immer geprägt habe. In der Tat werden wir bei der Betrachtung des Lebenswerkes von Lampa immer wieder auf verschiedene Art und Weise mit geschichtlichen Betrachtungen und Sichtweisen konfrontiert, mehr als man zunächst erwartet, auch wenn wir wissen, dass er im Fernstudium Geschichte studiert hat.
Lampa betrachtete die Zeit unter Otto dem Ersten als die erste Chance zur Gründung eines großen Reiches, das aber dann, auch „Dank der römischen Kaiser deutscher Nation“, in viele kleine Einzelstaaten zerschlagen wurde. Es waren insbesondere die Bauten aus dieser Zeit, die für ihn prägend waren. Ich erwähne das, weil der in den verschiedenen Lebensabschnitten des Künstlers zu beobachtende Hang zur Architektur nicht zu übersehen ist. (siehe u.a. Kapitel 2).

Gerhart Lampa wurde an einem Sonntag geboren. Wem fallen, wenn er an Sonntagskinder denkt, nicht die zahlreichen Geschichten ein, etwa die vom Tannhäuser, der sich nur den Sonntagskindern zeigt. Sonntagskinder sind immer etwas besonderes, werden als Glückskinder bezeichnet. Sind sie vielleicht auch begabter als jene Menschen, die an anderen Wochentagen geboren wurden? Ist die Sonntagsgeburt von Gerhart Lampa bereits der Fingerzeig auf seine künstlerische Begabung? So recht will ich es nicht glauben, aber vielleicht finden wir ja in seiner Biografie einen Hinweis darauf.
Lampa wuchs in Rogätz auf. Seine Erziehung, so schildert er, erfolgte durch seine Großeltern und seine Mutter. Sein Vater, fährt er fort, „verschwand in der Geschichte, auf Grund seiner historischen Bindung an das Dritte Reich, in Hamburg. Er hat uns sicher geprägt was Äußerlichkeiten angeht, aber mehr nicht.“ Und doch werden wir später sehen, dass Lampa sich auch in Bildern mit seinem Vater, Gerd Schäfer, und mit dessen Nähe zu dem berüchtigten SS-Führer Reinhard Heydrich und seinem von der Ideologie geprägten Verhalten auseinandersetzt.

Wie sehr ihn jedoch sein Großvater geprägt hat lässt seine Aussage: „Alles weitere war mein Großvater" erahnen. Dieser inhaltsschwere kurze Satz verdeutlicht einerseits die starke Bindung an den Großvater und andererseits dessen großen Einfluss auf den in der Großfamilie Heranwachsenden. In einer Laudatio für Gerhart Lampa anlässlich der Ausstellungseröffnung am 11. Juli 2005 im Rathaus Senftenberg, die dem 65sten Geburtstag des Künstlers gewidmet war, beschreibt der Laudator, Hans-Peter Rößiger den Einfluss des Großvaters: „Aufgewachsen in einer großen Landwirtschaft im Anhaltinischen, erfährt er" (Lampa K.G.) „vor allem von seinem Großvater, einem gebildeten ehemaligen Offizier in der kaiserlichen Kriegsmarine, die Tugenden menschlicher Haltungen, welche Lampa prägen und die er bis heute lebt." (Die gesamte Laudatio siehe Kapitel 7 K.G.)
Auf Grund seiner Stellung geriet der Großvater in die Auseinandersetzungen des Boxeraufstandes 1900 in China und des Herero-Aufstandes 1904 in Afrika. Für das Kind Lampa waren die distanzierenden Erzählungen seines Großvaters über die Art und Weise dieser Auseinandersetzungen für seine humanistische Bildung von großer Bedeutung.
Das oben genannte Zitat „... aber mehr nicht" erinnert mich sehr an einen von Gerhart Lampa genannten Charakterzug seiner Mutter: Sie sei rigoros gewesen, sagt er und nennt als Beispiel die Trennung vom Vater, die sie (für den Autor nachvollziehbar) rigoros verwirklicht hat. Als sie einen neuen Partner kennenlernte, nahmen auch die Kinder dessen Namen an. Gerhart Lampa benennt Ereignisse, die zu unüberbrückbaren Gegensätzen zwischen dem Vater einerseits und den übrigen Familienmitgliedern andererseits geführt haben. Dazu gehören Geschichten aus seiner Kindheit, die für ihn „einmalig sind".
Bevor ich diese Geschichten wiedergebe, lassen Sie mich, liebe Leserin, lieber Leser, hervorheben, dass Gerhart Lampa nicht nur über einen ansehnlichen Fundus an Geschichten verfügt, sondern auch ein brillanter Geschichtenerzähler ist. Seine Familie und seine Freunde wissen darum. Und so werde ich hin und wieder eine dieser Geschichten wiedergeben.

Nun zu der oben angekündigten Geschichte: Die Großeltern väterlicherseits hatten einen sehr großen Bauernhof. Auf diesem Bauernhof arbeiteten während des zweiten Weltkrieges Gefangene und Deportierte. Wichtig ist Gerhart Lampa, dass seine Großeltern „die Gefangenen und Deportierten wie Menschen behandelten, und sie nicht wie in der Industrie in irgendwelche Baracken gesteckt haben". Er erzählt das sehr plastisch: Eine junge Deportierte, sie war erst 16 Jahre alt, hieß Halina und war Polin, litt besonders unter dieser Deportation, das um so mehr, als sie buchstäblich durch die SS von der Straße weg nach Deutschland deportiert wurde. Da auch die Mutter von Gerhart Lampa noch sehr jung war, entwickelte sich ein schwesterliches Verhältnis unter den beiden Frauen. Eine solche Entwicklung „störte den Herrn Gerd Schäfer" und er versuchte, diese Art des engeren Umgangs zu unterbinden, wo er nur konnte. Die Familie von Gerhart Lampa führte bis zur Trennung der Mutter von ihrem Mann den Namen Schäfer. Nach der Trennung und dem Eingehen einer neuen Partnerschaft erhielten auch die Kinder aus erster Ehe den Namen dieses neuen Partners: Lampa.

Die Folge der harschen Versuche einer „Disziplinierung" von Lampas Mutter durch ihren Mann war eine Auseinandersetzung zwischen dem Vater und dem Großvater, die zu einem prägenden Erlebnis für Gerhart Lampa wurde. Auf die Feststellung des Großvaters gegenüber dem Vater: „Dieses Mädchen (Halina) kümmert sich um deine Kinder wie eine Mutter, wie man es sich nicht besser vorstellen kann, denn wir haben keine Zeit, wir müssen uns um den Hof kümmern, damit

ihr euren Scheißkrieg weiterführen könnt", antwortete der Vater: „Wärest du nicht mein Vater, dann würdest du im KZ landen."
Den Inhalt dieser Auseinandersetzung hat die Mutter Gerhart Lampa geschildert. In ihr sei, so die Mutter, danach etwas zerbrochen. Sie schilderte Gerhart, dass sie einiges geahnt hatte, was in Magdeburg in der Industrie passierte und was im Krieg durch die deutschen Armeen angerichtet wurde. Nichts aber hatte sie von den KZ's gewusst, nicht hatte sie geahnt, in welcher Weise die eigene Familie in diese Entwicklung einbezogen sei.
Halina hat übrigens nach der Öffnung von Polen Anfang der 70iger Jahre Lampas mit ihren Kindern besucht. Als sie Gerhart sah, war sie zunächst sehr erschrocken, weil er seinem „Erzeuger" so ähnlich war.

Es ist nicht nur diese Geschichte aus der eigenen Familie, die sich tief in das Gedächtnis des Kindes Gerhart Lampa eingeprägt hat und die später einer der Gründe sein wird, sich in seinen Bildern damit auseinander zu setzen. Es sind auch die eigenen Begegnungen und der Umgang mit den sogenannten Kriegsgefangenen und Deportierten, die wie Freunde zu ihm und seinen 3 Jahre jüngeren Bruder waren und die mit ihnen, wenn sie konnten, spielten.
Folgende Geschichte erzählte Gerhart Lampa darüber:
„Auf dem großväterlichen Bauernhof lebten und arbeiteten polnische und französische Deportierte. Einer von ihnen hatte das besondere Vertrauen des Großvaters. Dem sagte der Großvater, dass er ruhig, sollte der Ortsbauernführer einmal kommen, sagen sollte: ‚Ich nix verstehen...' und weggehen solle. Dieser Naziknecht sollte die Bauernhöfe dahingehend prüfen, ob die Deportierten auch wirklich schlecht behandelt wurden. So gab es natürlich Betten und gutes Essen beim Großvater für alle, doch das durfte dieser Ortsbauernführer nicht wissen. So begab es sich, dass der eines Tages am Hoftor stand und Einlass begehrte. Der polnische Arbeiter tat wie ihm geheißen und ging in den Stall. Stattdessen liefen dem Ortsbauernführer zwei riesige unfriedliche Dobermänner entgegen und fletschten die Zähne. Sie gewährten ihm keinen Zugang. Der Nazi ging unverrichteter Dinge davon. Dafür wurde der Großvater nach Magdeburg ins Amt zitiert. Dort wurde ihm die Berichterstattung des Ortsbauernführers in einem fürchterlichen Deutsch vorgetragen, so auch, dass er den Hof wegen der beiden Dobermänner nicht betreten konnte.
Der Großvater sagte dazu mit einfältiger Mine: ‚Tja, ich versuche schon lange, den Dobermännern den Unterschied zwischen einem Polaken und einem Ortsbauernführer zu erklären, aber sie scheinen die deutsche Sprache nicht zu verstehen ...'
Stets, wenn die Bauern beim Bier in dem Dorfkrug saßen und der Ortsbauernführer auch in der Nähe war, wurde dieses zitiert: ‚Na, kann dein Hund schon französisch? Hat dein Hund schon ein paar deutsche Silben gesprochen?' Der Ortsbauernführer stellt dann sein Bier jedes Mal voller Wut halb ausgetrunken ab und verschwand, alles lachte...".
Prägend war die Trauer dieser Menschen, die das Kind Gerhart wahrnahm und schmerzhaft verarbeitete, ihre sich vereisenden Gesichter, ihre Ängste, aber auch ihre Verachtung, wenn der sogenannte Ortsbauernführer auftauchte. Noch 65 Jahre später wird Gerhart bei dem Gedanken an diesen Ortsbauernführer sehr emotional.

Ein weiteres Ereignis prägte sich tief in das Gehirn des Kindes ein. So tief, dass der gereifte und erfolgreiche Maler Lampa sich in seinen Bildern damit auseinander setzte: Die Bombardierung und den darauf folgenden Brand von Magdeburg. Er erinnert sich: „Die Frauen weinten, Halina hatte den Bruder auf dem Arm und mich an der Seite. Ich freute mich: Ah! Es ist wieder Weihnachten.

Weihnachtsbäume überall. Magdeburg lag nur 15 Kilometer Luftlinie von dem Hof meiner Großeltern entfernt. Zugleich war es ein widersprüchliches Erlebnis. Auf dem Hof arbeitete ein Engländer, Georg mit Namen, mit dem Gerhart oft spielte. Dieser Engländer rannte, die Jacke über dem Kopf schwenkend, los, als am Himmel aus Bordwaffen schießende englische Jäger auftauchten. Der Großvater rannte hinterher und warf ihn zu Boden, um den einen Kopf größeren und weinenden Georg dann wieder aufzuheben. Ich hatte den Vorgang genau beobachtete, verstand ihn aber nicht. Ich verstand auch nicht, warum mein Freund Georg weinte. So fragte ich später die Mutter, was da war." Ihre Antwort lautete: „Der Großvater hat zu Georg gesagt: ‚Deine Leute sind in spätestens 3 Monaten hier. Die wissen doch nicht, dass du Brite bist'. Mit Tränen in den Augen wurde darauf Georg bewusst, dass er sich und alle anderen auf dem Hof kurz vor dem Ende der Katastrophe in große Gefahr gebracht hatte."
Gerhart schildert das Erlebnis weiter: „ Nach dem Angriff brannte es und Menschen kamen auf den Hof mit ihren Habseligkeiten auf Schubkarren und Säcken. Sie brachten den Geruch der Bomben und Brandgeruch mit und sahen furchtbar mitgenommen aus. Sie baten um Hilfe und Unterkunft. Der Großvater bot ihnen Unterkunftsmöglichkeiten auf dem Hofe und wies das Personal an, jede Unterstützung zu gewähren."

Weil Gerhart Lampa die Bilder des Infernos von Magdeburg, wie auch die Familienbilder, erst viele Jahre später und dann mehrfach auf die Leinwand oder die Hartfaserplatte bannte, habe ich ihn nach der „Archivierung" der Bilder in seinem Kopf gefragt. Gerhart Lampa haben sich alle diese Erlebnisse, wie auch die Weite der Landschaft der „Börde" und der Altmark, tief eingeprägt und, so sagt er, „nach wie vor, wenn ich meine kleinen Neujahrsgrüße gestalte, die ich vor allem anfertige, weil mir immer wieder etwas einfällt, tauchen diese landschaftlichen Grundfarben immer wieder vor mir auf. Ich war mir dessen nicht bewusst, aber Kunstwissenschaftler haben mich darauf aufmerksam gemacht."
Das eben Geschilderte weist auf eine Fähigkeit Lampas hin, die er schon als Kind hatte und die er nie verloren hat und die wohl eine seiner wichtigsten ist: Er kann Gegenstände, Menschen, Landschaften, die er sieht, in sich abspeichern und später genau gegenständlich malen. Als Kind und Jugendlicher hat er diese Fähigkeit durch das Malen der verschiedensten Dinge weidlich trainiert, selbst im Unterricht zum Ärger seiner Lehrer, doch zur eigenen Erbauung und zur Freude seiner Mitschüler. Gerne illustrierte Lampa diese Tatsache, frei nach Robert Gernhardt (der letzte Zeichner), mit folgender Geschichte: „Ich war in der ersten Klasse und verspürte eines Tages den unbändigen Drang, eine meiner Lehrerinnen zu ärgern und in der Klasse für Abwechslung zu sorgen. Ich nahm meine Stifte und malte vor Beginn des Unterrichtes auf den Tisch unserer Lehrerin eine Stubenfliege. Ich erinnere mich, dass sie recht ordentlich gelungen war. Als die Lehrerin die Klasse betrat waren alle Schüler gespannt. Die Lehrerin holte ihre Unterlagen aus ihrer Tasche, um sie auf den Tisch zu legen. Doch sie tat das nicht, vielmehr blickte sie gebannt auf den Tisch, nahm die freie Hand und griff nach der Fliege, ohne sie fassen zu können, griff erneut und hatte den gleichen Misserfolg wie zuvor. Darauf beugte sie sich vor, um die Fliege näher in Augenschein zu nehmen und erkannte, dass es sich um eine Zeichnung handelte. Ärgerlich wurde sie nicht. Vielmehr sagte sie: `Oh, wie prächtig ist sie gemalt!` Und sie fügte hinzu: `Gerhart, das kannst nur du gewesen sein!` Eine Strafe habe er nicht bekommen" sagte er und fügte lächelnd in seiner sprichwörtlichen Bescheidenheit hinzu: „Die Lehrerin ist allerdings kurzsichtig gewesen."

Nach dem Krieg konnte die Familie nicht auf dem Bauerhof weiterleben. Die Mutter vollzog die Trennung von ihrem Mann und zog zu ihren Eltern, nach Rogätz, einem kleinen Ort an der Elbe.

Der Bauernhof wurde 1948 enteignet, das heißt es war niemand mehr da, die Großmutter kam in ein Pflegeheim und der Großvater verstarb kurz darauf.
Gerhart Lampa hatte nach dem Krieg mit seiner Familie das Glück, Hunger nicht erfahren zu müssen. Man hielt zwei Schweine, die man selbst schlachtete, hatte Kaninchen und Gänse. Anders erging es manchen seiner Schulfreunde, deren Väter im Krieg geblieben sind. „Ich erinnere mich," so schildert Lampa diesen Lebensabschnitt, „dass meine Großmutter mich fragte: Essen denn deine Freunde auch?" Die Wahrheit war, dass nahezu alle Mitschüler ohne Essen in die Schule kamen und auch sonst Hunger leiden mussten. Das Ergebnis dieses Gespräches war, dass die Großmutter Gerhart sehr viele Schnitten mitgab. Auf die Frage: „Was soll ich mit so vielen Schnitten?" antwortete die Großmutter: „Mein lieber Junge, die meisten Kinder haben nichts zu essen. Das dürfte dir aufgefallen sein. Du kannst ja fragen, damit du niemand beschämst: Ich schaffe meine Stullen nicht allein, wer möchte noch etwas essen?" Diesen Ratschlag verwirklichte der Enkelsohn.
Und in der Tat, das Ergebnis überzeugte Lampa, denn die Freunde kamen zu ihm und sagten: „Na ja, wenn das so ist, dann helfen wir dir mal", ohne ihre Würde zu verlieren.

„Das waren meine Großeltern" sagt Gerhart. Und ich antwortete wahrheitsgemäß: "Gerhart, Du bist wie deine Großeltern. Bei allem anerkannten Erfolg in Deiner Arbeit bist Du der bescheidene, großzügige, liebenswerte, sozial denkende und soziale Verantwortung übernehmende, sich stets hilfreich engagierende Mitmensch und Freund gewesen und geblieben."
1947 wurde Lampa in die Grundschule in Rogätz eingeschult. „In meiner Schulzeit", erzählt er, „hatten wir zunächst mehrere alte Lehrer. Doch bald kamen die ersten Neulehrer, unter ihnen meine Mutter. Sie hatte sich entschieden, Neulehrerin zu werden und hat dafür ein entsprechendes Studium in Köthen absolviert. Ich war dadurch immer unter der Obhut meiner Mutter, und trotzdem war ich ein schlimmer Junge. Ich bin oft durch Streiche und Ungehorsamkeiten, durch absurde Sachen aufgefallen. So habe ich mich vom Schuldach heruntergelassen, nur um die Lehrer zu schockieren. Oder beim Schwimmen bin ich immer von der Brücke gesprungen. Das hat mir allerdings später geholfen, als ich eine Ausbildung zum Rettungsschwimmer absolvierte. Das Problem bestand in der Zweiseitigkeit. Habe ich mal ein Kind vor dem Ertrinken gerettet, indem ich in das Wasser sprang und es heraus holte, dann sagte man: Wie dein Vater. Aha! Wenn ich dann ein anderes mal eine Bombe oder Munition sprengte, die noch vom Krieg überall zu finden war, wurde mir gesagt: Schlimmer als dein Vater. Das war für mich dann meistens problematisch. Ich überlegte dann immer, was denn nun gut sei und was schlimm. Gutes hat sich dann ausgeprägt, z.B. ein guter Kamerad zu sein, doch ein Schüler mit Erfolg zu werden, aber kein unterwürfiger."
Es waren wohl auch diese Erlebnisse, die in ihm die Abenteuerlust weckten. Und wieder hat Gerhart eine Geschichte parat, die er wie immer folgendermaßen begann:
„Ich will dir mal eine Geschichte erzählen. Es ist die Geschichte von dem Abenteuer auf der Elbe. Ich war ungefähr 10 Jahre alt, als ich mir mit zwei meiner Freunde in den Kopf gesetzt hatte, heimlich mit dem Boot meines Großvaters nach Hamburg die Elbe entlang zu schippern, um uns dann in einem der großen Handelsschiffe, die nach Amerika ausliefen zu verstecken. Grund war das Wissen darum, das Dwight Eisenhower aus Schönebeck unweit des heimatlichen Dorfes Rogätz stammte, ein Pionier Amerikas. So wollten auch wir dorthin, um große Abenteuer zu bestehen. Heimlich, mit Proviant – einer Wurst und Brot – ausgerüstet, machte ich mich mit meinem Hund Lumpi davon, pfiff nach meinen Freunden und löste das großväterliche Boot vom Steg. Einige Tage fuhren wir so, immer nachts, tagsüber hielten wir uns in einem Versteck auf. Doch natürlich machten sich die

Mütter und die Großeltern große Sorgen, die Wasserpolizei wurde informiert und die Suche begann. Bald brachte die Polizei das Boot auf. Mein Hund Lumpi bellte wild, ich, einen Säbel in der Hand, rief: ‚Fertig machen zum Entern!' und Max Steglich voller Angst brachte nur noch heraus: ‚Nein, wir wollen nicht nach Amerika.' Das Gelächter unter den Polizisten war groß, was mich sehr in meiner Ehre kränkte. Bald saßen wir gut versorgt mit warmem Tee und Brot im Polizeiboot und wurden nach Hause gebracht. Der Großvater schimpfte nicht, sagte nur, gut dass du wieder heil zurück bist. Die beiden andern mussten einiges über sich ergehen lassen. In der Schule allerdings wurden wir gefeiert. Die Kleinen fragten, wie es in Amerika gewesen sei? Und die Antwort: Oh ja, wir kämpften mit Löwen und Krokodilen und – Amerika ist ein schönes Land ..."
Er selbst schätzt sich im Nachhinein als einen Schüler mit durchschnittlichen Leistungen ein. Er hatte sehr gute Leistungen im Sport und in den musischen Fächern. Er liebte Gedichte, weil bei ihm zu Hause häufig Balladen vorgetragen wurden. Besonders jene hatten es ihm angetan, die einen tieferen menschlichen Hintergrund haben. Noch heute rezitiert er gerne und häufig diese Balladen und stellt fest, dass sie ihn begeistern und immer noch zu Tränen rühren können. Häufig ist er nach Magdeburg gefahren und schwärmt von den vielen schönen Theaterstücken, die er dort gesehen hat und hebt Faust 1. Teil als ein prägendes Theaterstück hervor. Die Theaterbesuche wurden weniger, als Lampa nach Abschluss der 8. Klasse in die Lehre ging und nebenbei an der Abendschule die Sonderreife ablegte.
Trotz all dieser Erlebnisse (oder waren sie gerade der Grund?) malte Lampa als Kind schon eifrig schöne Bilder, von denen leider keine erhalten sind. Er selbst sagt dazu: „Ich möchte noch einmal im Leben so malen können wie als Vierzehnjähriger." Um so erfreuter war ich, dass ich im Nachlass eine Mappe mit Bilder fand, die er als Jugendlicher im Alter von fünfzehn- und sechzehn Jahren gemalt hat. Einige von ihnen sind am Ende dieses Kapitels zu sehen. Obwohl überwiegend Bleistiftzeichnungen, sind diese Bilder von einer Qualität und Schönheit, die deutlich die Begabung des jugendlichen Lampa widerspiegelt.
„Ist ja süß" sagte meine Frau, als sie den als Faksimile in das Kapitel aufgenommenen bemalten Brief des Sechzehnjährigen an den Weihnachtsmann sah und las. Man vergleiche ihn in Art, Form und Inhalt mit den Wünschen der heute Sechzehnjährigen!
Lampa begann 1955 eine Ausbildung zum Lithografen bei Reclam in Leipzig. Er empfand die Arbeit in der Lithografie schwieriger als das Malen, weil in der Lithografie alles ganz genau nachgebildet werden musste und die Genauigkeit auch nachgeprüft wurde. Für Lampa war diese Ausbildung wie eine Geduldsschule, die allerdings auch der Maler braucht. Und es war eine gute Schule für eine gute handwerkliche Solidität, so einmalig, wie es sie heute nicht mehr gibt. Dazu gehörten auch die Techniken der vorbereitenden Lithografie wie Steine schleifen.
Nach einem Jahr wurde er von seinen Eltern zurückgeholt, weil es viele Schwierigkeiten mit ihm gab. Er „geriet auf die schiefe Bahn". Diese Schwierigkeiten gab es nicht in der Lehre, sondern im Freizeitverhalten. Er hatte sich anderen Jugendlichen angeschlossen und bildete eine Gruppe, die man nach seiner eigenen Einschätzung heute eine Gang nennen würde und deren Aufenthaltsort vornehmlich der Hauptbahnhof Leipzig war. Lampa war zum Anführer dieser Bande avanciert.
In dieser Gruppe gab es noch einen Jungen, der sich für Malerei und Grafik interessierte. Gemeinsam besuchten die Jungen einmal in der Woche im Museum einen Malzirkel.
Seine Mutter hatte bei den Friedensfreunden einen neuen Partner kennen gelernt, dessen Namen, wie bereits erwähnt, dann auch die Kinder annahmen: Lampa.
Nach Hause zurückgekehrt begann er in Magdeburg eine Lehre als Gebrauchswerber. Zu dieser Ausbildung gehörte auch Grafik und Plakatgestaltung. Dort, so schätzt er ein, ist er gut eingeschla-

gen, obwohl er immer noch seine Gangs hatte. Allerdings besuchte er auch in dieser Zeit zweimal wöchentlich einen Mal- und Grafikzirkel. Die Ausbildung verlief gut und er schloss die Ausbildung am 31. August 1959 in der Theoretischen Prüfung mit „gut" und in der Praktischen Prüfung mit „sehr gut" ab. Das Ergebnis in der Praktischen Prüfung darf zu Recht als ein Hinweis auf seine Begabung zur Malerei gewertet werden.
Beide Ausbildungsberufe wurden von der Mutter ausgesucht, weil Gerhart Lampa schon während seiner Schulzeit sehr gut zeichnen konnte. Insbesondere bei der Anfertigung von Karikaturen war er sehr erfolgreich. Jedes Buch wurde, so erinnert er sich, von ihm in seinem Maldrang „bekritzelt". Er spricht in seiner Erinnerung von einem „magischen Hang, alles zu bemalen". Ohne dass ihm dieser besondere Hang bewußt war – das kam später sagt er - die Perfektion war schon immer da. Er konnte alles fotografisch genau umsetzen, ob Mensch, Tier oder Pflanze.
Die Ideen zu seinen Malereien, so entnahm ich seinen Schilderungen, entstammten vielfach den Erzählungen seines Großvaters, der bei der kaiserlichen Marine gedient hatte und als Kapitän sehr weit in der Welt herumgekommen war. Seine Erzählungen von fremden Ländern und Völkern, anderen Kulturen, von exotischer Flora und Fauna ließ der Enkel in Bildern lebendig werden. Noch 60 Jahre später ist der Stolz auf den Großvater aus den Erinnerungen herauszuhören. Auch von den Lebensauffassungen des Großvaters ist vieles tief in das Gedächtnis Lampas eingegraben. Den Text der Eintragung seines Großvaters in sein Poesiealbum hat Lampa im Gedächtnis, denn sie ist zu einer seiner Lebensmaximen geworden:

Die Tugend der Kühnen ist Beharrlichkeit und die Kraft eines langen Atems.

Begriffen hat er das erst später, als es darum ging, ein Bild aufzubauen und darum zu kämpfen, ohne zu resignieren, eine Idee zu formulieren.
Und wieder ordnet er alles in die Geschichte ein, den Kampf um Kolonien, den Kampf gegen die Hereros, den Boxeraufstand, die Schlacht im Skagerrak... Und wieder erläutert er die Grundhaltung des Großvaters zum Königsreich: „Scheißkaiser" (siehe oben). Das ist auch der Grund, warum der Großvater nicht in die Bundesrepublik gezogen ist, obwohl viele seiner ehemaligen Kameraden ihn dazu bewegen wollten. Die großen schwarzen Limousinen, erinnert sich Lampa, habe er als Kind immer bewundert, wenn die Kameraden den Großvater besuchten.
Auf den Zusammenhang zwischen der Ausbildung zum Gebrauchswerber und dem Hang zum Malen befragt, hebt Lampa hervor, dass für ihn einer der größten Unterschiede in der Tatsache liegt, dass der Gebrauchswerber ihm vorgegebene Dinge, wie Plakate, Aufkleber, Werbematerialien u.ä. gestaltet. Damit wird deutlich, dass diese Ausbildung zum Gebrauchswerber ein sehr gutes Rüstzeug für seine spätere Tätigkeit als Malsaal-Assistent am Cottbusser Theater und als Malsaal-Vorstand am Senftenberger Theater war.
Der Maler aber, stellt er fest, entwirft und gestaltet sein Werk selbst. Aus dieser Erkenntnis erwächst seine später oft wiederholte Überzeugung, dass der Maler seine wahre Freiheit in der Malerei findet:

„Ich bezeichne das Malen als eine Kunst, die für mich die einzig wahre Freiheit ist."

Während seiner Ausbildung zum Gebrauchswerber, erinnert er sich, habe er markante Plakate gestaltet, u.a. zur Friedensfahrt ein Plakat mit Täve Schur. Lustig fand er, dass er als Sieger der kleinen Friedensfahrt von Täve Schur dafür geehrt wurde.

Während der Zeit seiner Gebrauchswerberlehre aber stand die Malerei noch nicht im Mittelpunkt seiner Interessen, obwohl seine Lehrer ihm bereits voraussagten, dass er Maler werden würde. Da gab es zunächst viele andere Dinge, die in diesem Lebensabschnitt für ihn viel interessanter als die Malerei waren. Da waren zum einen die Mädchen, denen er sehr zugewandt war. Zum anderen waren es die Möglichkeiten, die von der GST (Gesellschaft für Sport und Technik) angeboten wurden wie Motorrad oder Auto fahren, Fallschirmspringen von einem Turm, der in Halle/Saale stand. Auf Nachfrage schließt Lampa nicht aus, dass sein Bedürfnis zu malen bereits am Tage durch die Malerei während der Ausbildung befriedigt wurde und er sich deshalb nach dieser Tagesarbeit mehr den Freizeitaktivitäten zuwandte. Eine plausible Erklärung. Und doch malte er hin und wieder in der Freizeit. Es waren u.a. Bilder für Freunde aus der GST, Porträts, oder er gestaltete auf Wunsch seiner Freunde Geburtstagskarten für deren Freundinnen. Heute, 55 Jahre später, bezeichnet er es als „Kleinigkeiten“, die noch nicht einer zielgerichteten Beschäftigung mit der Malerei entsprangen.
„Die wirkliche Entscheidung, mich der Malerei zuzuwenden, fiel erst nach meinem unehrenhaften Abschluss des Militärdienstes durch einen Zirkel Arbeitertheater in Schwarze Pumpe.“ Das war zu einem Zeitpunkt, als herauskam, dass sein Vater (der leibliche, von dem sich die Mutter nach dem Krieg getrennt hatte, siehe oben K.G.) in der Bundesrepublik lebt.
Lampa hatte sich unmittelbar nach dem Abschluss der Lehre 1959 entschieden, den Militärdienst anzutreten. Er absolvierte die Grundausbildung in Eggesin. Aus dieser Zeit zitiert er einen unter den Soldaten kursierenden Reim, der diese Zeit zwar sarkastisch, aber wohl für die meisten der dort ihren Grundwehrdienst ableistenden jungen Männer eher zutreffend beschreibt:

> „Kennst du das Land wo die Sonne nie lacht,
> wo man aus Menschen Idioten macht,
> wo man kilometerweit zum Bahnhof rennt? ...
> Das ist Eggesin, das Grab meiner Jugend.“

Auch während der Armeezeit fand Lampa noch Zeit zum Malen. Vor allem waren das Bilder oder Zeichnungen für Zeitungen oder Wandzeitungen, die vielfach als Auftragswerke entstanden. Er fühlte sich als Redakteur, der die offiziellen Aufträge gestaltete, „oder auch nicht und manchmal ist man auch über das Ziel hinaus gegangen“ fügt er hinzu. In den letzteren Fällen wurde er dann zum Rapport einbestellt: „Mensch, was hast du da wieder gemacht, Gert“, schildert er den Vorgang. Auch diese Arbeiten entstanden mehr als reine Hobbyarbeiten, sozusagen aus Spaß an der Freude. Keinesfalls spürte Lampa zu diesem Zeitpunkt schon eine Berufung zur Malerei in sich.
Lampa entschied sich, nach dem Grundwehrdienst die Offizierslaufbahn einzuschlagen. Weitaus überwiegend wird eine solche Entscheidung gerade in der gegenwärtigen Zeit in den Bereich „besonderer politischer Überzeugung“ eingeordnet. Nicht so bei Lampa!
Wie mit Sicherheit bei vielen anderen Offiziersbewerbern auch, war bei ihm der Wunsch nach Abenteuern, die „Möglichkeit, aus den dörflichen oder kleinstädtischen Verhältnissen herauszukommen“ maßgeblicher Beweggrund. Die Entscheidung, zur Luftwaffe zu gehen, und dort Flieger zu werden, entsprang vor allem dieser Abenteuerlust. Diese Entscheidung führte ihn dann auch in die Lausitz, an die Offiziersschule Kamenz, an der Flieger ausgebildet wurden. Auch während dieser Zeit hatte er seine Begabung im Malen dienstlich, für die Fertigung von Schautafeln einzusetzen. Nach einem Unfall mit dem Flugzeug wurde ihm zur Last gelegt, dass er verschwiegen hätte, dass sein Vater, Dr. Gerd Schäfer, in der Bundesrepublik lebte. Das war das Ende seiner Laufbahn und, so sagt er, „ich hatte Glück, dass man mich nicht wegen Spionageversuch belangte“.
Die Suche nach jenen Faktoren, die von außerhalb kommend, den Weg Lampas zum Maler

beeinflussten oder gar mitbestimmten, führte zunächst zu den Lehrern in der Grundschule, die ihm diesen Weg vorhersagten. Später waren es mal der eine oder der andere Freund oder Arbeitskollege, wenn auch vielleicht unbewusst, durch einen Auftrag mal hier oder eine anerkennende Bewertung einer Arbeit von Lampa dort. Das direkte Gespräch mit Gerhart Lampa führt auf die starke Einflussnahme durch die Mutter, die, wie alle Mütter dieser Welt, auf das Beste für ihren Sohn bedacht, ihn immer wieder zu einer Entscheidung drängte:
„Du musst dich jetzt mal irgendwie entscheiden". Das brachte ihn, so Lampa „in die Bedrängnis als ich dann in Schwarze Pumpe war". Er suchte dort einen Arbeitsplatz. In dem Betrieb spielte sich folgendes Gespräch ab: Frage des Betriebsvertreters: „Was kannst du? Kannst du Auto fahren?" „Ja", war die Antwort. Frage: „Welche Klassen?" Antwort: „Die 1 und die 5, also alle Klassen". „Solche wie dich brauchen wir". Unvorstellbar heute, sagt Lampa zu Recht. „So, ich schicke dich übermorgen zu einem Lehrgang. Bis dahin wohn dich hier erst mal ein." Das war es denn, so Lampa. 14 Tage einen Autokran-Lehrgang, dann übernahm ich den riesigen Gottwald-Autokran.

Ein neues Abenteuer, so denkt Gerhart Lampa. Und doch entsteht für ihn auf dieser Arbeitsstelle eine Lücke. Sie macht sich in dem Gedanken Luft, dass es doch ein „bisschen wenig" sei, immer nur in drei Schichten zu „maluchen". Bei der Suche nach Möglichkeiten, dieser Eintönigkeit zu entfliehen, stieß er auf das Arbeitertheater Schwarze Pumpe.
Schwarze Pumpe und die Entscheidung, am Arbeitertheater mitzumachen, so bestätigt Gerhart Lampa auf Nachfrage, war jene Zäsur, mit der Kindheit und Jugend im weiteren Sinne enden und jener Lebensabschnitt beginnt, den der Autor für diese Biografie „Vorstationen auf dem Weg zur Malerei" nennt und dem das Kapitel 2 gewidmet ist.

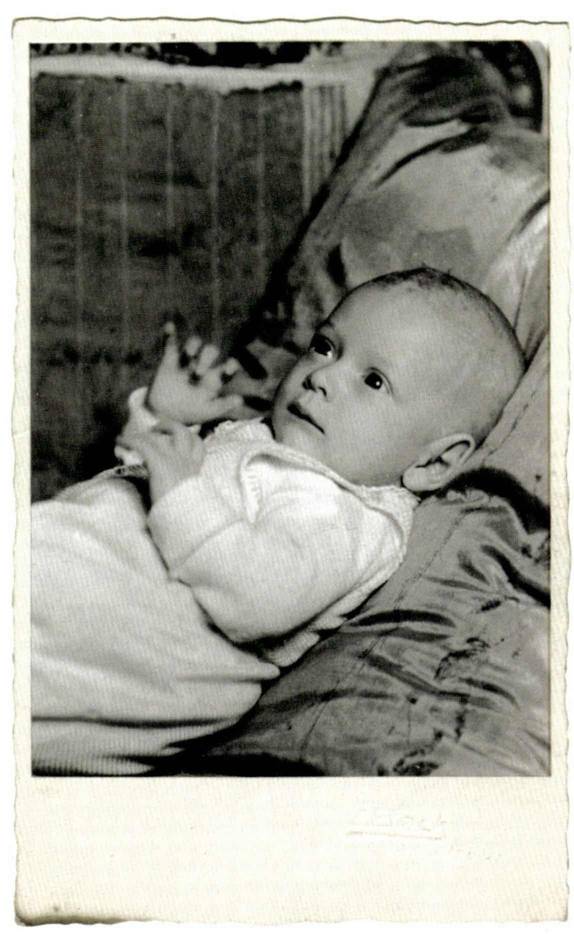

Gerhart Lampa im Alter von 2 Monaten

Gerhart mit seiner Mutter

Gerhart auf dem Hof der Großeltern

Gerhart Lampa mit 12 Jahren, 6. Klasse

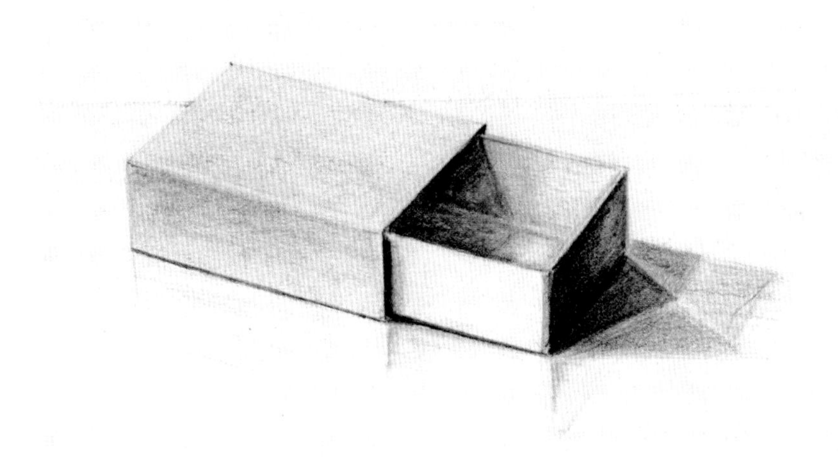

Streichholzschachtel, 1954

Tasse, 1. Lehrjahr, 1955

Glas, 1.Lehrjahr, 1955

Napf und Pinsel, 1. Lehrjahr, 1955

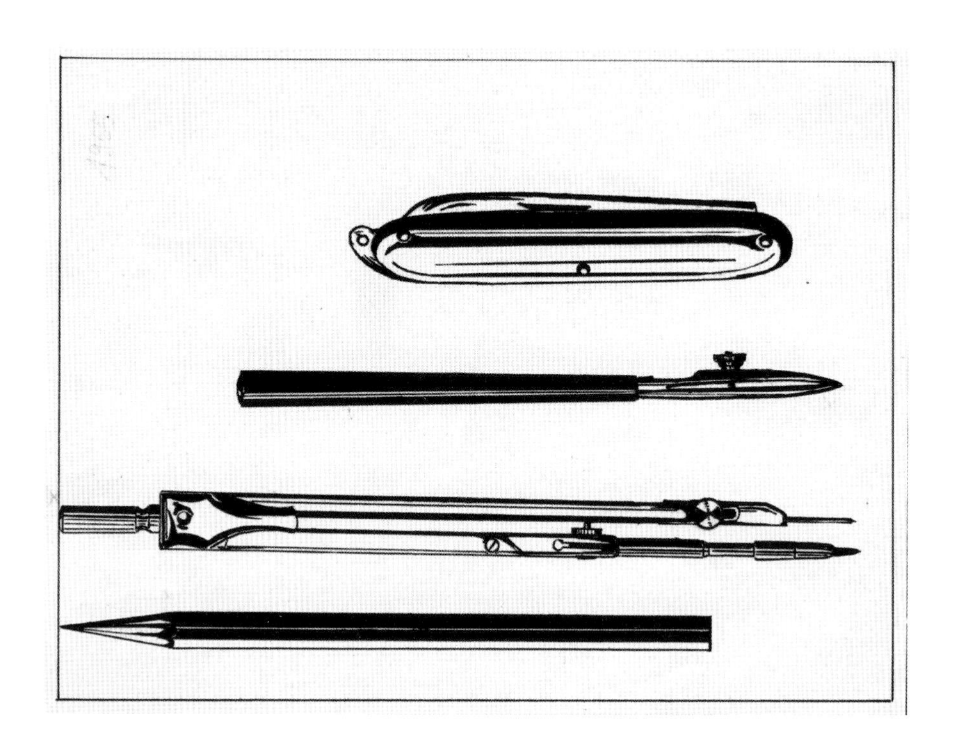

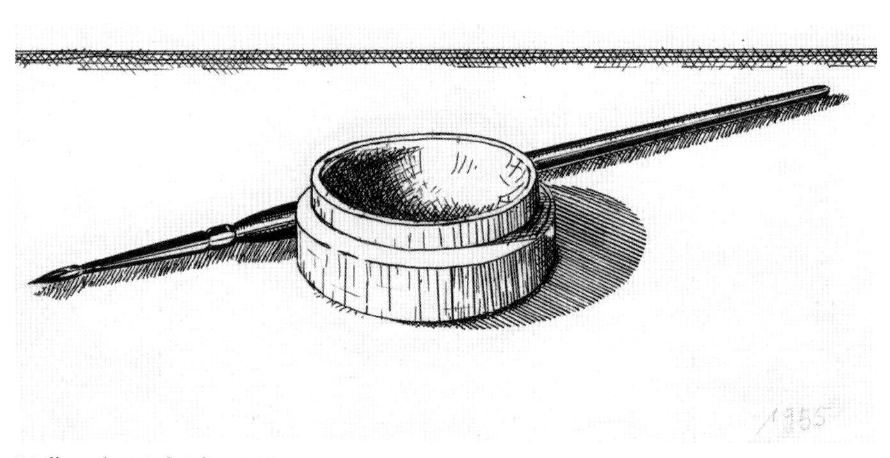

Malbesteck, 1. Lehrjahr, 1955

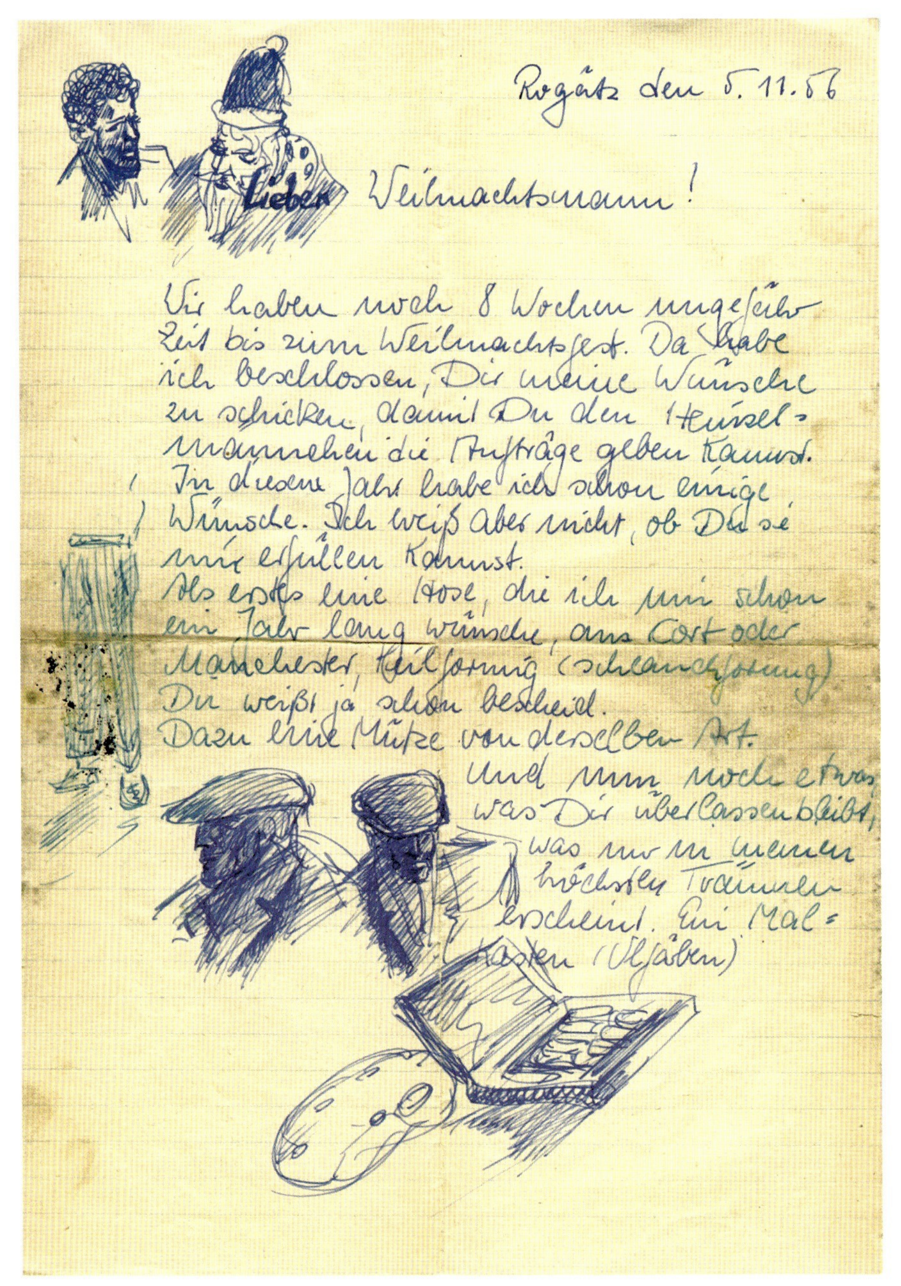

Rogätz den 5.11.56

Lieber Weihnachtsmann!

Wir haben noch 8 Wochen ungefähr
Zeit bis zum Weihnachtsfest. Da habe
ich beschlossen, Dir meine Wünsche
zu schicken, damit Du den Heinzel=
männchen die Aufträge geben kannst.
In diesem Jahr habe ich schon einige
Wünsche. Ich weiß aber nicht, ob Du sie
mir erfüllen kannst.
Als erstes eine Hose, die ich mir schon
ein Jahr lang wünsche, aus Cord oder
Manchester, keilförmig (schlauchförmig)
Du weißt ja schon bescheid.
Dazu eine Mütze von derselben Art.
Und nun noch etwas
was Dir überlassen bleibt,
was mir in meinen
kühnsten Träumen
erscheint. Ein Mal=
kasten (Ölfarben)

Brief an den Weihnachtsmann S.1, 1956

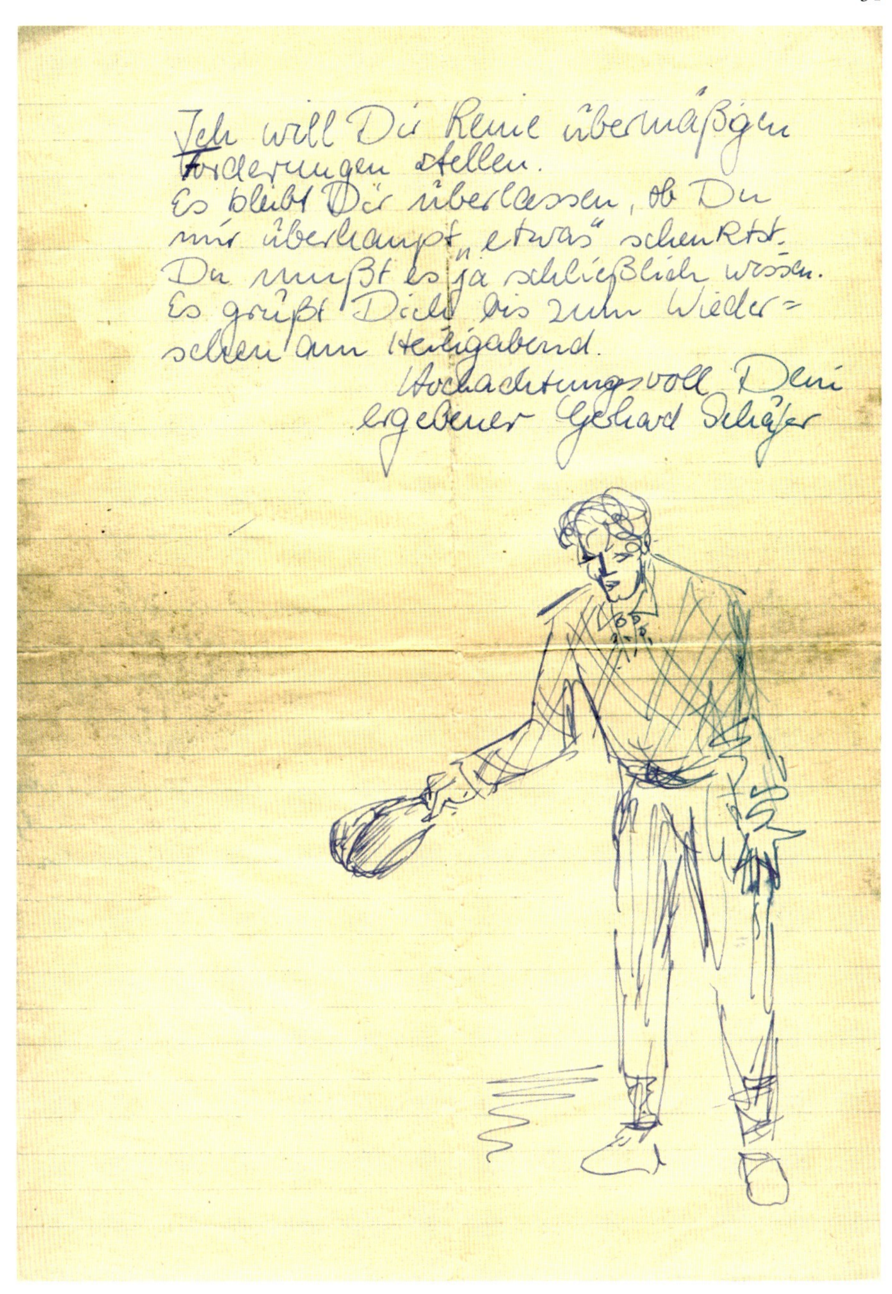

Ich will Dir keine übermäßigen
Forderungen stellen.
Es bleibt Dir überlassen, ob Du
mir überhaupt „etwas" schenkst.
Du mußt es ja schließlich wissen.
Es grüßt Dich bis zum Wieder=
sehen am Heiligabend.
Hochachtungsvoll Dein
ergebener Gerhard Schäfer

Brief an den Weihnachtsmann S. 2, 1956

Krug, 2. Lehrjahr, 1956

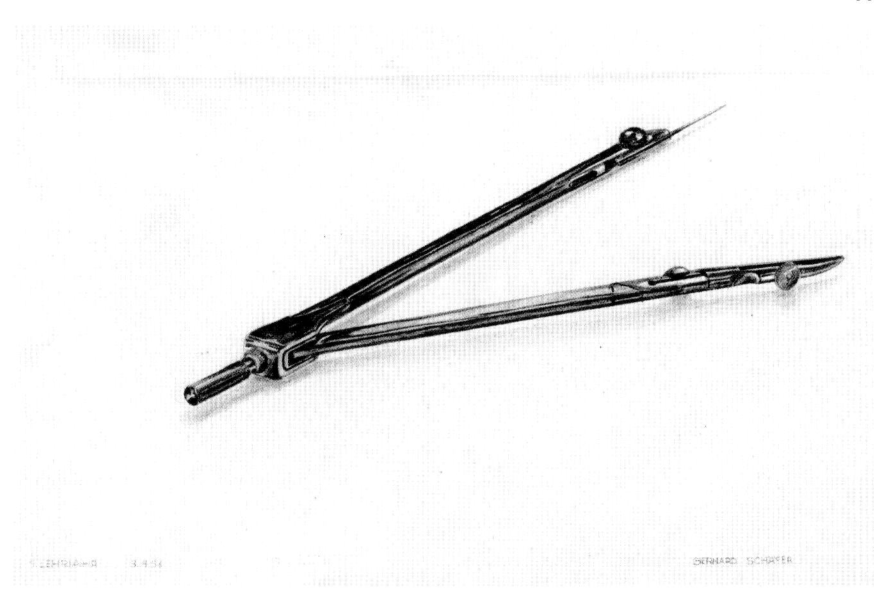

Zirkel, 2. Lehrjahr, 1956

Kamel, 2. Lehrjahr, 1956

Löwin, 2. Lehrjahr, 1956

Vase mit Strauß, 1956

Umhang, 1956

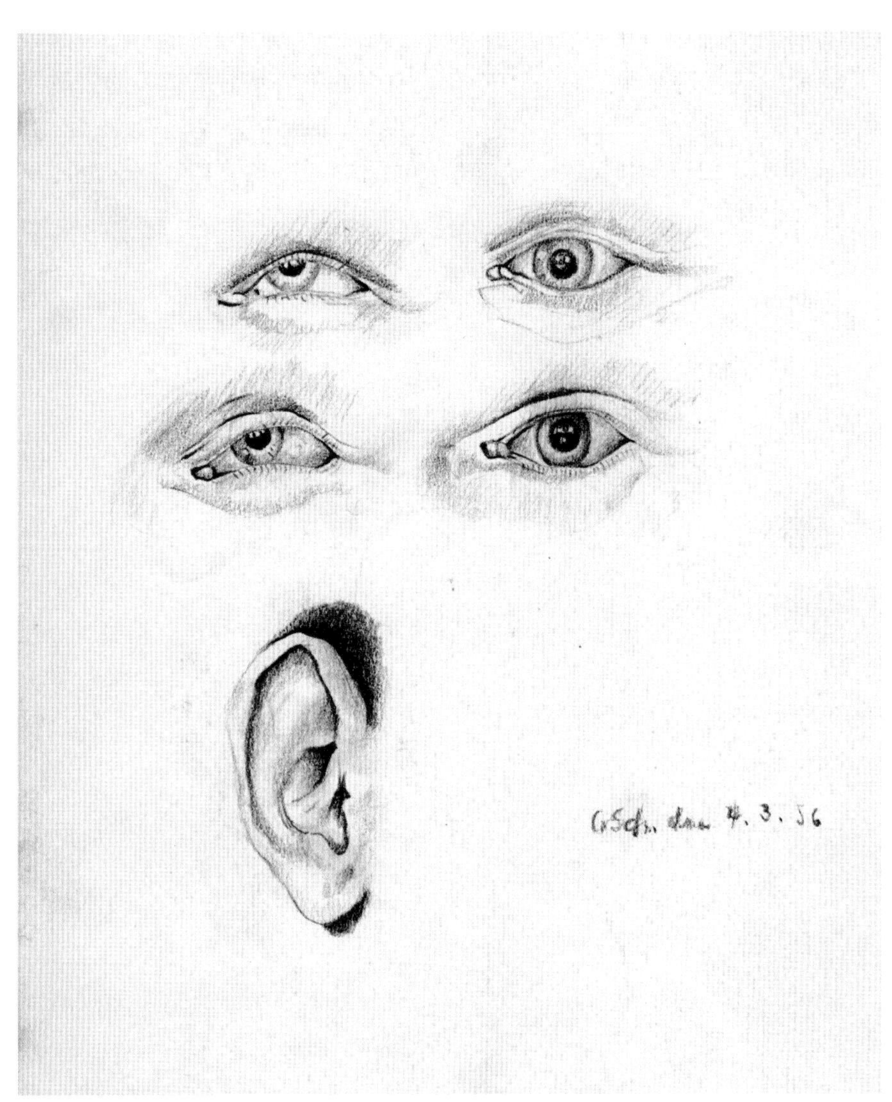

Augen- und Ohrstudien, 1956

Äpfel, 1956

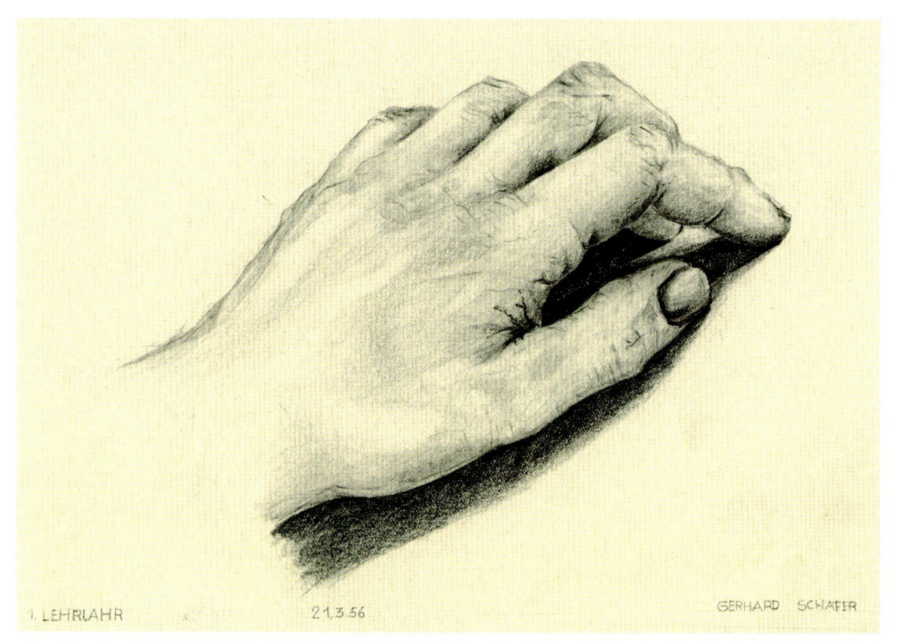

Handstudie, 1956

Kirsche und Möhre, Studie 1956

„Jede Kunst will gelernt sein“

Vorstationen auf dem Weg zur Malerei – Studium und Ausbildung

In der, an anderer Stelle bereits zitierten, Laudatio hat Hans-Peter Rößiger die im ersten Kapitel genannte Zäsur beschrieben: „Es ist das Jahr1961, in dem Gerhart Lampa die Lausitz ein zweites Mal für sich erwählt. Dabei ist es weniger der Landstrich, der ihn trieb, der ihm später Heimat und wichtiges Sujet wird, es ist das Abenteuer von menschlichem, technischem und gesellschaftlichem Konglomerat, welches sich ihm in Schwarze Pumpe bietet – einer Baustelle des Sozialismus, mit allen Hoffnungen und Widersprüchen einer sich entwickelnden Gesellschaft.
Für Lampa wird es ein großes Stück Selbstprüfung und Lebenserfahrung, aber auch der Beginn seiner eigentlichen Berufung – der Malerei.“
Es ist jedoch ein Beginn, der zweigleisig verläuft. Zweigleisigkeit, die ihm, wenn auch in anderer Form, auch in weiteren Lebensstationen viel abverlangt. In Schwarze Pumpe besteht sie in der körperlich schweren Arbeit als Kranfahrer einerseits und in der Mitwirkung am Arbeitertheater als Bühnenbildner andererseits, die von ihm das eigenständige Entwerfen und Fertigen von Bühnenbildern abforderte und ihm letztlich auch die Bekanntschaft anderer Maler bescherte.
„Schwarze Pumpe“, so schildert Gerhart Lampa, „ war die Zäsur. Bestimmten Leuten zu begegnen war großartig. Hier begann neben meiner Tätigkeit als Autokranfahrer auch mein künstlerisches Schaffen. Ich lernte Dieter Dressler und Heinz Sieger kennen, beide leidenschaftliche professionelle Maler. Sie brachten mir die Kunst näher, bevor ich anfing, meine ersten Erfahrungen zu sammeln und Gesehenes zu malen. Doch nicht das reine Malen macht das künstlerische Wesen aus. Es ist die Haltung und die Sichtweise auf das Motiv, die man ins Bild einbringt“ fasst Gerhart Lampa sein künstlerisches Schaffen in Worte.

„Es waren jene alles in meinem Leben erfassenden Veränderungen, die sich für mich als eine einmalige Möglichkeit darboten, und die ich ohne Übertreibung als die Chance in meinem Leben begriff: Mit Hilfe dieser Menschen Lücken zu schließen und Neues zu beginnen.“ Gerhart Lampa hat diese Chance ohne zu zögern gefasst und damit die Entscheidung seines Lebens getroffen, zum Nutzen und Wohle zunächst der Lausitz und ihrer Menschen und später weit darüber hinaus, national und international.
Auch Zufall nennt es Lampa manchmal, dabei um die Dialektik wissend, nach der Zufall der Schnittpunkt mehrerer Gesetzmäßigkeiten ist.
Nach einigen Monaten lernte er dort Heinz Sieger und Dieter Dressler kennen. Beide hatten Verbindungen in die Produktion. Beide waren Maler. Heinz Sieger malte an einem Wandbild in der Poliklinik. Dessen Entstehen und Wachsen verfolgte der Autodidakt in der Kunstmalerei Lampa äußerst aufmerksam. „Das war die Entscheidung“, so schätzt es Lampa ein. Sonst wäre seine Begabung untergegangen. Er sei zwar als ein ausgebildeter Gebrauchswerber eingestimmt,

aber nicht in einer Weise, in der es ihm gelänge, seine Werke und seinen Ruf zu vermarkten. „Das geht mir völlig ab", schätzt er ein und bringt etwas zum Ausdruck, was Kollegen und Freunde von ihm kennen und, so fügt er hinzu, „das geht uns im Osten ohnehin völlig ab."

Im Nachhinein erkennt Lampa, dass sein Weg in die Malerei und auch innerhalb seiner Tätigkeit in Etappen verlief. War die Ausbildung zum Gebrauchswerber eher eine Voretappe, werden die drei Jahre in Schwarze Pumpe und die darauf folgende Tätigkeit im Malsaal und als Bühnenbildner eine wichtige Etappe in seiner künstlerischen Entwicklung.
Während seiner 3 jährigen Tätigkeit in Schwarze Pumpe ist es insbesondere die Arbeit im und mit dem Arbeitertheater, die zu seiner weiteren Ausbildung und Profilierung beiträgt. Vielleicht war das Wechselspiel der Fertigung von Auftragsbühnenbildern und den Freiräumen zur Eigengestaltung von Bühnenbildern eine sehr günstige Kombination für die weitere Ausbildung und die Entwicklung des jungen, noch suchenden Malers Lampa.
Nicht die Schauspielerei ist es, denn dazu, so meint Lampa, ist er nicht so geeignet. Es sind die von ihm entworfenen und gestalteten Bühnenbilder, die Aufmerksamkeit erregen. Auch bei den Kollegen des Cottbusser Theaters fällt der Laienbühnenbildner Lampa auf, denn Klaus Köster vom Cottbusser Theater hat das Arbeitertheater in Schwarze Pumpe geleitet.
Die Stücke hat der Schriftsteller Klaus Gerisch geschrieben. Aufmerksamkeit erregten die Bühnenbilder von Lampa u.a. auch bei den Arbeiterfestspielen, bei denen das Arbeitertheater Schwarze Pumpe auftrat. Dort fielen die von Lampa gestalteten Bühnenbilder einem Bühnenbildner aus Cottbus auf. „Die Kollegen der Theater fragten nach: Wer hat denn das gemacht, den können wir gebrauchen", erinnert sich Lampa. Im Ergebnis dieser Nachfragen holten ihn die Kollegen aus Cottbus an das Theater Cottbus. Dort erhielt er eine Anstellung im Malsaal als Malsaalassistent.

Aber auch jemandem anderen war der malende Autokranfahrer immer stärker aufgefallen: Dem oben genannten Maler Kurt-Heinz Sieger. Die Ursache dafür ist zunächst das starke Interesse, das Lampa an den Werken von Sieger zeigt. Nach den ersten Kontakten und der Kenntnisnahme von Arbeiten Lampas durch Sieger wird Lampa als Schüler in dem von Sieger geleiteten Malzirkel aufgenommen. Es ist dies die erste Ausbildung, die Lampa bei dem späteren langjährigen Freund absolviert. In diesem Zirkel, den er heute noch als sehr wichtig für seine Entwicklung bezeichnet, lernte er viele neue Sichten kennen: Problemkomposition, das Wesentliche zu entdecken, nicht alles nachzumalen. „Ja, es waren gute Lehrer. Mit Heinz Sieger haben mich dann auch bis zum Ende sehr viele persönliche Dinge verbunden. Heinz Sieger war auch mein Pate für die spätere, im Jahre 1975 erfolgte Aufnahme in den Verband Bildender Künstler."

In dieser Zeit lernt Lampa seine damalige Frau kennen. Sie war im Theater Schwarze Pumpe als Schneiderin tätig, und sie war alleinerziehend mit zwei Kinder. Man tat sich zusammen und „es wurde eine langjährige glückliche Ehe". 1970 wurde das gemeinsame Kind geboren.
Während der Tätigkeit im Malsaal durfte Lampa auch schon ab und an eigene Bühnenbilder gestalten. Er erinnert sich an die bekannte Regisseurin Gertrud-Elisabeth Zillmer. Auch sie wurde auf die Bühnenbilder des jungen Lampa aufmerksam und kam auf ihn zu, um ihn für solche eigenen Gestaltungen zu gewinnen. Das war, so sagt er, sehr fruchtbar und wichtig für seinen Selbstwert. Wie auch Sieger bestärkte sie Lampa darin, seinen eigenen Weg zu gehen.
Beide drängten ihn, den Weg in der Malerei weiterzugehen, weil „er das Zeug dazu habe".

In den mir von dem Künstler für diese Biografie zur Sichtung übergebenen Unterlagen fand ich zu den Jahren in Schwarze Pumpe – 1960 bis 1963 – u.a. eine Laudatio. Diese Laudatio, von Fritz Jende für Gerhart Lampa geschrieben, beginnt mit diesen Jahren:
„Am Anfang meiner Erinnerung“ schreibt Jende, “steht in einem Klassenzimmer eine Hartfaserplatte auf der Staffelei. Das Bild darauf wird beherrscht von dunklem Winterhimmel über einer weiten, braungrünen Fläche mit Schneeinsel darauf. Am Horizont kubische Formen, Kühltürme, Hallen und Schornsteine darauf, aus denen riesige schmutzigweiße Rauchfahnen aufsteigen und sich in graublauer Höhe verlieren. Das war 1963 im Zeichenzirkel Heinz Siegers in Cottbus, das Motiv des Bildes Schwarze Pumpe, die damalige Arbeitsstätte Gerhart Lampas. Viel Schnee, Eis, Kälte – ein unendlich harter Raum (der geliebte weite Himmel). Das Ganze ist sehr düster („ich wollte es lichter machen, es gelang nicht“) – so sein brieflicher Kommentar. Dem Thema der von Emotionen durchwobenen Landschaft ist er bis heute treu geblieben, im Wechsel seiner Gestaltung wuchs mit der handwerklichen Meisterschaft die Intensität des Ausdrucks.“
Gerhart Lampa hat bis Mitte der 60iger Jahre im Malsaal des Cottbusser Theaters gearbeitet. Bevor er dem Drängen von verschiedener Seite, ein Studium aufzunehmen, im Jahre 1966 nachgab, arbeitete er eine kürzere Zeitspanne beim Rat des Bezirkes Cottbus. Von diesem Abschnitt berichtete mir einer seiner vielen Bekannten: Rudolf Pomerhans. Pomerhans war beim Rat des Bezirkes Cottbus stellvertretenden Abteilungsleiter Kultur/2. Kulturdezernent. Er ist nach der Wende nach Bayern verzogen. So habe ich ihn per Telefon zu dieser Zeit befragt. Nach diesem Gespräch schrieb er mir einen Brief. Aus diesem Brief möchte ich zitieren:
„Ich habe Gerhart Lampa kennen gelernt, als er Mitte der 60er Jahre, kurz vor seinem Studium vom Theater Cottbus, in die Abteilung Kultur des Bezirkes kam, wo er im Sektor Kunst für die Zusammenarbeit mit den bildenden Künstlern des Bezirkes verantwortlich war.
Ich habe ihn dabei als ruhigen und sachlichen Kollegen in Erinnerung, mit vielen Ideen und z.T. idealistischen Vorstellungen“, (So nannte man es in jener Zeit wohl, wenn jemand über den Zeitgeist hinausdachte. K.G.) „die nicht immer der damaligen Kultur- und Kunstpolitik entsprachen.
Diese Grundhaltung zeichnete ihn auch als Museumsdirektor in Senftenberg aus. Bei verschiedenen dienstlichen Kontakten gab es dadurch öfter Diskussionen und Meinungsverschiedenheiten, auch bei Ateliergesprächen,“ (Mit solchen Diskussionen und Meinungsverschiedenheiten machte man sich auch damals bei seinen ‚Oberen’ nicht gerade beliebt. K.G.) „die aber unsere persönlichen Beziehungen nicht belasteten.
Ich habe Gerhart als zielstrebigen Kollegen und suchenden Menschen mit schöpferischen Ideen in Erinnerung, der trotz mancher Schwierigkeiten immer an seinen künstlerischen Idealvorstellungen festgehalten hat.“
Gerhart Lampa hatte zuletzt im Jahre 2007 mit Herrn Pomerhans Kontakt. Er schenkte ihm anlässlich des 80. Geburtstag von Herrn Pomerhans - viele Leserinnen und Leser werden es erraten - vier Bilder im kleinen Format.

Zurück zum weiteren Lebensweg Gerhart Lampas. Zu jenen, die Lampa drängten, neue Entscheidungen für seine Lebensplanung und Lebensgestaltung zu treffen, gehörten auch seine Eltern. Sie, so erinnert sich Lampa, sagten: „Du kannst doch nicht immer dort am Theater bleiben. Du hast jetzt alle Voraussetzungen. Willst du nicht studieren?“
Diese Gespräche, das Drängen von den verschiedenen Seiten und angeregt von seiner späteren Frau Christel, führen die Entscheidung herbei: Ja ich nehme das Studium auf. Das Studium führt ihn von 1966 bis 1970 nach Dresden, an die dortige Pädagogische Hochschule. Seine Studien-

richtung: Kunsterziehung und Germanistik. Den einen oder anderen Leser mag es erstaunen, dass der begabte Maler diese Studienrichtung wählte und sich nicht irgendwo an einer Kunsthochschule einschrieb. In der Tat wollte Lampa zunächst an der Kunsthochschule studieren. Dort aber, so erzählt er amüsiert, sprach man mit ihm: „Lampa, was willst du bei uns? Die guten Künstler sitzen alle drüben, an der Pädagogischen Hochschule. Du bist dort viel besser aufgehoben. Außerdem hast du einen Rückhalt, wenn es mit der Malerei mal nicht klappt. Wenn du genau hinguckst, dann lernst du genug, was willst du hier die Zeit absitzen, was lernen die denn schon?“ Die Fragen waren berechtigt, an den Kunsthochschulen feierte der sozialistische Realismus seine hohe Zeit. Es waren Bergander von der Kunsthochschule und Gerhard Kettner von der Pädagogischen Hochschule, die mit diesen Hinweisen das Kunststudium verhinderten. Männer von Format, sagt er heute, angesichts des damaligen Eingeständnisses. Die Ratschläge Kettners und Berganders waren sehr einleuchtend: An der Pädagogischen Hochschule waren die besten Künstler und Lampa zählt sie auf: Gerhard Kettner, Christian Hesse, Bruno Conrad. Also studierte Lampa an der Pädagogischen Hochschule weiter Kunstpädagogik und ‚schaute genau hin'.
Der Rückgriff auf den von Bergander genannten „Rückhalt, wenn es mit der Malerei mal nicht klappt“, war trotz der nicht gerade geebneten Biografie nicht notwendig. Auch in den schwierigen Situationen seines Lebens fand Lampa immer Wege, die ihm den Zugang zur Malerei weiter ermöglichten. Das Wichtigste an diesem Studium war, so sieht er es heute selbst, dass er eine ausgezeichnete künstlerische Ausbildung erhielt. Nach vier Jahren schloss er das Studium mit dem Diplom ab.
Während des Studiums schließt Lampa viele Freundschaften, so u.a. mit Reiner Zille, Siegfried Klotz und Steffen Plenkers. Nachhaltig haben seine Entscheidung, sich endgültig mit der Malerei zu befassen, Begegnungen mit Glöckner und Rosenhauer beeinflusst.
Gerhart Lampa hat über diese Zeit in seiner typischen Bescheidenheit nur wenig erzählt.

Nach seinem viel zu frühen Tode gab mir seine Frau Barbara Seidl-Lampa die Adressen einiger früherer Weggefährten, Kollegen und Freundes mit denen ich das Gespräch gesucht habe. Darunter war auch Prof. Adolf Böhlich, der in der Studienrichtung Kunsterziehung der Pädagogischen Hochschule Dresden zunächst den Lehrstuhl Methodik der Kunsterziehung und später den Lehrstuhl Bildende Kunst leitete. Schon als ich ihn in Dresden anrief, um ihn um ein Gespräch zu bitten, sprudelte es aus ihm heraus: „Gerhart Lampa! Natürlich erinnere ich mich an ihn als Student. Ich hatte auch noch später Kontakt mit ihm und habe seine Entwicklung als Maler sehr aufmerksam verfolgt. Wie könnte ich mich nicht erinnern!“ Bei einem Besuch in seiner Wohnung in Dresden knüpft der nun emeritierte Prof. Böhlich an dieses Telefonat an: „Er war einer meiner besten Studenten. Ich hätte ihn gerne an der Hochschule behalten. Wiederholt habe ich versucht, ihn zu überzeugen. Leider ist es mir nicht gelungen.“ Gerhart Lampa hat diese Begebenheit, die doch eigentlich bemerkenswert ist, in seiner Bescheidenheit in den mit ihm geführten Gesprächen nie erwähnt. Weiter erzählt Adolf Böhlich während des Gespräches, dass er mit Gerhart Lampa ein Schlüsselerlebnis hatte. Dieses Schlüsselerlebnis bestand darin, dass der Student Lampa sich als erster mit Kandinsky beschäftigte, dem Begründer der theoretischen Kunsttheorie, die kurz gefasst sich mit dem Geistigen in der Kunst auseinandersetzt. Zuvor war man mit der rein abstrakten Theorie ausgekommen. Lampa brachte die von Kandinsky in dessen Buch „Über das Geistige in der Kultur“ (mir liegt die 10. Auflage von 1952 vor, gedruckt bei Benteli/Bern) in die Seminare mit und führte die Diskussionen. Böhlich erinnert sich schmunzelnd, dass das Buch in der Bibliothek der Hochschule nie zu bekommen war: „Entweder war es bei mir, oder Lampa hatte es sich ausgeliehen“ sagt er. Diese Tatsache weist auf Lampas späteren Weg zum „philosophierenden“ Maler hin (siehe Kapitel 8).

„Lampa war," so Prof. Böhlich, „ in der Seminargruppe der tonangebende Student, der hohe Ansprüche an die künstlerische Praxis hatte, dem es gelang, Theorie und Praxis der Kunst bereits im Studium in ihrer Verbundenheit zu erfassen und darzustellen." Man mag diese Tatsache darauf zurückführen, dass Lampa das Studium mit 26 Jahren begonnen hat und bereits über umfangreiche Erfahrungen in verschiedenen Bereichen des praktischen Lebens verfügte. Trotzdem war sie bemerkenswert und blieb zeitlebens ein wichtiger Bestandteil des künstlerischen Lebens von Gerhart Lampa.

Nach seinem Studium sollte Lampa an der sorbischen Erweiterten Oberschule eine Tätigkeit als Lehrer aufnehmen. Doch er verweigert den Schuldienst trotz vieler Versuche, ihn zu einer Zusage zu bewegen. An diese ergebnislosen Überzeugungsversuche erinnerte sich auch Prof. Böhlich. Die Ablehnung war kein Kavaliersdelikt in dem Jahre 1970. In aller Regel war das mit persönlichen Konsequenzen für den „Verweigerer" verbunden.
Im Falle Gerhart Lampa führte die Ablehnung, den Schuldienst in der sorbischen EOS aufzunehmen, zu der abstrusen, aber nicht ungewöhnlichen Entscheidung in der damaligen Zeit: Man verweigerte dem Absolventen die Verleihung des abgelegten Diploms. Ihn selbst, so sagt er, habe das nicht weiter gestört. Der Grund für die Ablehnung, das Lehramt anzunehmen, bestand zum Einen darin, dass der Sachsen - Anhaltiner zu diesem Zeitpunkt noch keinen Bezug zu den Sorben und ihren Traditionen hatte. Zum Anderen hatte er in den Praktika keine guten Erfahrungen gemacht und er spürte: „Lehrer – nein! Es ist nicht möglich, in dieser Zeit ein guter Lehrer zu sein".
Erst später, nachdem sich seine Verbundenheit mit der Lausitz gefestigt hatte und er hier seinen Lebensmittelpunkt findet, stellt sich eine enge Verbindung zu den Traditionen dieser Region und damit auch zu den Sorben und ihrer Geschichte ein.
Wichtigster Grund für die Ablehnung war aber die Tatsache, dass der nun 30 jährige seine Bestimmung in der Malerei sieht und nunmehr „längst Reife, Wissen und tiefe Selbsterkenntnis" hat (Rößiger, a.a.O.).
Trotz vieler widriger Lebenssituationen, in die Lampa in seinem späteren Leben noch geraten ist, an der erkannten Selbstbestimmung, der Malerei, hat er immer festgehalten. Immer wieder betont er auch später, dass ein Leben ohne das Malen für ihn nicht vorstellbar sei.

Lampa nahm erneut eine Arbeit beim Rat des Bezirkes auf. Nun aber bei jenem Mitarbeiter, der seine Diplomarbeit bearbeitet hatte. Die Diplomarbeit befasste sich mit der Synthese von Architektur und bildender Kunst. In dem Nachlass fand ich Unterlagen zum praktischen und theoretischen Teil der Diplomarbeit.
Als praktische Arbeit hatte Lampa eine Wandgestaltung in der Landwirtschaftlichen Produktionsgenossenschaft „Karl Marx" Hirschbach zu fertigen. Seine theoretischen Erläuterungen zu dieser Arbeit im Rahmen des Diplomverfahrens stellte Lampa unter den Titel: „Sujet und Dekorativität des Innenraumes beim Wandbild". Der Anspruch an diese Wandgestaltung lautete: „Die Vielschichtigkeit im Komplex der Beziehungen zwischen Kunstwerk und Raum" wiederzuspiegeln. Lampa fasste angesichts der vorgefundenen Raumbedingungen, „Charakter der Innenarchitektur (vorhandene Täfelung, Balkendecke, farbig intensiver schwerer Bauernkachelofen, Stilintentionen, gesellschaftlich kulturelle Bedürfnisse der Menschen in der Kooperativen und die territoriale Lage) den Entschluss, die Gestaltung als Keramikfläche zu lösen."
Die umfangreichen theoretischen Erläuterungen sind sehr fachbezogen, so dass auf ihre Dokumentation an dieser Stelle verzichtet werden soll. Die Dankesworte am Schluss der Erläuterungen

bestätigen die Fertigstellung der Arbeit. So ging der Dank an den Keramikingenieur Schulze für seine Hinweise zum Brennprozess und zur Arbeit mit Keramik, an die Firma Schott, an die Kollegen des Ton- und Plattenwerkes Niedersedlitz ... .

In der theoretischen Prüfung beschäftigte Lampa das Thema: „Über die Bedeutung und Gesetzmäßigkeit der Synthese von Architektur und bildender Kunst". Das Manuskript zu dieser Arbeit befindet sich ebenfalls im Nachlass. Die Diplomarbeit und die ausgeführte praktische Arbeit wurden im September 1970 beendet.
Die Anfertigung der Arbeit und ihre Verteidigung fanden zu jenem Zeitpunkt statt, an dem man in der DDR begann, sich mit dieser Thematik zu befassen. Dementsprechend gab es auf diesem Gebiet ein rasant wachsendes Angebot von Literatur, das zu bearbeiten war. Auch in Cottbus hatte man sich entschlossen, sich mit dem Thema und den daraus erwachsenden Folgen zu beschäftigen. Letztendlich hat wohl die Diplomarbeit von Lampa den Anstoß für diese Entscheidung gegeben. Was lag näher, als den Verfasser dieser Arbeit ins Boot zu holen und ihn zu beauftragen, die Gründung eines entsprechenden Büros vorzubereiten, das Büro für Architektur und Bildende Kunst. So bot man Gerhart Lampa nach seinem Studium einen Arbeitsplatz beim Rat des Bezirkes Cottbus an. Dort erarbeitete er eine Konzeption für dieses Büro und zu den Aufgaben dieses Büros im Sinne seiner Diplomarbeit. Diese Konzeption wurde dann später auch in der Praxis umgesetzt. „Sie hat in der Entwicklung der IBA – Terrassen einen Höhepunkt gefunden, die zumindest in dem Büro für Architektur und Bildende Kunst ihren Ursprung hat", stellt er rückschauend fest. Auch die Haltung der DDR zum menschlichen Wohnen wurde nach seiner Erkenntnis dadurch beeinflusst und drückte sich auch in dem Überschwang der Großbauten aus.
Von den gefertigten Bühnenbildern während seiner Mitarbeit am Arbeitertheater und dem Cottbusser Theater sind leider keine Fotos vorhanden. Auch der Verbleib des Bildes von 1963, das Fritz Jende in seiner oben zitierten Laudatio als „ganz düster" beschreibt, ist nicht bekannt.
Aus seiner Studienzeit 1966 bis 1970 an der Pädagogischen Hochschule in Dresden fand ich im Nachlass allerdings ein Skizzenbuch. Dieses Buch begann mit Mitschriften aus Vorlesungen ab Oktober 1966. Später wurde es dann ein Buch mit Entwürfen der verschiedensten Art. Viele Seiten haben die über 40 Jahre der Existenz des Buches nicht überstanden, waren entfernt oder vergilbt. Da es aber die einzigen vorgefundenen Arbeiten aus dieser Zeit waren, habe ich die 6 nachfolgenden Skizzen aus diesem Buch in die Biografie übernommen, um eine Zeitlücke zu schließen.
Die Bildunterschriften sind nicht von Gerhart Lampa. Sie dienen im wesentlichen der Wiedererkennung der jeweiligen Skizzen.

„Glasgestaltung“

Mädchen

Junge Männer

Mädchen und Baumtorso

Kind und Baumtorso

Zwei Liegende

„Zu der wahren Kunstnatur steht der Pfad schon offen“

(Goethe, Abwege)

Direktor des Kreismuseums Senftenberg

Beim Rat des Bezirkes arbeitete Lampa dann ein dreiviertel Jahr. Eines Tages besuchte ihn in diesem Büro Herbert Masurat, Leiter der Abteilung Kultur. Den Verlauf des Gespräches mit Masurat schilderte Gerhart Lampa wie folgt: „Ich habe gehört, du bist Maler und bist hier bald fertig mit deinem Konzept. Wir brauchen einen Nachfolger für Günter Wendt, der bisher Museumsdirektor war und kürzlich verstorben ist. Ich habe gehört, du malst auch, da könntest du das gleich übernehmen. Wie denkst du darüber? Mit deinem Chef habe ich schon gesprochen. Du könntest also bei uns in Senftenberg die Stelle übernehmen. Könnte dich das interessieren und wenn ja, willst du diese Stelle übernehmen?“

Lampa sagte zu und übernahm die Stelle des bekannten Malerkollegen Günter Wendt im Jahre 1971. Nahezu 40 Jahre später stellt er fest, dass er froh war, eine solche konkrete Aufgabe gefunden zu haben. Lampa kannte Günter Wendt von einem Besuch in dessen Atelier im Museum. „Es war für mich irgendwie faszinierend, diese Kombination, hier das Atelier des bekannten Malers mit der großen Staffelei und dort dieses Haus, die einmalige Festungsanlage. In Deutschland ist nichts Vergleichbares erhalten geblieben.“ Mit Beginn seiner Tätigkeit als Museumsdirektor übernahm Lampa auch das Atelier und die große Staffelei von seinem Vorgänger Günter Wendt.
Damit aber war klar, dass auch dieser Lebensabschnitt von und durch Zweigleisigkeit gekennzeichnet werden wird. Einerseits die Erfüllung der anspruchsvollen Arbeitsaufgaben als Direktor des Museums. Andererseits die Fortführung der Malerei quasi als eine nebenberufliche Arbeit. Anders aber als während seiner Zeit in Schwarze Pumpe, gab es zwischen der Erwerbsarbeit und der nebenberuflichen Malerei viele enge Berührungspunkte und Überschneidungen. Es seien nur die Ausstellungen der Arbeiten von Malerkollegen und die damit verbundenen Kontakte zu diesen Kollegen erwähnt. Die Verknüpfung beider Aufgaben wird ihm so gelingen, dass er in dieser Zeit nicht nur eine beachtliche Anzahl Bilder von hoher Ausdruckskraft malt und eigene Ausstellungen durchführt, sondern auch noch eine Reihe von Weiterbildungen und die Ausübung gesellschaftlicher Aufgaben bewältigt (siehe unten).
Letztlich ist die **Kandidatur (1973) und die Mitgliedschaft im Verband Bildender Künstler (1975) das Resultat seiner Entwicklung** in dieser Zeit.

Sowohl die Werke von Günter Wendt, als auch die seiner inzwischen leider auch verstorbenen Frau Margo Wendt, sind weit über die Lausitz bekannt. Einige Bilder befinden sich in der Lausitzer Kunstsammlung. Ausstellungen dieser beiden Künstler, deren Umfang immer wieder mit Werken aus dem Bestand des Sohnes Götz Wendt, bereichert werden, fanden und finden nach wie vor nachhaltigen Zuspruch und Anerkennung.

Günter Wendt hatte während seiner Zeit als Museumsdirektor die Ausstellung von Bildern als Bestandteil seiner Arbeit eingeführt. Die Bilder lieh er sich jeweils für einen begrenzten Zeitraum sowohl von einigen bekannten Künstlern als auch von Nachwuchskünstlern aus und bereicherte diese Ausstellungen wohl auch hin und wieder mit eigenen Bildern und Werken seiner Frau.
Nach der Übernahme des Museums und dem Umzug nach Senftenberg setzte Lampa diese Form der Ausstellungen fort, ohne dadurch bei dem Museum eine eigene Sammlung zu begründen. Die Idee, die Ausstellungen von geliehenen Bildern durch eine eigene Ausstellung im Museum durch den Ankauf von Kunstwerken zu bereichern, hatte der Nachfolger von Lampa in der Funktion des Museumsdirektors, Hans-Peter Rößiger. Er begründete die Lausitzer Kunstsammlung im Jahre 1985, wie am Eingang zu dieser Ausstellung auch zu lesen ist. Im Nachhinein eine folgerichtige Idee, die in den Erfahrungen der Ausstellungen im Museum unter der Leitung von Günter Wendt und später Gerhart Lampa ihre Vorläufer sehen kann.
In der Zeit seiner Arbeit als Museumsdirektor lernte Gerhart Lampa auch die Malerin Margo Wendt persönlich kennen. Später entwickelte sich zwischen ihnen auch ein sehr kollegiales und freundschaftliches Verhältnis, das bis zu ihrem Tode anhielt. Lampa hielt an ihrem Grab die Rede. Während seiner Zeit als Museumsdirektor wurden 2 große Ausstellungen mit Bildern des bekannten Malerehepaares Wendt durchgeführt. Zunächst eine Günter Wendt gewidmete Gedächtnisausstellung. Später dann stellte das Museum Werke von Margo Wendt in einer großen Ausstellung vor.
„Margo Wendt", so erzählt Lampa sehr nachdenklich, „war mir ein sehr angenehmer Mensch. Sie erzählte mir auch über den Gulag, worüber sie sonst sehr wenig sprach und den sie wohl nur überstand, weil sie malen und zeichnen konnte. Sie hat die Henker gezeichnet und deren Familien. Ähnlich wie es in den deutschen Konzentrationslagern war: Die Verbrecher hatten zwar keine moralischen Werte, keine menschlichen Werte, aber sie hatten den ästhetischen Anspruch, sich malen zu lassen".
Die Übernahme des Amtes des Direktors des Kreismuseums Senftenberg durch Gerhart Lampa bezeichnete Rößiger in der bereits zitierten Laudatio zu Recht als „eine glückliche Fügung für Lampa, dem Tradition und Geschichte von je her nahe sind."
Natürlich stand Lampa vor einer schwierigen Aufgabe. Durch den Tod von Günter Wendt war eine Einarbeitung, eine Übergabe, ein Kennenlernen der Vorstellungen Wendts über die weitere Ausgestaltung des Museums nicht möglich. Trotzdem war es Lampas Ziel, das Werk im Sinne von Wendt weiterzuführen. Zunächst beschäftigte sich der frisch gebackene Museumsdirektor mit Themen von der Lausitzer Arbeiterbewegung bis zur heimischen Flora und Fauna, organisierte jeden Monat eine Ausstellung und entwickelte, wie er eher zurückhaltend sagt, Wichtiges im Museum weiter, das schon mit der Industrialisierung hier entstanden war: das geistige Umfeld Senftenbergs.
Schon nach kurzer Zeit im Amt des Museumsdirektors hatte Lampa gute Kontakte zu Kollegen aus der Nachbarschaft, so etwa zu den Kollegen aus Hoyerswerda mit denen er später sehr eng zusammenarbeitete.
Dazu gehörte u.a. der bekannte Bildhauer und Maler Jürgen von Woyski, mit dem Lampa eine längere Freundschaft verband. Während von Woyski die internationalen Bildhauerseminare in Hoyerswerda leitete, leitete Lampa die Seminare für die malenden Künstler. In Hoyerswerda knüpfte Lampa auch Kontakte zu Martin Schmidt, die später zur Freundschaft wurden. Martin Schmidt hatte im Jahre 1969 in Hoyerswerda über den Kulturbund eine Galerie gegründet. Diese Galerie führte 6 Ausstellungen im Jahr durch. Zu den Ausstellern gehörte auch Gerhart Lampa. In Hoyerswerda lernte Lampa auch Brigitte Reimann kennen, von der er später sagte: „Diese Sinnlichkeit hat mich berührt."

Ich habe Martin Schmidt, den Freund Gerhart Lampas, in Hoyerswerda besucht, um mit ihm über Lampa zu sprechen. Beide „haben sich nie aus den Augen verloren“, so Martin Schmidt. Schmidt hat nicht nur Ausstellungen von Lampa eröffnet, sondern man besuchte sich auch gegenseitig. Martin Schmidt war Geschäftsführer des Bildungswerkes für Kommunalpolitik und ist Vorsitzender des Hoyerswerdaer Kunstvereins. Martin Schmidt hat 2008 ein Buch über den Maler Dietmar Hommel geschrieben, das vom Ernst-Rischel-Kulturring herausgegeben wurde. Er erzählte mir eine Begebenheit, die so typisch ist für Lampa:
Der Kulturbund hatte eine Ausstellung eröffnet. Auf dieser Veranstaltung erzählte einer der Aussteller, er habe anlässlich der Eröffnung eine Bonsai - Pflanze erhalten. Daraufhin wurde er gefragt, was denn ein Bonsai sei. Auf diese Frage antwortete Lampa zum Gaudi aller Anwesenden:„Ein Bonsai ist eine deutsche Eiche in Zwergenformat.“
Weiter erzählt Schmidt, dass im März 1983, Lampa war inzwischen seit 1980 freischaffend als Maler tätig, eine von Dr. Bolz geförderte und mit organisierte aufsehenerregende Ausstellung von Gemälden in Hoyerswerda stattfand. Bilder von weltbekannten und weltberühmten Malern wurden ausgestellt: u.a. Picasso, Chagall, Giacometti, Goya, Anatoli Kaplan und von Gerhart Lampa. Auch wenn Lampa damals nicht zu Unrecht stolz darauf war, dass seine Bilder neben denen dieser Titanen der Malerei hingen, gesprochen hat er darüber später nicht, auch zu mir nicht im Verlaufe der vielen langen Gespräche in Vorbereitung dieser Biografie.
Martin Schmidt hebt die große Hilfsbereitschaft von Lampa hervor, der immer bereit war, Hilfe bei Ausstellungen, sowohl praktisch als auch theoretisch zu leisten.
Weiter oben wurde auf die Beziehung von Gerhart Lampa zu Margo Wendt hingewiesen. Martin Schmidt hatte in Hoyerswerda auch eine große Ausstellung mit Bildern von Margo und Günter Wendt organisiert. Er war auch auf der Beerdigung von Margo Wendt, die er sehr schätzte. Von ihr sagte er, dass sie nie über die schweren Jahre geklagt, sondern immer ihre Liebe zu Russland hervorgehoben hat. Er erzählte, dass Gerhart Lampa in seiner Grabrede für Margo Wendt auf ihre schwere Zeit im Gulag hingewiesen hat.

Während der Zeit als Museumsdirektor nahm Lampa ein Fernstudium der Geschichte an der Humboldt-Universität auf. Er absolviert das Grundstudium von zwei Jahren. Ein solches Studium war für die Ausübung der Tätigkeit als Museumsdirektor notwendig und musste von allen Inhabern eines solchen Amtes absolviert werden. Das Studium hat dazu beigetragen, dass der schon immer geschichtlich interessierte Lampa in „manchen Dingen eine andere Sicht“ bekam. Das Studium veränderte seine Sichtweise insofern, als sie wesentlich differenzierter wurde. Er nennt es eine Erweiterung von Prozessen und führt als Beispiel die einseitige Ausrichtung an, die es in der DDR gab. Diese Sichtweise hat sich durch das Studium für ihn veränderte, eben erweiterte. Dazu zählen auch Erkenntnisse über die Differenzierungen in den faschistischen Lagern, die nachhaltig beeinflusst werden, als er Karl Unverricht porträtiert (siehe Kapitel 5) und als er den ersten Stadtkommandanten von Senftenberg, Gardeoberst Iwan D. Soldatow porträtiert und mit ihnen lange Gespräche führt.
Von Karl Unverricht, der das Konzentrationslager überlebte, erfuhr Gerhart Lampa: Nicht alle im Konzentrationslager waren Antifaschisten, auch Zuhälter und Kinderschänder kamen ins Konzentrationslager. Es ist die Aufrichtigkeit und Gradlinigkeit Unverrichts, die Lampa berühren, weil sie den humanen Zielen eigenen Denkens entsprechen.
Soldatow, der die Gründung des Senftenberger Theaters befahl: „Ihr wart ein Kulturvolk, ihr sollt wieder eins werden, deshalb befehle ich ein Theater“, zitiert Lampa Aussagen von Soldatow. Am

21. Oktober 1946 wurde das Theater in Senftenberg in der umfunktionierten Turnhalle und Aula der Rathenau-Schule eröffnet.
Lampa befragte Soldatow während der Malsitzungen über seine Kenntnisse zu den Gulags. Soldatow sagte, er habe davon gehört, aber er weiß nicht, warum Margo Wendt deportiert wurde, was ihn auch verwunderte. Sie, die u.a. für ihn dolmetschte, die eine kluge und gebildete Frau war und mit der er gerne zusammen arbeitete, war plötzlich nicht mehr da. Seine Nachfragen wurden etwa so beantwortet: Er möge doch nicht weiter fragen, es habe schon seine Richtigkeit.
Auch Margo Wendt gehörte mit ihren Berichten über die Gulags, in die sie 10 Jahre eingesperrt war, zu den Personen, die jene, durch das Studium bei Lampa bewirkte veränderte Sicht, bekräftigte.
„Mein Weltbild hat sich im wesentlichen differenziert erweitert," sagt er im Gespräch, „es ist runder geworden. Es hat manches ins Wanken gebracht."
Seine Arbeit am Museum, schildert Lampa, wurde bestimmt durch die Pflichten der Sammlung von Ausstellungsstücken. Hinzu kam deren Aufarbeitung für den Geschichtsunterricht. Er beschäftigte sich mit der Geschichte der Arbeiterbewegung, der Geschichte der Produktivkräfte und Produktionsmittel, wozu es wunderbare Sammlungsstücke gab und die durch die Nachfolger hervorragend ausgebaut wurden. Natürlich konzentrierte er sich auch – wen wundert es – auf die Kunst und Kunstausstellungen.
In den 9 Jahren seiner Tätigkeit als Museumsdirektor bis 1980 hat das Museum über 100 Kunstausstellungen durchgeführt. Da das Museum das Glück hatte, einen Partner in der Galerie Neuer Meister in Dresden zu finden, konnte das Museum eine Reihe wunderbarer Ausstellungen neuer Meister, darunter auch Ausstellungen aus dem Bestand der Kunstausstellungen der DDR, den Besuchern anbieten, wie es keiner anderen Stadt in der DDR gelang, fügt Lampa nicht ohne Stolz hinzu. „Einer dieser Partner war Ultsch. Er war in den 40er bis 50er Jahren 1. Sekretär der SED in Senftenberg. Ultsch war es, der die zuständigen Stellen in der Galerie Neuer Meister von der Vertrauenswürdigkeit des Museums in Senftenberg überzeugte und damit die Voraussetzungen für diese Ausstellungen mit den Werken der Neuen Meister schuf."
Das Museum Senftenberg hatte nur ein Auto zu stellen, man wurde eingewiesen wie die Werke vorschriftsmäßig behandelt und eingepackt werden müssen. Voller Freude zählt Lampa einige Maler auf, die auf diese Weise in Senftenberg gezeigt wurden: Niemeyer-Holstein, Womacka und Sitte und fügt hinzu, dass es damals möglich war, Werke der ersten Garnitur zu zeigen, weil niemand einen Kunstraub befürchten musste.
Der Vermutung, dass die Tatsache, dass zwei Maler über eine so lange Zeit das Museum geleitet haben, dem Museum zu einem großen Fundus an Bildern verholfen haben müsste, widerspricht Lampa. Im Museum gab es sowohl zu Zeiten Günter Wendts, als auch zu Lampas Zeiten viele Gemäldeausstellungen. Diese Gemälde wurden aber nicht angekauft sondern wurden zeitlich befristet ausgeliehen (s. a. O.)
„Sechs bis acht Stunden habe ich täglich im Museum gearbeitet", sagt Lampa, „und erst dann in dem ehemaligen Atelier von Wendt gemalt, bis ich dann in das Kommandantenhaus umgezogen bin. Dort konnte ich mich dann wechselseitig zurückziehen, entweder in die Bereiche der Arbeit oder Malerei."
Wie wichtig diese Möglichkeit für ihn war, erläutert er an folgendem Beispiel: „Manchmal," so sagt er, „kamen Freunde vorbei und fragten: Ist der Gerhart Lampa da? Nein, nein, der ist nicht da, sagten meine Kollegen und ich hörte: Wer ist da? Postpilot, war die Antwort. Darauf machte ich das Fenster auf und rief: Ja! Ja! Und um meine Kollegen nicht bloßzustellen fuhr ich fort: Ich habe

nicht Bescheid gesagt, dass ich mich dort oder gerade dort aufhalte. Es war bereits sprichwörtlich, dass gesagt wurde: Fragen wir lieber noch einmal nach, der ist bestimmt schon oder noch da."
Die ersten drei Jahre seiner Tätigkeit im Museum wohnt Lampa mit seiner Familie noch in Cottbus und pendelte täglich zwischen Cottbus und Senftenberg. Das begrenzte die Zeit.
Auch in der Wohnung in der Pappelallee in Cottbus hatte er eine Staffelei, an der er malte. Viele Arbeiten aus dieser Zeit hat Gerhart Lampa nicht mehr. In diese Zeit fallen für ihn wichtige Entscheidungen, zum einen wurde er in die Bezirkskunstausstellung aufgenommen, nachdem er sich beworben hatte. Zum anderen erfolgte 1973 die Aufnahme als Kandidat des Verbandes Bildender Künstler, 1975 seine Aufnahme als Mitglied im Verband Bildender Künstler. Letzteres erlebt er als hohe Auszeichnung, weil nur wenige Künstler ohne Abschluss einer Kunsthochschule in diesen Verband aufgenommen wurden. Bewirkt hat diese Aufnahme vor allem die Tatsache, dass Lampas Malerei überzeugte. Später wird er für fast 10 Jahre Sektionsleiter der Maler und Plastiker des Verbandes Bildender Künstler im Bezirk Cottbus.

In dieser Zeit lernte er Hans-Peter Rößiger kennen. Der absolvierte gerade ein Forschungsstudium an der Karl-Marx-Universität, das er aber nicht unbedingt weiterbetreiben wollte. Lampa war überzeugt, in ihm den richtigen Nachfolger für die Position des Museumsdirektors gefunden zu haben, der es ihm ermöglichen sollte und konnte, seine Tätigkeit als Museumsdirektor nach fast 10 Jahren zu beenden, um sich in die freischaffende Beruflichkeit zu begeben.
Im Nachhinein schätzt Lampa diese Zeit als sehr gute Jahre ein, in denen er auch alle zwei Jahre Kurse für Künstler im Schloss Rabenau besuchen konnte, Jahre, in denen er Ausstellungen in Cottbus verwirklichen konnte. Cottbus hatte erst später eine eigene Kunstgalerie erhalten. Zuvor wurden alle bedeutenden Kunstausstellungen in Senftenberg unter Günter Wendt gezeigt.
In den Jahren der Tätigkeit als Museumsdirektor lernte Lampa u.a. eine Reihe bekannter Künstler der Region kennen. Zu ihnen gehörten u.a. der Maler Heinz Karl Kummer, der seit 1961 in Senftenberg lebende und arbeitenden Bildhauer Ernst Sauer, die Senftenberger Bildteppichweber Christa und Günter Hoffmann und der in Hoyerswerda lebende Bildhauer und Maler Jürgen von Woyski. Mit Jürgen von Woyski hatte Lampa ein sehr enges Verhältnis. Später, als Woyski das Internationale Symposium von Bildhauern in Hoyerswerda aufbaute, gestaltete, übernahm Gerhart Lampa nach dem Weggang von Dieter Dressler 1980 die Leitung des Internationalen Energie-Pleinair /Symposium mit den Malern. Beide Aufgaben waren ähnlich und so war es eine logische Folge, dass das Verhältnis zwischen beiden noch vertrauter wurde und sich zwischen ihnen eine fruchtbare Zusammenarbeit entwickelte.

Möglich war Lampa das von ihm geleistete Arbeitspensum nur, so betont er, weil er über ausgezeichnete Mitarbeiter verfügte, auf die er sich verlassen konnte. Später hielt Lampa auf Bitte der Stadt Hoyerswerda die Laudatio anlässlich der Verleihung der Ehrenbürgerschaft an Jürgen von Woyski.
1975 fand das erste Internationale Pleinair in Cottbus statt, „das später," so erzählt Lampa, „unter dem Begriff Energie - Pleinair Kunstgeschichte zeichnete und seit 1978 von mir vorbereitet und begleitet wurde. Die genannten Projekte wurden von mir geleitet, die Volkskunst-Pleinaire außerdem gemeinsam mit Eckhard Böttger ... Unabhängig freilich von politischen Entwicklungen hat sich immer eine Gruppe von Freizeitkünstlern etabliert, die unverdrossen als Gruppe `Der Hof` wirkte ... Ich habe ... die vorgehenden Formen bewusst benannt, nicht deswegen freilich, weil ich sie für erfolgreich hielt, als vielmehr aus der Überlegung heraus, dass sie Menschen jeder Schicht und Anschauung berührte und vereinte. Politische Momente spielten wohl bei der Motivierung

eine Rolle, nicht aber im künstlerischen Schaffen selbst. Und das dürfte entscheidend gewesen sein für die gesellschaftliche Wirkung. Kunst dieser Form ließ sich schwerlich politisch vermarkten, so sehr es die Damen und Herren der SED und der Gewerkschaft gewünscht hätten. Seit 1980 wurde ohnehin eine Tendenz sichtbar, dass die Kunst zunehmend Nieschenfunktion erhielt, die man zu dulden begann. Wenn sie wollen, akzeptierte man sie als Ventil im politischen Kontext. Beiliegend einige konzeptionelle Gedanken zum geplanten Gegenstand ..." . Dies schrieb Gerhart Lampa in einem Brief vom 22. August 1993. Bei dem geplanten Gegenstand handelt es sich um einen Projektvorschlag unter dem Namen WASSER, den er erarbeitet hatte. Er schlug vor, in der Lausitz erneut ein Pleinair oder „Formen der künstlerischen Kultur zu wählen und eine Arbeitswoche auszurichten, deren Ergebnisse zeitlos wertend sind." Dieses Projekt ist allerdings nicht verwirklicht worden.
Interessant an beiden Formen der oben genannten Internationalen Symposien der Bildhauer einerseits und der Maler andererseits war die Ähnlichkeit der Herangehensweise. Diese Symposien liefen über vier Wochen. Für diesen Zeitraum gab es für alle Teilnehmer jeweils eine Vergütung von 800 Mark der DDR. Das war, so Gerhart Lampa, eine Menge Geld, mit dem man die vier Wochen gut überstehen konnte. Bei den Bildhauern wie bei den Malern blieb von jedem Teilnehmer eine Skulptur bzw. ein Bild quasi als Gegenleistung für die Vergütung, für die kostenlose Unterkunft und Verpflegung sowie für die kostenlose Bereitstellung der benötigten Materialien, in der Region. Darüber hinaus wurde nach Lampas Erinnerung je ein Bild, egal welcher Größe für 1000 MDN angekauft (siehe unten Zitat aus dem Statut des Internationalen Energie-Pleinairs). Von den während dieser Symposien gefertigten Bildern sind noch einige in den jetzigen Kunstsammlungen, einige müssten noch in Betrieben sein, soweit die Betriebe noch existieren, wie etwa im ehemaligen BKK, das heute Vattenfall ist. Übrigens sind von den auf den Bildhauersymposien gefertigten Skulpturen auch noch einige in der Lausitz zu sehen.
In dem Nachlass von Gerhart Lampa fand ich das „Statut des Internationalen Energie -Pleinairs im Bezirk Cottbus" von 1984. Es fand, laut Statut, alle zwei Jahre vom 1. bis 30. September für Maler und Grafiker mit je zwei Künstlern aus der Sowjetunion, Polen, der CSSR, Bulgarien und Rumänien statt. Von den Veranstaltern wurden Maler und Grafiker aus den Bezirksverbänden des Verbandes Bildender Künstler Cottbus, Potsdam und Frankfurt/Oder sowie vom Kreis Sorbischer Bildender Künstler im VBK eingeladen Das Statut regelte Ausstellung und Ankauf der Werke: „Die Veranstalter wählen jeweils ein Tafelbild aus dem Arbeitsergebnis als Äquivalent für die staatliche Kunstsammlung Cottbus zur gesellschaftlichen Nutzung aus.
Es können Arbeiten jedes teilnehmenden Künstlers durch die Veranstalter und andere Betriebe , Einrichtungen und gesellschaftliche Organisationen käuflich erworben werden.
Das Honorar wird auf der Grundlage der Honorarordnung für bildende Künstler gezahlt."

Alle teilnehmenden Künstler, mit denen ich gesprochen habe, lobten die Arbeitsbedingungen, die materiell-technischen und finanziellen Bedingungen, die ebenfalls im Statut geregelt waren: „Jedem Teilnehmer wird ein Förderungsbeitrag sowie ein Tagegeld entsprechend den gesetzlichen Bestimmungen gezahlt, wovon die Kosten für die Verpflegung, den persönlichen Bedarf sowie die Fahrten innerhalb des Bezirkes mit Ausnahme von Exkursionen zu zahlen sind ...
Die Kosten für die Unterkunft und die Gesamtkosten der Exkursionen trägt der Rat des Bezirkes Cottbus.
Über das Honorar, welches die ausländischen Gäste für den Verkauf der Arbeiten erhalten, können sie in der DDR selbst verfügen ...
Die Kosten für die Anreise nach Cottbus und die Abreise von Cottbus trägt der jeweilige Partnerbezirk ...

Alle Teilnehmer am Pleinair erhalten durch den Rat des Bezirkes Cottbus kostenlos zur Verfügung gestellt: Leinwände, Künstlerölfarben, Malmittel, Zeichenpapier, Pinsel."

Diese Bedingungen sind mit der Wende abgeschafft worden, nicht nur weil die Internationalen Pleinaire nicht mehr stattfinden. Sehr viele Künstler waren gezwungen, sich zur Sicherung ihres Lebensunterhaltes eine andere Beschäftigung zu suchen. Gerhart Lampa hatte das Glück, dass ihm der damalige Theaterdirektor, Heinz Klevenow, im Theater die Stelle des Malsaalvorstandes anbot (siehe Kapitel 4).

Im Museum von Senftenberg hat Lampa während seiner fast 10 jährigen Tätigkeit als Museumsdirektor nur einmal Bilder von sich ausgestellt. Im Museum befinden sich einige Bilder als Dauerleihgaben und einige Bilder wurden nach seiner Zeit als Museumsdirektor von Museum aufgekauft. Gerhart Lampa selbst hat in den Jahren seiner Tätigkeit als Museumsdirektor kein Bild von sich für das Museum aufgekauft. Ankäufe von Bildern Lampas durch das Museum wurden erst später durch seinen Nachfolger im Amt, Hans-Peter Rößiger, der die Lausitzer Kunstsammlung ins Leben gerufen hatte und durch seinen damaligen Mitarbeiter, den Maler Bernd Gork, die eine kontinuierliche Sammeltätigkeit entwickelten, vorgenommen.
Von den in den Jahren der Tätigkeit als Museumsdirektor entstandenen Bilder fand ich bei der Durchsicht des Archivs u.a. folgende:

„November", Öl, 1975;	veröffentlicht im Katalog Landschaft der Lausitz im Bilde ihrer Maler des 20. Jahrhunderts; Kleine Galerie Hoyerswerda, 1987
„Tagebau", 1977;	veröffentlicht im Katalog Klubgalerie des Kulturbundes der DDR (106), 1982, Magdeburg
„Maler im Tagebau", 1978;	veröffentlicht: Ebenda
„Genesung", 1979;	veröffentlicht: Ebenda

In dem Geleitwort zu der Ausstellung in der Klubgalerie Magdeburg 1982 schrieb Fritz Jende:

„Gerhart Lampa ist Autodidakt. Er hat nicht auf geebnetem Bildungsweg das Berufsziel eines Malers erreicht, sondern gegen mancherlei Hindernisse ertrotzt.
Dabei ist er kein Eiferer oder Besessener; Zweifel plagen ihn, Fragen nach der Zugänglichkeit seines Tuns.
Die schlichte Berufsbezeichnung ist ihm hohe Verpflichtung. Malend fühlt er sich erfüllt und gewiss.
Und so wird das Malen immer mehr zur Notwendigkeit, zum Hauptfaktor innerer Stabilisierung.
Die Bilder Gerhart Lampas sind nicht die eines feinsinnigen Ästheten noch weniger eines geschickten Schilderers.
Auch formale Experimente finden nicht statt. Solche Malerei will kein Aufsehen erregen, es ist gewissermaßen eine Malerei der Mitte.
Thematisch mitten im Leben – die Familie, Freunde, Persönlichkeiten und immer wieder die Landschaft, das narbige oder schon verwachsene Revier der gegenwärtigen und ehemaligen Braunkohlentagebaue um Senftenberg.
Formal ebenso – da ist das Sichtbare zu ordnen, im Bild zu stabilisieren, die Wahrhaftigkeit.
Aufgaben, die auch vor Rembrandt standen Cezanne, Corinth und Slevogt – den Vorbildern.
Vor der Natur zu malen, ist Gerhart Lampa ein unausweichliches Bedürfnis.
Hier ordnet und klärt sich vieles im Ganzen, wenn im Atelier zuweilen das Einzelne, das Detail,

sich gefährlich zu verselbständigen droht. Nicht immer sind die Bilder, insbesondere Landschaften, aus dem Studium des ersten Eindrucks zu gültiger formaler Ordnung geklärt. Die Frische des Erlebnisses wirkt hier kompensierend. In der Gesamtheit ist jedoch das Bemühen stets spürbar, den verwirrend-unsteten Natureindruck zu einer klaren Geschichtsvorstellung zu bilden. Das geschieht zunächst mittels vertikal aufbauender Strukturen kurzer Pinselzüge und wird dann in einer freien Pinselführung, die streifig Formen ausspannt, weitergeführt.
Die Menschendarstellungen Gerhart Lampas verraten ein hohes Maß an Einfühlungsvermögen, an menschlichem Mitempfinden. Sein Gegenüber ist nicht Objekt, das bildnerisch „umgesetzt" wird, sondern der Mensch, selbstbewusst, leidend, schön. Charakterlichen Qualitäten, zwischenmenschlichen Beziehungen, sozialen und psychischen Zuständen spürt der Maler teilnehmend und achtungsvoll nach.
Die innige Beziehung und Aufrichtigkeit schützt Gerhart Lampa vor den Versuchungen des Nur - Interessanten, wenn unter der Fülle malerischer Verlockungen das Anliegen verschütt zu gehen droht. Die Suche nach dem Menschen hinter der Oberfläche des Bildes ist das beste Unterpfand für die Zukunft des Malers."

Die Vorbilder für Gerhart Lampa waren Mathias Grünewald, von ihm insbesondere das Bild „Isenheimer Altar" und Rembrandt, vom ihm insbesondere das Gemälde „Der verlorene Sohn". Wir werden die obigen Einschätzungen mit anderen, zu verschiedenen Zeitpunkten und damit einem verschiedenen Entwicklungsstand des Künstlers, a.a.O. wiedergegebenen Einschätzungen oder Laudationes vergleichen können.
In einem Katalog, herausgegeben vom Kreismuseum Senftenberg unter dem Titel Ausstellung Lausitzer Künstler – „gerhart lampa - malerei/grafik", vermutlich aus 1986, sind weitere Bildtitel aus den 70er Jahren aufgelistet, jedoch nicht abgebildet:
In der Reihenfolge des Ausstellungsverzeichnisses sind das:

„Tagebau", Öl/Leinwand 1977, 60x80cm
„Die Schneise", Öl/Leinwand 1978, 61x81cm
„Maler im Tagebau", Öl/Leinwand 1978, 61x65cm
„Krankes Kind", Öl/Hartfaser 1976, 60x79cm
„Der Maler R.G.", Öl/Hartfaser 1975, 59,5x83
„Veilchen", Öl/Holz 1973 40,5x42cm
„Strohblumen", Öl/Leinwand 1975 61x40cm
„Arbeit am See", Öl/Hartfaser 1975 28x43,5cm
„Vereister Baum", Öl/Hartfaser 1979 32x46cm
„Fieber", Öl/Hartfaser 1976 43x57cm
„Krankes Mädchen", Öl/Hartfaser 1976 59x80cm
„Kleiner Bulle", Aquarell 1979 36x48cm
„Mühlberg", Bleistift 1979 29,5x42,5cm

Auch aus diesem Zeitabschnitt fand ich ein Skizzenbuch mit Skizzen aus den Jahren 1977 bis 1979. Darunter sind einige, die sich späteren Bildern zuordnen lassen. Auf den folgenden Seiten werden einige Skizzen vorgestellt. Ihre Auswahl erfolgte nach ihrer reproduzierbaren Qualität, aus rein technischen Gründen nicht nach ihrer Thematik.

Skizzen/Entwürfe zum Porträt Gardeoberst Soldatow? 1977

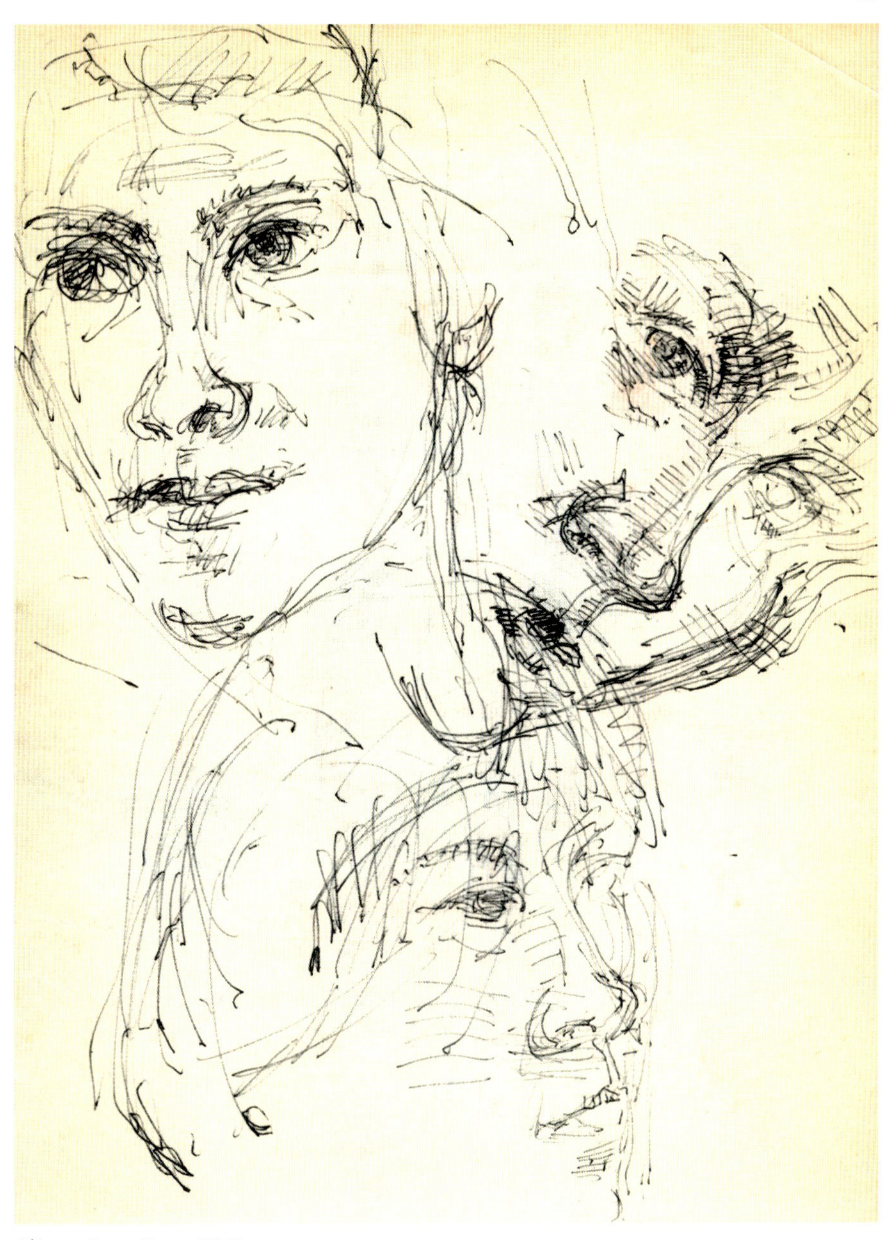

Skizzen Junge Frau, 1978

Skizzen Junge Mädchen, 1978

Skizzen Jungendliche, 1978

Skizze Paar, 1979

Gerhart Lampa in seinem Atelier in den 70er Jahren

„Die blendende Antithese des griechischen Voltaire, dass die Malerei eine bestimmte Poesie und die Poesie eine redende Malerei sei, stand wohl in keinem Lehrbuche.“

(Lessing, Laokoon)

Gerhart Lampa als freischaffende Künstler und die Jahre danach

„In der Kunst ist das Beste gut genug.“

(Goethe)

4.1 Freischaffender Künstler und kulturpolitischer Arbeiter

Der Lebensweg und die Lebensleistung Gerhart Lampas darf man mit Fug und Recht als Ergebnis seiner Berufung zum Künstler, dem „inneren Auftrag“ wie er es einmal nannte, bezeichnen. Zurecht hat er dies deutlich gemacht und mehr noch wird es in vielen seiner Tätigkeit entspringenden Lebenserkenntnissen sichtbar.
So stellt er bei der Eröffnung einer Ausstellung in Hoyerswerda im März 2008 fest:

„Meine Kunst entspringt Kindheitsmustern – Klangbildern vergleichbar – die mir nie verloren gingen trotz notwendiger Umwege.
Früh wurde mir bewusst, dass sie die wohl einzige und wirkliche Freiheit bedeutet, die weder Vorgaben noch Eingrenzungen zulässt und in der ich mich vorbehaltlos ausdrücken kann.
Die Malerei ist mir als Ausdrucksform geblieben und ich bin, solange ich denke, nur diesem inneren Auftrag gefolgt.“

Im März 2009 wiederholt er diese Überzeugung:

„Ich bezeichne das Malen als eine Kunst, die für mich die einzig wahre Freiheit ist.“

Im Jahre 1980, nun fast 40 Jahre alt, wird Gerhart Lampa freischaffender Maler. Er wird es bis zum Wendejahr 1990 bleiben. Die nun erfolgenden Veränderungen, insbesondere die völlig wegbrechende Auftragslage und die daraus erwachsenden finanziellen Veränderungen zwingen ihn, sich zur Bestreitung seines Lebensunterhaltes eine zusätzliche Arbeit zu suchen.
Dieses Jahrzehnt der freischaffenden Malerei wird eine Zeit intensiven Schaffens, ein Jahrzehnt, in dem der Künstler weiter reift (siehe Kapitel 5).
Schon während der Zeit als Direktor des Senftenberger Museums spürte Lampa, dass diese Aufgabe soviel Zeit und Kraft kostete, so dass die für die Malerei übrig bleibende Zeit sehr karg bemessen war. Zusätzlich belasteten ihn die Anforderungen, die an den Direktor des Museums von

den „Bezirksgewaltigen" verschiedener Bereiche und Ebenen ausgingen. Er litt geradezu körperlich unter der Diskrepanz, einerseits in unfruchtbaren Sitzungen Zeit zu vergeuden und anderseits sich mühsam wenige Stunden Zeit für die Malerei abringen zu müssen. Aus dieser Zeit erzählt er anschaulich: „Ich hatte einen wunderbaren Freund, neben dem ich in diesen Sitzungen saß: Dr. Katzschmer, Chirurg und Kreisarzt. Wir haben uns immer amüsiert über die armseligen Gedankengänge bestimmter Politiker, die Äußerungen bestimmter Leute, die manches nicht begriffen. Wir verbrachten die Zeit damit, die Fehler in den Reden dieser Leute zu zählen und zu notieren. Dieses Aufschreiben wurde von den Vortragenden als Mitschreiben ihrer flachen Aussagen interpretiert. ‚Das ist aber schön, dass ihr so gut mitschreibt. Das tun nicht alle,' ging das Lob an uns. Wir aber amüsierten uns über diese Fehlinterpretationen ebenso wie über die Reden." Lampa nennt Beispiele aus den Reden: „Geb mich das mal rüber, ich sage dich und weitere Fehler in der Rhetorik, im Satzbau und dergleichen. Ich kam aber trotzdem mit ihnen zu Rande." Er bezeichnet „diese kulturelle Unbedarftheit der politischen Schaukräfte" als „ein Glück für die Kunst".

Gerhart Lampa hat wiederholt geäußert:
„Ich würde alles tun, um malen zu können".

Er sagte das in einer Art, die keinen Zweifel an der Ernsthaftigkeit dieser Aussage und der Tatsache aufkommen ließ, dass es sich dabei um eine Lebensmaxime des Künstlers handelt.
Der Widerspruch zwischen dieser Lebenswertvorstellung und den zuvor geschilderten Erlebnissen ist von so grundsätzlicher Art, dass eine Lösung unausweichlich war. Diese Lösung wurde mit dem Übergang in die freischaffende Malerei vollzogen.

Gerhart Lampa begann sich rechtzeitig darauf vorzubereiten. Er hatte sich in dem Kommandantenhaus gegenüber dem Museum das Atelier aufgebaut. „Ich hatte die Räumlichkeiten, die ich suchte. Zwei große Räume mit einer Druckpresse, die ich von der Straße weg bekommen konnte. Sie sollte weggeworfen werden als Schrott. Auch eine Handdruckpresse hatte ich. Hier konnte ich mich befreien. Da ging es los. Größere Formate fertigen zu können, hat mir sehr viel Freude bereitet."
Die Zeit für das künstlerische Schaffen Lampas wurde durch viele andere Aufgaben sehr verringert: „Mit dem Übergang in die Freiberuflichkeit kamen Funktionen auf mich zu. Ich wurde auf Grund meiner Haltung, kritischer Haltung, auch in die Sektionsleitung und später, 1985, zum Sektionsleiter der Sektion Malerei und Plastik im Bezirksverband Bildender Künstler gewählt." Gewählt wurde er u.a., „weil er die Hemmschwelle gegenüber der sogenannten Obrigkeit nicht hatte." Er konnte mit verschiedenen Leuten der „Obrigkeit" sehr gut reden, so z.B. mit dem Kreissekretär der SED, der sehr offen war für die Probleme von Kunst und Kultur. Er habe „zwar manchmal gesagt: `Lampa halt dein Maul` weil er irgendwo wieder erfahren hat, dass man mich abgehört hatte und dass ich gesagt habe: Wenn ich den oder den erwische werfe ich ihn in den Senftenberger See." Das, so empfindet Lampa „war jedoch nicht das Entscheidende. Entscheidend war, dass wir eine Arbeitsgruppe hatten, die sich bemühte, sowohl in Senftenberg als auch in Hellersdorf die baugebundene Kunst entsprechend erleben zu lassen."
Rößiger beschreibt die Übernahme der Funktion des Vorsitzenden der Sektion Malerei und Plastik im Bezirksverband Bildender Künstler: „Dies bringt ihn automatisch noch näher an die Bezirksgewaltigen. Politische Querelen bleiben da nicht aus. Zu unterschiedlich sind künstlerische Handschriften und Auffassungen seiner Kollegen, die Lampa schätzend und akzeptierend vor so

manchem Funktionär verteidigt. Lampa wirkt und kämpft für Toleranz, um der Kunst jenen freien Raum zu schaffen, der ihrer Entwicklung bedarf"(a.a.O).

Gerhart Lampa 1983 in seinem Atelier

Gerhart Lampa im Gespräch mit dem Malerkollegen und Freund Günter Rechn

Bei der baugebundenen Kunst, etwa mit Plastiken, haben verschiedene Künstler mitgewirkt, z.B. Jürgen von Woyski, Georgios Wlachopulos, einer der wesentlichen Architekten, Joswig.
Ohne diese Aktivitäten hätte es keine Plastiken gegeben.
Lampa war Gründungsmitglied des Kulturbundes im Bezirk Cottbus im Bereich für bildende Kunst. Bereits 1982 wurde Lampa zum Mitglied der Zentralen Kommission Bildende Kunst des Präsidialrates des Kulturbundes der DDR berufen (siehe Faksimilie). Es ist die Zeit, in der die Anerkennung seiner Arbeit, sowohl sein Schaffen als Maler, als auch seine Arbeit in der Öffentlichkeit in verschiedenen ehrenamtlichen Funktionen, ihm nicht nur wachsendes Ansehen bescheren. Es wachsen ihm aus dieser Entwicklung weitere Aufgaben zu. So tritt man an ihn heran und erklärt: „Du, wenn du nicht einverstanden bist mit unseren Beiträgen zu den Bezirkskunstausstellungen, dann schreibe selber. Ich verspreche dir, ich drucke alles ab was du schreibst."
„Es war insgesamt ein sehr fruchtbarer Zeitraum", sagt er. „Wie viele Leute man kennenlernte! Die Sekretäre bzw. Leiter der Sektionen aus den Bezirken trafen sich monatlich in einem anderen Bezirk. Wir trafen uns dort aus allen Bezirken und führten einen sehr fruchtbaren Austausch. Wir tauschten uns aus über Ausstellungen, bekamen Nachfragen zu Ausstellungsbeteiligungen als Gast, bereiteten Vorschläge für die weitere Arbeit vor. Es waren durchweg profilierte Leute, die sich dort trafen." Er nennt Namen: Bernhard Heisig, später der Sohn, Johannes, Willi Sitte, Walter Womacka, auch junge Leute wie Peter Silvester und Peter Rohn.
Es werden bis 1990 Jahre, in denen Lampa sich, wie er sagt, „den künstlerischen Aufgaben, gewidmet hat, aber sich auch den gesellschaftlichen Anforderungen nicht verweigerte."

Nach den Folgen des Sprunges von der festbezahlten Tätigkeit als Museumsdirektor in die freischaffende Tätigkeit in finanzieller Hinsicht befragt, weil immer ein Risiko, sagt Lampa: „Ja, es war ein Sprung ins Unbekannte. Indes wir hatten eine großartige Auftragssituation, weil in diesem Bezirk, der sich begann zu etablieren, sehr großer Nachholebedarf zu bewältigen war. Wissenschaftlich, technisch, industriell und kulturell. Es entstanden neue Städte. Mit Hoyerswerda z.B. war eine für uns wichtige Nachbarstadt entstanden.
Senftenberg wuchs, es entstanden jene Stadtgebiete, die nun Stück um Stück abgerissen werden, Cottbus wuchs mit seinem Umfeld, die entstehenden neuen Industriebetriebe, für die das Verhältnis zur Kultur sehr viel bedeutete, um die Arbeitskräfte zu gewinnen."
Nach einer möglichen Veränderung der von Lampa für seine Bilder bevorzugten Motive, auch wegen eines u.U. sich ergebenden neuen Gewichtes zwischen Auftragswerken und Bildern „im eigenen Auftrag" befragt, sagt der Künstler: „Ich habe nichts anderes gemacht als vordem: Landschaften, Porträts, die mich bewegt haben. Z.B. kamen dann Anfragen: Wie sieht es aus? Die Cottbusser haben die besten Radfahrer. Lothar Thoms habe ich dann porträtiert.
Da habe ich dann am Training als Zuschauer mit teilnehmen können und habe gesehen, welche Schinderei dahinter stand, um zu solchen Weltklasseleistungen zu gelangen. Dann bekam ich bei der NVA Aufträge über Kunst, Ausstellungen zu machen, mit den Soldaten und Offizieren zu reden. Der neu entstehende See, das Landschaftsbild einer neuen Generation, gehörten zu meinen Motiven wie Aufträgen. Hinzu kamen baugebundene Sachen wie Dachfenster für die Akademie der Wissenschaften, das war ein Wettbewerb, den wir zu dritt gewonnen hatten. Alles zusammengefasst: wir kamen gut zu Rande. Allerdings reich wurde man nicht."
Hinzu kam das im Kapitel 3 bereits ausführlicher vorgestellte internationale Energie-Pleinair, dass er von Dieter Dressler übernahm. „Das war auch eine wunderbare Aufgabe", sagt er, „es war ein gutes Klima zwischen Freunden aus der Sowjetunion, aus Polen, aus der Tschechoslowakei, aus

Ungarn, aus Rumänien und aus dem sorbischen Gebiet sowie zum Schluss auch mit französischen Freunden und mit Italienern, zu denen Günter Rechn (Maler aus Cottbus) noch heute den Kontakt hat. Es war nicht nur eine wunderbare Atmosphäre, man hatte auch keine materiellen Probleme (siehe oben). Im Gegenteil! Manchmal hat man noch überlegt, wer könnte das noch machen, wenn du nicht.
Zu dir ist man gekommen und du hast dann gesagt, na ja, der oder der hat nicht soviel Aufträge wie z.B. Hans Scheuerecker, der es schwierig hatte, weil er nicht ins Konzept passte, unbequem und politisch unbeliebt war, weil er eben in einer ungewohnten Weise gestaltet hat. Da haben wir durchgesetzt, dass er diesen oder jenen Auftrag bekam."

Im September 1986 fand das sechste Internationale Energie-Pleinair statt. Gerhart Lampa hatte bis dahin an vier dieser Pleinairs teilgenommen und es war das zweite, das er leitete.
Die Lausitzer Rundschau (LR) veröffentlichte am 16. September 1986 unter dem Titel „Unerschöpfliche Malgründe" ein Interview mit Gerhart Lampa, aus dem ich zitieren möchte:

LR: *Zum zweiten Mal nun als künstlerischer Leiter. Bleibt da Zeit zum Malen?*
Sie ist knapp, aber ich male trotzdem. Nicht zu malen wäre mir nicht vorstellbar.

LR: *Wie einmalig ist das Cottbusser Pleinair?*
Zumindest ist uns kein gleichgeartetes bekannt.

LR: *Als Energie-Pleinair stellt es an die Teilnehmer spezielle Ansprüche?*
Der Name sagt es. Aber es hat sich für Skeptiker erwiesen, dass darin keine Einengung besteht. Das belegt sichtbar die gegenwärtige Ausstellung in der Galerie der Staatlichen Kunstsammlungen Cottbus, es ist aber auch meine ganz persönliche Erfahrung. Unser künstlerisches Interesse ist auf den Menschen und sein veränderndes Wirken im Tagebau und Kraftwerk gerichtet. Das schließt Menschen- und Landschaftsgestaltungen ein, die im ganzen Territorium zu finden sind... die Wirklichkeit also in der Vielfalt des Alltags und in ihrer Komplexität. Unerschöpfliche Malgründe sind das. ...

LR: *Welche künstlerische Bedeutung hatte dies?*
Da sind mehrere Aspekte hervorzuheben. Bezogen auf unsere eigene Malerei ist zu sagen, dass wir bis dahin eine relativ begrenzte Bildwirklichkeit überwanden. Das ergibt sich schon aus den unterschiedlichen Blickwinkeln, aus denen heraus die Künstler unseren Gegenstand betrachteten. Von dieser Beobachtung gingen und gehen immer wieder Wirkungen auf das künstlerische Schaffen aus. Doch als wohl bedeutendsten Aspekt möchte ich die Begegnung zwischen den Künstlern und der Künstler mit den Arbeitern, mit vielen Menschen während des Pleinairs hervorheben......

Ähnlich positiv wurde die Arbeit der 21 Künstler dieses Pleinairs in einem am 27.9.1986 im „Morgen" veröffentlichten Artikel bewertet.

Die Teilnehmer des letzten Internationalen Pleinairs 1989 in Potsdam.
Zu diesem Zeitpunkt existierte die Zentrale Sektionsleitung der Sektion Malerei/Grafik noch, in der Gerhart Lampa einer der drei Stellvertreter des Vorsitzenden Peter Hoppe (Berlin) war.
(zweite Reihe, zweiter von links GERHART Lampa)

KULTURBUND DER DEUTSCHEN DEMOKRATISCHEN REPUBLIK

BERUFUNGSURKUNDE

Gerhard Lampa

wird für die Wahlperiode vom X. zum XI. Bundeskongreß zum

Mitglied

der Zentralen Kommission

'Bildende Kunst

des Präsidialrates berufen.

Berlin, den 16. Dezember 1982

Prof. Dr. Hans Pischner
Präsident

Mitglied Kommission 'Bildende Kunst' des Präsidialrates im Kulturbund

Gerhart Lampa schuf in diesen 10 Jahren zahlreiche Bilder. Gezählt hat er sie nicht, weder die Anzahl der in diesen 10 Jahren geschaffenen, noch die Anzahl der insgesamt von ihm gemalten. Das Gespräch darüber veranlasste uns, eine Zählung zu beginnen.
Den Versuch, die genauere Anzahl der insgesamt von ihm gemalten Bilder zu ermitteln, haben wir bei nahe 1000 Bildern aufgegeben. Nicht eingerechnet die sehr große Anzahl der Bilder des „kleinen Formates“, die Gerhart während seiner Besuche zu Weihnachten etwa, oder Geburtstagen mit seinem bescheidenen Auftreten so gerne verschenkte.
Zahlreiche Ausstellungen und Ausstellungsbeteiligungen fallen in diesen Zeitraum. Einige von ihnen und ihre Resonanz in den Medien werden im Kapitel 7 reflektiert. Kataloge von diesen Ausstellungen sind teilweise wenig ergiebig, weil sie mit wenigen Bildern und kaum mit Texten versehen sind. Im folgenden Text zitiere ich aus vorgefundenen Katalogen und Bewertungen. Damit möchte ich das Kapitel 5, das sich umfangreicher seinen Bildern, der großen Anzahl von Ausstellungen, Katalogen und Bewertungen seiner Werke seit dem Jahre 1990 widmet, entlasten. Aus zwei der etwas umfänglicheren Kataloge möchte ich zitieren.
In der Information 5/87 des Bezirksvorstandes Cottbus Bildender Künstler wird die Ausstellung „Metamorphosen“, Malerei und Grafik von Künstlern des Bezirkes Cottbus vorgestellt. Sie fand vom 8. November 1987 bis 3. Januar 1988 im Kreismuseum Senftenberg in der Kunstsammlung Lausitz statt. Ausgestellt haben dort: Barbara Blüher, Paul Böckelmann, Eckhard Böttger, Gudrun Bröchler-Neumann, Dieter Clausnitzer, Gerhard Knabe, Gerhart Lampa, Frank Merker, Sigrid Noack, Günther Rechn, Elke Riemer, Horst Ring, Hans Scheuerecker, Heidi Vogel, Bettina Winkler und Dieter Zimmermann. Alle Aussteller habe ich aufgelistet, weil ich im folgenden einen Beitrag von Gerhart Lampa in dieser Information zitieren möchte, der u. a. an diese Kollegen gerichtet ist.

Der Beitrag trägt die Überschrift „Was uns bewegt“. Mit größtem Interesse habe ich diesen gedruckten Beitrag mit dem Originalentwurf von Gerhart Lampa verglichen. Dieser Vergleich hat mich sehr nachdenklich gemacht. Ich möchte Sie, liebe Leserin, lieber Leser, an der Nachdenklichkeit teilhaben lassen und habe deshalb jene Passagen, die in dem Original, nicht aber in der Veröffentlichung enthalten sind, in Klammern und abgehoben in den Text eingefügt:

(Gestaltwandel – Verwandlung – Veränderung – eine Naturform wird zur Kunstform – wird Bild und Metapher. Da beginnt, was wir Kunst nennen. Denn die Natur braucht keine Illustration, sie ist es in sich selbst natürlich. Aber der Mensch braucht keine weite Natur.)

„Es scheint,“ so der gedruckte Text, „ dass mit der X. Kunstausstellung ein Gegenstand gefunden wurde, der andere Präsentationen von Kunst vorerst übersehen lässt. Das freilich hindert uns nicht, innerhalb dieses weitgestreckten und unübersichtlichen Rahmens an die selbstverständliche Arbeit zu denken. Immer wieder und nichts weiter. Um so mehr war es gut, mit dem Museum Senftenberg einen Raum für eigene Interessen gefunden zu haben. Es ist eine Erfahrung, dass unsere Arbeit nur dort wirksam wird, wo wir sie nutzen. Hier und wohl auch anderswo, wird das Nützliche die Ausstellung „Metamorphosen“ sein, nicht überraschend deswegen die Teilnahme der meisten Kollegen.
(In unserem Sinne wurde Eingrenzung und Reglement ohnehin abgelehnt, ... Anders hätte es diese Ausstellung nicht gegeben.)
Denn weder Eingrenzung, noch Reglement gab es, so dass jeder unbeschwert und doch zielbewusst seine Wahrheit vorstellen wird. Und obgleich es üblich geworden ist, Kunst in eine Rangordnung

zu bringen, geschieht hier die Verwirklichung eines künstlerischen Prinzips, dass es die Bilder sind, die durch ihre Bildhaftigkeit wirken müssen, nicht durch andere Schlauheiten. Wir sind überzeugt, die Ausstellung wird so verstanden.
Die Zeit ist ohnehin klüger als gewollte Definitionen, im übrigen kann das nur jeder mit sich ausmachen.
(Man möge sich die Bilder gut ansehen. Wer Antworten sucht, tut dies vergeblich.
Dennoch sind sie wohl ein Spiegel. Ich hätte nicht gedacht, wie sehr bei allem Fragmentarischen, Haltung, und auch Keime, sichtbar werden.
Wohl findet man Positionen über Menschen, die sich auf den Weg gemacht haben, über Gräben und Mauern hinweg. Aber solche, die übersatt in ihrer Enge und Ängstlichkeit Antworten brauchen, werden sie natürlich zu spitzfinden wissen.)

Die Ausstellung „Metamorphosen" ist eine unter anderen möglichen Formen, die, gerade weil sie Wandlung wie Verwandlung assoziiert, das Wesen unserer Arbeit ausmacht. Überdies ist sie unsere Ausstellung, die nächste sollte uns ebenso bereit finden zum Mittun."

Im Jahre 1986 wurde im Kreismuseum Senftenberg unter dem Titel: „gerhart lampa – malerei/grafik" jene große Ausstellung gezeigt, von der bereits im Kapitel 3 die Rede war. In diesem Kapitel wurde auf jene Bilder Bezug genommen, die in den 70er Jahren, als Gerhart Lampa Direktor des Museums war, entstanden sind.
Diese Ausstellung umfasste insgesamt 81 Bilder, von denen 11 (einschließlich des Bildes auf dem Deckblatt) im Katalog enthalten sind. In das Kapitel 5 dieses Buches sind, neben den im 3. Kapitel genannten Bildern, weitere aufgenommen worden.
Die Auswahl dieses Kataloges ist u.a. der Vielzahl der in der Ausstellung gezeigten Bilder geschuldet, vor allem aber der Tatsache, dass sich in dem Katalog 3 Laudatoren zu Wort gemeldet haben. Der Vergleich dieser drei Texte gibt eine breite Sicht auf das Schaffen des Künstlers in den 80er Jahren. Laudatoren waren: Thomas Zunkel, Fritz Jende und Martin Schmidt.

Thomas Zunkel schreibt: „Begegnet man erstmalig Bildern Gerhart Lampas, hypothetisch wäre anzunehmen, zwei Merkmale fallen besonders auf.
Ad eins: Die Landschaft scheint für den Maler ein bevorzugtes Gestaltungsmotiv zu sein. Vermutlich deshalb, weil er hier am sensibelsten sein Verhältnis zur Natur in ihrer Veränderlichkeit zum Ausdruck bringen kann, weil Verdichtung und Reflektieren eigener Stimmungswerte, Empfindungen und Haltungen prononciert hier möglich werden. Vielleicht auch deswegen, um das ihm mit der Zeit recht vertraut gewordene Lausitzer Land, seine eigene Umwelt in ihrer morphologischen Differenziertheit dem Betrachter erlebbar zu machen. Dennoch, diese Eingrenzung wäre als Interpretation einseitig, lässt sie doch die formale Seite der bildkünstlerischen Widerspiegelung außeracht. In Lampas Zustandsbildern der Natur nämlich, die bei dem Betrachter niemals topografische Abbilder der Wirklichkeit sind, allerdings im formalen Herangehen sich als empirisch „gefärbt" erweisen, erschließt sich stets das Ganze organisch aus dem Einzelnen. ‚So entstehen in der Regel aus wenigen Skizzen', kommentiert Lampa, ‚beispielsweise aus einem Strauch, einem Baum, einer Wolke oder sogar nur einem Farbeindruck jene Bilder, bei denen sich die Form aus der Farbe ergeben muss, zumeist auf einen Farbklang hin komponiert'. Diese Einzelmotive sind in diesem Sinne Bildgegenstände, die als solche vorwiegend einen zentralen Stellenwert besitzen und oft mehrere Funktionen im Bildraum erfüllen. So erscheinen sie zum Beispiel als Kulminationspunkt,

Spannungsfeld, auch als Stimulanzien, die motivierend im Malprozess wirken, ihn maßgeblich mit prägen. ‚Ihr Anfang liegt oft nur in einem Punkt unvermischter Farbe, einem Eindruck von Bewegung oder Licht. Man kann sie bei genauem Hinsehen finden, diese Bruchstücke reiner Farbe, kraftvollen Ankern gleich ruhen sie im Klang der Farbtöne, die aus ihnen hervorgingen, die sie umgeben in Harmonie zum Grundton.' (Martin Schmidt)
Ad zwei: In Gerhart Lampas Malerei lebt Atmosphärisches, pulst in den meisten seiner Gemälde Stimmungsreiches, dem der Betrachter scheinbar unausweichlich gegenüber steht, das auf ihn ausstrahlt und bei ihm wiederum Stimmungsvolles befördern, ja auch spürbar beeinflussen kann. Ein ‚fluoreszierendes geistig-sinnliches Klima' also, das beinah durchweg seinen Bildern, vornehmlich den Landschaften, eigen ist, von ihnen auf den Betrachter ausgeht und reflektierend wirkt. Ausdruck einer Lebensmaxime Lampas? Ein Stück Wesensart des Malers, das er mittels seiner Kunst dem Betrachter fasslich zu machen versucht? Ohne Zweifel – es ist so, unbestreitbar eine Tatsache: Gerhart Lampa ist ein Künstler, der Atmosphärisches sucht, braucht, es vermittelt; ein Maler, der Denkschablonen meidet, der in seinen philosophischen Reflektionen auf Weite zielt, niemals auf Enge, der mit seinen Bildbotschaften ausufern will und kann. So mag auch sein, dass sein früher Wunschtraum, Flieger zu werden, jener unbändige Drang in die Lüfte, ein jugendlicher Aufbruch in diese Richtung gewesen sein muss. Ein damals vielleicht spontaner Entschluss, der aber jene grundlegende Haltung schon in dieser Phase seines Lebens zu belegen scheint. Allerdings – in seiner Malerei ist davon am vornehmlichsten zu spüren: Nicht zuletzt in den weiten, sich öffnenden Horizonten seiner Landschaften, auch dem bewegten atmosphärischen Wechselspiel von Wolkenfeldern, Himmel und jahreszeitlich gebundenen Stimmungen.

Gerhart Lampas Malsprache ist ausgewogen, erscheint auf Harmonie ausgerichtet. Die Valeurs sind lebendig, oft recht mannigfaltig und hinterlassen den Eindruck, dass der Künstler einer Makulatur nachgeht, die darauf zielt, unterschiedliche Nuancen betont impressiv widerzuspiegeln, wobei koloristische Vordergründigkeit bewusst vermieden wird. Auch zeigt sich neben dem momentanen farbigen Reiz, der für Lampa äußerst wichtig ist, ihn immer wieder erfasst und zur Palette greifen lässt, eine funktionierende Sinnlichkeit, die in ihrer Wirkung auf den Betrachter vom teilnahmsvollen Mitempfinden bis zur anheimelnden Stimmung reicht – bildkünstlerisch augenfällig gemacht durch harmonisch abgestufte Bildräume, jene Valeurs und Schattierungen, wobei den Farbwerten Grün, Grau und Ocker sowie Blau- und Brauntöne vorwiegend dominieren, in seinem malerischen Oeuvre mehrheitlich hervortreten.
Aber nicht nur von der Farbe allein her erscheinen die Bilder Gerhart Lampas so reizvoll belebt, sondern auch durch einen Rhythmus, der aus dem Motiv zu kommen scheint. So wird man bei seinen Gemälden in Lyrisches eingestimmt, wenn der Betrachter nachvollzieht, wie der Maler bei der bildkünstlerischen Aneignung der Dinge des Alltags, seines landschaftlichen Umfeldes den verschiedenen Spielarten der Farbe empfindsam nachgegangen ist, sie genießerisch erlebt, immer neue Variationen entdeckt und diese intensiv „ausgekostet" hat. Zweifellos – Lampas Malerei besitzt gerade in dieser Ebene eine unzweideutige Ursprünglichkeit, sind doch seine Bildwerke Ergebnis einer leidenschaftlichen Korrespondenz mit den ihm wichtigen Erscheinungen und Gegenständen der Wirklichkeit, nicht Ausdruck irgendeines Espritspiels, eines artifizierten, gespreizten Komponierens. Zugleich haben sich in ihnen ausreichend Unmittelbarkeit und Natürlichkeit bewahrt und erhalten, so viel jedenfalls, wie es dem Wesen des Malers entspricht und sein Stil erlaubt.

Gerhart Lampas Malweise ist nicht akribisch. Das wäre nicht seine Art, entspräche niemals seiner malerischen Grundhaltung. Seine Pinselschrift ist anders, dem entgegengesetzt: Am ehesten kurzzügig bei einer oft fleckenhaften Behandlung der Farbe. Farbflecken, die häufig miteinander verschmelzen und den Eindruck einer dadurch gesteigerten Dynamik erwecken. Die zumeist lichtgesättigten Landschaften verdeutlichen dazu eine recht freie Handhabung des Pinsels bei der Wiedergabe von Atmosphärischem, insonderheit durch eine nicht selten streifige Ausspannung der Formen, die Bildräume zum Fliehen bringen.
Druckgrafischen Techniken geht Gerhart Lampa weniger nach. Wenn überhaupt, dann sind es die Aquatinta und der Holzschnitt, denen er sich als Mittel des „Ausgleichs", der Alternative zur Ölmalerei zuwendet, wobei einige der entstandenen Arbeiten einen expressiven Gestus verraten. Demgegenüber besitzt die Handzeichnung eigentlich keinen eigenen Stellenwert in Lampas bildkünstlerischem Schaffen. Mehr oder weniger dient sie ihm zu Studienzwecken, insbesondere in der Phase der Vorbereitung seiner Ölgemälde.
Pleinairistischer Arbeit steht Gerhart Lampa offen gegenüber, ja er mag diese Malerei direkt vor der Natur. Dennoch, ein ‚Pleinairist' im üblichen Sinne ist er nicht, obwohl er sich regelmäßig an Pleinairs - so beispielsweise in Jänschwalde – beteiligt. (siehe oben, K.G.) Unmittelbar vor der Natur erfolgt bei ihm „nur" die Verständigung mit einer Landschaftsform, die sich in einer tastenden Bewegung vollzieht und in deren Ergebnis gegenstandsbezogene Eindrücke bleiben, auch besagte Skizzen entstehen, weil ihn hier, wie Lampa meint, ‚die Natur mit ihrem schnellen Wandel bedrängt, den ständig neuen Eindrücken...'. Vollenden tut Gerhart Lampa im Atelier, wo sich die Eindrücke von Farben und Formen verdichten, wo ein intensiver Verständigungsprozess sich in Gang setzt, in dem auch unterschiedliche Erinnerungsebenen ihren Platz haben, wo er, der Maler, zu einer allgemeinen Aussage kommt. Die so entstandenen Landschaftsdarstellungen entbehren deshalb oftmals lokaler Authentizität, erfassen aber immer die typischen Wesensmerkmale der jeweiligen Landschaftsmotive und erscheinen gleichsam als Sinnbilder für Zustandsformen in der Natur, wie u.a. Ruhe und Bewegung, Wärme und Kälte. Den Bildinhalten ist somit ein sinnbildlich „gefärbter" Doppelsinn unterlegt, der jedoch keineswegs „strategischer" Natur ist, nicht bewusst hineingetragen wird. Lampa genügen die wirklichen Daseinsformen als Auslöser für seine Bildideen. Dabei reizt ihn nicht, elementare Naturerlebnisse absichtsvoll durch Metaphern und Symbole anzureichern, sie mit intellektuellen Gehalten zu verschlüsseln.
In Lampas Porträtschaffen treffen wir mehrheitlich auf Frauenbildnisse, bei denen sich ein ausgeprägter Sinn für gedämpfte Farbigkeit offenbart. Gleichsam ist zu erkennen, dass hierbei recht häufig – soweit es stilistisch vertretbar ist – der Versuch unternommen wird, die Farben mit der Natürlichkeit der Modelle in Übereinstimmung zu bringen, eine vordergründige Psychologisierung der Dargestellten jedoch nicht angestrebt wird. Allerdings ist hier einzuschränken, dass den Porträts schier durchweg Kontemplatives eigen ist ... Nachdenklich-Sinnendes, In – sich - gekehrtes, Beschauliches, wodurch ein hohes Maß an Einfühlungsvermögen und Sensibilität veräußerlicht zum Vorschein tritt, dem Betrachter rezipierbar gemacht wird.

Obwohl Gerhart Lampa nicht in eine „Schule" einzuordnen ist, tangiert seine Malsprache – unausweichlich, so wie bei jedem anderen Künstler – mit regionalen Stilebenen zeitgenössische Kunstentwicklung, wobei bisweilen eine Nähe zur „Berliner Schule", jene „offensive Berührung" mit Malerei von Manfred Böttcher und Harald Metzkes dem aufmerksamen Betrachter betont augenscheinlich wird. Jedoch – lebendiger als gelegentlich im Oeuvre auftretende Gegenwartsbezüge ist sein Verhältnis zu tradierter Kunst, insbesondere zur Malerei der deutschen Impressionisten, hauptsächlich der von Max Slevogt und Lovis Corinth, Maler, die Gerhart Lampa als Vorbilder bezeichnet, deren Kunst ihn bisher maßgeblich beeinflusste, die für ihn zum „Wegbereiter“ wurde: So registrieren wir eine lockere, sichere Pinselführung, verspüren eine lebhafte Durchdringung von Licht und Farbe, erleben Analoges bei der Wahl der Standorte. Dabei sind es hier oft jene Ausblikke, die Lampa vom gleichen Standort aus wählt, häufig mit nur einer geringen Veränderung des Blickwinkels ... Trotzdem, alles erscheint hier neu gesehen, geradezu neu erlebt.

Zuweilen wird Gerhart Lampas Kunst als Malerei der „Mitte“ bezeichnet. Doch – wo ist die „Mitte“? Wo ist sie im Leben, wo ist sie in der Kunst? Schwerlich zu beantworten. Ist diese „Mitte“ als eine formale Einengung zu verstehen, als eine inhaltliche Limitierung, die dem Künstler unüberschreitbare Grenzen setzt, keine Möglichkeit zum Ausweichen bietet? So verstanden – wäre es eine wenig förderliche Sachlage für den Maler, für die Chancen seiner Kunst, zumal eine solche Festlegung sich unter dieser Sicht auch nicht als Kompliment für einen Künstler erweist, der mit offenen Augen mitten im gesellschaftlichen Leben steht. Freilich, wenn mit „Mitte“ ausschließlich die Wahl der Motive gemeint ist, nicht der Widerspiegelungsprozess, nicht die aufbegehrende „Natur“ des Malers, das Ringen um „fertige Bilder“, der „furchtbare Augenblick“ – dann mag es vielleicht gelten. Doch da ist ja noch mehr; aktivierendes soziales Schöpfertum zuvörderst, das in Lampa ungestüm lebt, auch jenes unverminderte, zutiefst aufrichtige Reflektieren auf relevante Themen des Alltags, so in den zwischenmenschlichen Beziehungen, beim Sport ..., der „Glaube“ an die Phantasie, an die Genussfähigkeit der Menschen, an ihre sinnliche Welt ... Und Lampa bekennt: „Malerei, wie jede andere Kunst, wird durch die eigene Phantasie der Menschen ergänzt. Wie kann ich also wollen, den Menschen das Vergnügen zu nehmen? ... Meine Zeitgenossen sind äußerst empfänglich für wahrhaftige Bilder ...“
Diese Menschen, die er hier meint, mit denen er sich als Künstler und Partner verbunden sieht, die ihm Zeitgenossen sind – ihnen öffnet er unvoreingenommen und ehrlich die Erlebnisfelder seines Empfindens, seiner Erkenntnisse, lässt sie assoziativ teilhaben an seinen ästhetisch-künstlerischen Reflexionen auf Erscheinungen der Wirklichkeit, deren Ebenen seiner Lebenssicht, macht sie empfänglich für eine Bildbotschaft, ein Kunstwerk, das gut ist, ‚wenn es aus Notwendigkeit entstand. In dieser Art seines Ursprungs liegt sein Urteil.‘ (Rainer Maria Rilke)
Ein Zitat, ein Grundsatz: Für Gerhart Lampa und seine Kunst eine ausgesprochen wichtige Maxime künstlerischer Arbeit, auch für erforderliche ästhetische Zäsuren. Zugleich ihm ein Postulat, dem er sich immer wieder stellt, sich stets verpflichtet fühlt.“

In dem gleichen Katalog für die Ausstellung im Museum von Senftenberg im Jahre 1986 sind unter dem Titel: „Stimmen über Gerhart Lampa“ zwei Beiträge von Fritz Jende und Martin Schmidt enthalten. Fritz Jendes Beitrag überschneidet sich mit jenem, der von ihm aus dem Katalog von der Ausstellung in der Klubgalerie Magdeburg 1982, der in das Kapitel 3 aufgenommen wurde. Hier wird er im Kontrast, zur Ergänzung der Laudatio von Thomas Zunkel aufgenommen.
„Der Maler Gerhart Lampa ist Autodidakt. Er hat nicht auf geebnetem Bildungsweg das Berufsziel des Malers erreicht, sondern gegen mancherlei Hindernisse seine Berufung ertrotzt. Dabei ist er kein Eiferer oder Besessener; Zweifel plagen ihn, Fragen nach der Zufälligkeit seines Tuns.
Die schlichte Berufsbezeichnung ist ihm hohe Verpflichtung. Malend fühlt er sich erfüllt und gewiss. Und so wird das Malen immer mehr zur Notwendigkeit, zum Hauptfaktor innerer Stabilisierung. Die Bilder Gerhart Lampas sind nicht die eines feinsinnigen Ästheten, noch weniger eines geschickten Schilderers. Auch formale Experimente finden nicht statt. Solche Malerei will

kein Aufsehen erregen. Thematisch mitten im Leben – die Familie, Freunde, Persönlichkeiten und immer wieder die Landschaft, das narbige oder schon verwachsene Revier der gegenwärtigen und ehemaligen Braunkohlentagebaue um Senftenberg ...
Die Menschendarstellungen Gerhart Lampas verraten ein hohes Maß an Einfühlungsvermögen, an menschlichem Mitempfinden. Sein Gegenüber ist nicht Objekt, das bildnerisch „umgesetzt" wird, sondern der Mensch, selbstbewusst, leidend, schön. Charakterlichen Qualitäten, zwischenmenschlichen Beziehungen, sozialen und psychischen Zuständen spürt der Maler teilnehmend und achtungsvoll nach. Diese innige Beziehung und Aufrichtigkeit schützt Gerhart Lampa vor den Versuchungen des Nur - Interessanten, wenn unter der Fülle malerischer Verlockungen das Anliegen verschütt zu gehen droht. Die Suche nach dem Menschen hinter der Oberfläche des Bildes ist das beste Unterpfand für die Zukunft des Malers."

Der langjährige Freund Gerhart Lampas, Martin Schmidt schrieb in diesem Katalog:
„Gerhart Lampa fesseln Landschaften mit ihrem wechselnden Licht, mit dem Wandel der Farben. An Tagebaurändern wie am Seeufer findet man ihn häufig. Manches Pleinair lässt ihn mit reicher „Beute" heimkehren, etwa jene in Jänschwalde oder Begegnungen in Saxdorf. Sie enthalten, was sein Leben prägt: Realität sehen und mit Phantasie nachgestalten. Nie liegt etwas in gleißendem Licht, nie in krassen, schreienden Farben ... Versuch und Lösung richten sich nach der Aufgabe, bewahrt wird die Grundhaltung: Malerei ist Arbeit mit Farben. Sie allein in den Formen müssen sprechen, da hilft weder Erklären noch Absichten verkünden. Was die Betrachter nicht sehen, ist nicht gemalt. So wird immer neu begonnen. Das „absolute Bild", dessentwegen immer wieder alles geschieht, wird täglich neu gesucht, um dieses wird gerungen. Den Weg dahin kennzeichnet mancher Meilenstein, der uns über den flüchtigen Augenblick hinweg zu fesseln vermag."

„Kunst ehrt ihren Meister"

4.2 Künstler und Malsaalvorstand

Mit der Vereinigung der beiden deutschen Staaten im Jahre 1990 brachen für die ostdeutschen Künstler die staatlichen Aufträge weg, mussten sich die ostdeutschen Künstler völlig neu orientieren. Alle standen vor der Frage, wie sie nun ihren Lebensunterhalt bestreiten können. Auch Gerhart Lampa musste sein Leben neu gestalten.
Wir haben darüber besprochen:
„Ich muss gestehen," sagte er, „dass ich zunächst nicht wusste was wird. Sämtliche kulturpolitischen Momente, die die DDR noch trug, die Förderung von Kunst und Kultur wie auch Sport brachen ja weg. Nur noch der kommerzielle Gegenstand wirkte. Wir waren außerhalb der Kunstpropaganda der Galerien usw. Mein Freund, Eckhard Böttger, musste Fenster putzen bei einer Firma. Er wollte und musste auch überleben. Ich empfand diese Entwicklung als einen Niedergang, der mich bestärkt hat, dass in der Theorie der Kunst ein Marktwert gewünscht werden wird und nicht mehr nach der künstlerischen Tiefe und Dimension gefragt wird. Wenn z.B. jemand eine vollgepinkelte Windel aufhängt, und ein anderer bezahlt dafür einhunderttausend Euro, dann ist es ein Kunstwerk. Es gibt genug Beispiele dieser Art. Das hat mich erschüttert. Das kannte ich zwar durch Ausstellungen, die wir in der Bundesrepublik zeigten und durch Hinweise von West-Kollegen, die sagten ‚seid nicht so

euphorisch, denkt daran, es sind nur wenige, denen das Glück gegeben ist, so erfolgreich zu sein. Eure Doktrin ist nichts gegenüber der freien Marktwirtschaft, in der alles der Mode unterworfen ist'. Das war bedrückend, aber ich habe es trotzdem weggedrückt. Es gab schon Leute, die sich näherten und mich aufforderten, auf den Markt zu kommen, ‚in deiner Weise zu malen gibt es da wenige'. Ich sagte nein. Ich wollte Bilder an Leute verkaufen, die ich mag, die ich schätze. Deshalb kann ich aufzählen, wer Bilder hat und gekauft hat, die erstens wirkliche Kunstfreunde waren und die zweitens das richtige Verhältnis zur Kunst hatten. Es kam mir auch nicht darauf an Tausend DM oder Euro zu verdienen sondern auch ein Geschenk zu machen, das Glück zu empfinden, dass man eine große Freude auslöst. Deshalb habe ich auch die vielen kleinen Rahmen, ‚das kleine Format' ".

Für Gerhart Lampa löste sich die obige Frage nach dem ‚Was nun?' durch einen glücklichen Umstand. Auf einem Kunstgespräch traf er Heinz Klevenow, den er kannte. Lampa erinnert sich: „In dieser Situation kam Heinz Klevenow auf mich zu, der damalige neue Intendant des Senftenberger Theaters, und sagte: ‚Ich habe in einem Beitrag gelesen, dass du mal im Theater warst im Malsaal, du beherrschst das Metier, dann kannst du doch Theatermalerei machen. Ich brauche dringend einen Malsaalvorstand. Wir wollen Vieles ins Leben rufen und dafür brauchen wir sehr schnell einen Ersatz im Malsaal. Komm doch mal zu uns in das Theater und zeige, was du so drauf hast.' Ich bin daraufhin in das Theater gegangen und habe eine Probezeit von 14 Tagen absolviert. Das war es dann. Das Theater war glücklich. Ich habe sofort einen Vertrag bekommen, mit dem man mich übernommen hat. Ich habe dann tagsüber 8 Stunden im Malsaal gearbeitet mit der Verpflichtung, zum Teil auch Kleider und Kostüme auszustatten. Man war mit mir zufrieden und wir hatten ein wunderbares Verhältnis mit Heinz Klevenow und auch mit den anderen Schauspielern. Ich fühlte mich dort wie zu Hause mit meinen großartigen Kollegen aus dem Malsaal.
Es war schon eine Zäsur. Nun hatte ich wieder zwei Aufgaben: Hier der Malsaal des Theaters, dort, nach dem Verlust meines Ateliers im Kommandantenhaus, zunächst meine Kleinstwohnung, in der ich malte. Oft war das aber nicht möglich. So habe ich dann mit Genehmigung von Heinz Klevenow nachts im Malsaal meine Bilder in der zweiten Schicht gemalt, manchmal die ganze Nacht durch. Es war eine ganz schöne Belastung, aber ich habe es überstanden. Erst seit 1996 habe ich in meinem Atelier in Ruhland arbeiten können."

Die Arbeiten von Lampa finden Bewunderung bei den Kollegen. Er beherrscht das Handwerk, gestaltete riesige Bühnenbilder, etwa die Skyline von New York mit Spritzpistolen, riesige Fotos wurden reproduziert zu bestimmten Stücken wie etwa zu „Medea", oder „Skins". Er gestaltete erfolgreich mit seinen Kollegen alles, was das Theater ihnen abforderte. Doch privat malt er auch zu diesem Zeitpunkt schon am liebsten, was das Schönste für ihn ist: Ein Meer ohne Ende. Später, im Jahre 2008, als die vielen Bilder von seinen Reisen nach Korsika auf der Staffelei stehen, titelt die Lausitzer Rundschau das Gespräch mit Gerhart Lampa beim zweiten Theatertreff im Staatstheater Cottbus: „Das Lebens-Blau" und „Gerhart Lampa hat die Farbe des Mittelmeeres für sich entdeckt". Da lag die Arbeit als Malsaalvorstand bereits sechs Jahre hinter ihm.
Auch wenn die Farben seiner Bilder in dieser Zeit natürlich nicht durch das Blau des Mittelmeeres geprägt sind - vom dunklen Winterhimmel, wie jenes Bild aus dem Jahre 1963, das Fritz Jende beschrieben hat (a.a.O.), sind seine Tagebaubilder weit entfernt. „Es sind die Farben der Tagebaue in ihrer Vielschichtigkeit, die aufgebrochene Landschaft, die einem wie Wunden vorkommt, aber auch von ungeheurer Faszination. Ich gehörte nicht zu denen, die im Widerstand sagten: Was

macht ihr da, Braunkohlenkombinat, LAUBAG oder Vattenfall. Ich fand das durchaus faszinierend. Diese Dimensionen!"
Diese Verbundenheit Lampas mit den Tagebauen und den Menschen der Lausitz hat Renate Marschall in einem am 28. Oktober 1993 in der Lausitzer Rundschau erschienenen Artikel sehr treffend und schön beschrieben:
„Mit der Pinselsprache eines Poeten"
„Am Tagebaurand stehend, im Zwiespalt. Genießend die Harmonie dieser unwahrscheinlichen Landschaft. Zerrissen, geschändet, verwüstet. Ästhetisch. Faszinierend dieses Licht über dem Tagebau, das Spiel der Farben vom Schwarz der Kohle über viele Schattierungen vom Braun bis zu einem Himmelsblau, das Unendlichkeit erahnen lässt. Diese Spannung auszuhalten zwischen der Schönheit des Bildes und dem Wissen, es ist Vernichtung, die hier vonstatten geht – Ästhetik des Todes. Eine Spannung, die sich überträgt in die Bilder Gerhart Lampas, die ihn hier gehalten hat, seid über 18 Jahren in Senftenberg. ‚Ich wäre längst weg, wenn ich nicht so an dieser Landschaft hier hängen würde', sagt er und meint damit auch den Senftenberger See, die Wälder und die Menschen, die seit fast einem Jahrhundert geprägt sind durch diesen Widerstreit mit der Natur. Erdige Farben und ein unbeschreiblich warmes Grün bestimmen viele seiner Arbeiten in Öl, Aquarell oder Pastell. Und dann manchmal so ein Leuchten – blau, rot. ‚Ja, ich weiß nicht, wie ich das mache', kokettiert er. Kunst kommt nicht aus sich heraus, sondern aus den Wurzeln, die ein Mensch geschlagen hat. „Ich muss hier sein, weil ich hier aufgeschlossen worden bin, sensibilisiert." Und er spürt die Verluste an gewachsener Kultur, wie die Wurzeln immer stärker gekappt werden, ein System der Beliebigkeit Einzug hält. Geführt vom Kunstmarkt. Gerhart Lampa ist weit davon entfernt, alten Zeiten nachzutrauern, die Wende war für ihn kein deprimierendes Ereignis wie für viele seiner Kollegen. „Ich wusste, so kann es nicht weitergehen." Vielleicht fällt es ihm deshalb leichter, sich zu Früherem zu bekennen. „Ich finde, wir müssen uns unsere Kunst nicht vorwerfen lassen. In der DDR sind anspruchsvolle und kritische Bücher geschrieben worden und gute Bilder gemalt, die aus unserer speziellen Erfahrung erwuchsen, die oft gerade aus mancher Zwangssituation heraus zu hoher Ästhetik fanden. Es sind Bilder, die bei Ausstellungen in den alten Bundesländern durchaus einen Aha-Effekt hervorrufen. In Hildesheim beispielsweise, wo er gemeinsam mit Eckhard Böttger und Dieter Clausnitzer ausstellte. „Wir fanden es ganz erstaunlich, welche Reaktionen unsere Ausstellung auslöste, dass die Leute merkten, es gibt noch was anderes als irgendwelche austauschbaren –ismen."

„Man kann sich natürlich hinstellen" sagt er im Gespräch, „und alles verdammen. Man kann den elektrischen Strom verbieten und zur Funzel zurückkehren – kann man auch machen", äußert Lampa sich engagiert. „Lieber im Winter frieren. Das sind alles so Sachen, die muss man in ihrer Gesamtheit sehen."
Durch die Arbeit als Malsaalvorstand hat er Kopf und Rücken frei, um weiter malen zu können, wenn auch die Zeit dafür knapper bemessen ist, weil nebenberuflich betrieben.

„Der freie Künstler hat auf dem freien Markt mit soviel Abhängigkeiten zu tun, die mit der Unfreiheit der Persönlichkeit zusammenhängen, dass man von dem Begriff freie Kunst nicht mehr reden kann. Kunst wird heute vom Markt bestimmt und wird in diese Richtung **gedrängt."**
Eine beklemmende Erkenntnis des Künstlers, mit Sicherheit und aus eigener Erfahrung gespeist.
1990 erhält das rastlose und umfangreiche künstlerische Schaffen Gerhart Lampas eine verdiente Würdigung: Er wird mit dem Carl-Blechen-Kunstpreis ausgezeichnet.
(Auszug aus der Dankesrede des Künstlers siehe Faksimile am Ende des Kapitels 4.2)

Gerhart Lampa war mit der Anstellung als Malsaalvorstand die Verpflichtung zu ein bis zwei Ausstattungen je Spielzeit eingegangen, vom Bühnenbild bis zum Kostüm, von den Entwürfen bis zur Fertigung. Er sah es als seine Aufgabe an, mit seinen Mitteln dem Kunstgegenstand Theater zur Geltung zu verhelfen. Mit der Ausgestaltung Raum zu schaffen, in dem sich das Spiel entfalten kann, zurücktretend hinter die Aktion der Schauspieler.

Zwar plagten Gerhart Lampa nach der politischen Wende durch den für ihn glücklichen Umstand, die Stelle des Malsaalvorstandes erhalten zu haben, nur kurzzeitig existenzielle Sorgen. Andere Probleme bewegten ihn dafür stärker. Da war zum Einen der geringe Zeitfond, den er nun für das Malen nach dem langen Arbeitstag im Theater hatte. Zum anderen verlor er sein Atelier im Kommandantenhaus. Zwar sollte ihm von staatlicher Seite Ersatz angeboten werden, doch nichts davon war akzeptabel. So blieb ihm nichts anderes übrig, als in seiner damalige 1 ½ Zimmerwohnung in der Kreuzstraße in Senftenberg zu malen oder, wie oben geschildert, nachts im Malsaal des Theaters. Später ist die Unmöglichkeit, in Senftenberg ein Atelier zu bekommen der Grund dafür, dass er seinen Arbeitsort nach Ruhland verlegt.
Gerhart Lampa hat in den Jahren seiner Tätigkeit als Malsaalvorstand einen Satz häufig wiederholt: **„Ich lebe in zwei Reichen. Eines meiner Reiche ist der Malsaal, das andere ist mein Atelier in Ruhland.“** Er ist damit zu jener Zweigleisigkeit zurückgekehrt, mit der er es im Verlaufe seines Lebens so oft zu tun hatte, ob als Kranfahrer in Schwarze Pumpe und gleichzeitig Bühnenbildner für das Arbeitertheater, als Direktor des Museums und nebenberuflichem Malen oder nun nach der Wende.
Im Kapitel 3 wurde der Vorschlag Gerhart Lampas aus dem Jahre 1993 für das Projekt WASSER beschrieben. Da dieses Projekt nicht verwirklicht wurde, hat er auf anderem Wege
das Künstlerische während seiner Tätigkeit im Malsaal des Theaters gefördert. Darüber schrieb die Lausitzer Rundschau am 8. Dezember 1999 unter der Überschrift:
„Der Malsaal als kreative Quelle“
„Traditionen sollte man pflegen. So sehen es auch die Kunstlehrer der Sekundarstufe II der Landkreise Oberspreewald-Lausitz und Elbe-Elster.
Seit vielen Jahren nutzen die Pädagogen die Möglichkeit, die ‚Enge' der Klassenräume an der Schule mit dem Malsaal des Theaters Senftenberg zu vertauschen. Vom Künstler Gerhart Lampa und der Moderatorin Kunst der Sekundarstufe II Gudrun Richter, werden jährlich mehrere Workshops angeboten.
Diese beinhalten unter anderem die Bereiche Malerei, Rauminstallation, Land-Art-Modelle, Aquarellieren und freie Plastik. Darüber hinaus sollen sie die Teilnehmer zu theoretischen und praktischen Streitgesprächen anregen.
Immer ist es ein Erlebnis, aus den Blickwinkeln der Lehrer und des Künstlers, eine Sicht auf den jeweiligen Gegenstand zu reflektieren. Gerhart Lampa gelingt es auf einfühlsame Weise, Kunst in seiner Originalität und Flexibilität an den Mann und die Frau zu bringen.“ Er vermittelt Wissen, regt den Erfahrungsaustausch an, weist auf besondere Akzente hin und schafft trotzdem für die Pädagogen noch Freiräume.
„Gerhart Lampa ist für die Kunstlehrer zu einem unverzichtbaren Partner geworden und auf die gemeinsamen Veranstaltungen freut sich wohl jeder Kollege schon im Vorfeld. Und obgleich es sich immer um Wochenendveranstaltungen handelt, findet er jedes Mal die Möglichkeit, seine sicher knapp bemessene Zeit mit Lehrern zu teilen ...“
Am 12. Januar 2004 greift die Lausitzer Rundschau das Thema erneut auf:
„Der Malsaal des Theaters als Eldorado für Kunstlehrer“ titelt sie.

„Einmalig im Land: Gerhart Lampa und das Theater unterstützen Fortbildung.
Irgendein Sonnabendvormittag im Jahr. Sie kommen aus Schwarzheide, Senftenberg, Cottbus, Wahrenbrück und Calau: Lehrerinnen und Lehrer für Kunst, auch Schüler, um im Malsaal der Neuen Bühne mit allen zur Verfügung stehenden Mitteln tätig zu sein.
Collagen, freie Plastiken, Rauminstallationen, Themen zu Menschen, Landschaft und Schulhöfen sind nur einige Betätigungsfelder.
Die einmaligen Möglichkeiten lassen großflächige Arbeiten zu: Experimentieren mit viel Raum und Material, Ergebnisse, die im Unterricht erfolgreich eingesetzt werden können. Aber auch den persönlichen Wissenszuwachs möchten die teilnehmenden Kunstlehrer nicht missen.
Als Gudrun Richter, Lehrerin am Gymnasium Senftenberg, 1991 die Fortbildung der Kunstlehrer für Südbrandenburg übernahm und die Neue Bühne sowie Gerhart Lampa als Partner gewann, hoffte sie auf ein gutes Projekt. Dass sich daraus etwas entwickelte, was im Lande einmalig ist, kennzeichnet die besondere Stellung des Theaters und seiner Intendanten.

Gerhart Lampa, der seit zwei Jahren nicht mehr am Theater tätig ist, hat als Gast-Workshop-Leiter ihre volle Unterstützung.
Projekt seit 12 Jahren.
Der Reiz dieser Fortbildung, die Gleichgesinnte zum schöpferischen Erfahrungsaustausch zusammenführt, liegt nicht nur am Ort. Gerhart Lampa sieht den Spruch seines Großvaters lebendig werden, der ‚die Beharrlichkeit als Tugend der Kühnen' bezeichnete.
Und so geht das Projekt Malsaal als Fortbildungsmöglichkeit für die Lehrer in Südbrandenburg ins dreizehnte Jahr, an ganz bestimmten, besonderen Sonnabenden."

Gerhart Lampa mit Kolleginnen im Malsaal „in Aktion"

In dem Gespräch über jene Zeit interessierte mich, ob Gerhart Lampa über den Verlust der freischaffenden Tätigkeit nachgedacht hat und ob ihn das sehr berührt hat. „Hab ich schon!“ war seine Antwort, „aber das Problem war für mich: Ich wollte nicht diesen Leuten ausgesetzt sein, den Händlern der Kunst, mit der Kunst, die im Grunde den Reibach immer und überall machen, sich aber hinstellen als Förderer, Beförderer der Kunst. Und ich habe das Erlebnis mit westdeutschen Kollegen gehabt, vor der Wende. Sie sagten: ‚Mensch habt ihr das gut. Die als Förderer der Kunst getarnten Händler kommen und du bietest ihnen ein Bild an für 10 000 DM und die sagen: Nein, nein, nein - 5000, na gut also 2000.'
So handeln natürlich nicht alle, aber die große Zahl von Galeristen. Es gibt auch großartige Mäzene wie etwa Ludwig und andere. Aber ich wollte mich nicht diesem Handeln und Feilschen aussetzen. Es war für mich eine Entscheidung, die ich fast bockig durchgesetzt habe. Nicht in den Kunsthandel, obwohl die Leute immer wieder kamen und fragten: ‚Na wie wäre es denn, wollen sie verkaufen?' Aber ich hatte das Glück, großartige Partner in der Wirtschaft kennen zu lernen, von denen man heute vielleicht sagt: Na ja, Chefs von Großunternehmen! Wer weiß! Ich habe sie anders kennen gelernt. Dr. Hennig erster Chef der LAUBAG, der Chef von VATTENFALL, Prof. Häge, die Leiterin der Deutschen Bank, Ulrike Starke, Herr Rohde von der Commerzbank u.a. Sie bauten die neuen Strukturen auf, die notwendig waren, um zu bestehen. Sie waren es, die initiativ in den Prozess der Darstellung der regionalen Kunst eingriffen. Es gab Ausstellungen in den Unternehmen, es wurden Bilder für die Unternehmen und auch privat mit hoher Sachkenntnis gekauft. Es war mir über diesen Weg möglich, auch zu anderen Kollegen, die nach uns kamen, Verbindungen herzustellen. Ich betrachte das heute als einen Zufall, dass man zu bestimmten Zeiten bestimmten Leuten begegnet,“ fügt er hinzu.
Ulrike Starke war es auch, die am 26. September 1993 in der Industrie- und Handelskammer, als deren Hausherrin, eine Ausstellung mit Bildern Lampas eröffnete, von der im folgenden Kapitel noch die Rede sein wird. In ihrer Eröffnungsrede verwies sie darauf, welch enge Beziehung sie bereits zu den Arbeiten Lampas gefunden habe. Sie hob den Wert von Kunst hervor. „Freizeit-, Bildungs- und Kulturangebote“, sagte sie, seien immer stärker ausschlaggebend für Investoren, um sich für einen Standort zu entscheiden. Kunst sei in der Lage, dem Alltag die Einheitsfarbe zu nehmen.
Wie wünsche ich mir, dass diese Erkenntnisse dauerhafte Spuren in dem Bewusstsein unserer Politiker und Parlamentarier in den Regionen, auf Landes- und auf Bundesebene hinterlassen möge und zu entsprechendem Handeln führt.
Gerhart Lampa ist sich nach der Wende treu geblieben, auch wenn er seine freischaffende Tätigkeit aufgeben musste. Die nun nach der Wende geschaffenen Bilder wenden sich gleichen oder ähnlichen Motiven zu, und sie finden Anerkennung, auch bei jenen Menschen, die aus den alten Bundesländern in die Lausitz kamen. Das setzte sich fort: „Ich hab es doch erlebt, bei Ausstellungen in den alten Bundesländern“, sagt Lampa, „mit welcher Offenheit und Begeisterung die Menschen in den alten Bundesländern uns in Ausstellungen empfingen, in Hildesheim, in Köln. ‚Was? Das hast du zu DDR-Zeiten gemalt?' Dann in Püttlingen. Der damalige Bürgermeister hat uns dann weiter vermittelt in andere Städte. Es gab in der Presse Beiträge. Natürlich waren da auch kritische Bilder dabei, wie etwa ‚Abschied vom Berg', die zerstörte Landschaft der Tagebaue. Für mich waren es, ich habe das betont, auch wenn die Leute es nicht wahrhaben wollten, ästhetische Momente, die Dimension in einer Größe, dass man dachte, man ist auf einem anderen Planeten. Es hat mich schon gewundert, wie die Ausstellungen angenommen wurden. Ich habe mit den Besuchern immer offene Diskussionen geführt. Sehr viele waren angesichts der Bilder erstaunt, weil nicht nur staatstreu gemalt werden musste. Gerhart Lampas Gemälde zeugen davon. Angenommen

wurde die Kunst der DDR in der BRD aber auch schon vor der Wende, z.B. Ausstellungen von Willi Sitte und Bernhard Heisig. Da standen die Leute Schlange. Es hat sie fasziniert. Solche Resonanz finden heute kaum noch die eigenen Maler. Mich bewegt dieser enge Rand nicht. Wir wissen, dass wir uns irgendwie durchsetzen, so oder so. Es ist eine Frage der Zeit, ob jetzt oder in 10 oder 20 Jahren, das war immer so. Beliebigkeiten oder des ‚Kaisers neuen Kleider' werden irgendwann verschwinden."

Sicher, wie in jedem anderen Abschnitt aus dem Leben Gerhart Lampas, ließe sich auch zur Tätigkeit im Malsaal noch manches hinzufügen. Viele Leserinnen und Leser können sich sicherlich an manches Bühnenbild und das eine oder andere Kostüm erinnern, die in der 12-jährigen Tätigkeit des Künstlers als Malsaalvorstand das Licht der Welt erblickten.

Wer aber erinnert sich daran, dass Heinz Klevenow, als er 1993 die Idee für eine neue Spielstätte des Theaters am Senftenberger See hatte – dem heutigen Amphitheater in Großkoschen – dem Künstler Gerhart Lampa und dem damaligen Bühnenbildner Georg Zech den Auftrag gab, ein Modell davon zu bauen?

Und 7 Jahre ist es schon wieder her, dass auf dem Neumarkt das von Gerhart Lampa in den 80er Jahren geschaffene Mosaik einen neuen, schöneren Platz hinter dem Becken mit Ernst Sauers Plastiken bekam.

Lassen sie mich die Darstellungen zur Arbeit im Malsaal mit ein paar Zeilen von Gerhart Lampa beenden, die er wohl eher mit einem Augenzwinkern, oder wie er selbst schreibt als „ironischen Spaß" zu Papier gebracht hat:

„Das Theater ‚neue bühne' zeigt eine kleine bemerkenswerte Ausstellung: Theater – Malerei.
Doch nicht jenes weite Feld guter europäischer Theatermalerei ist gemeint. Vielmehr gilt sie dem Theater um die Malerei.
Beziehungen stellen sich her zur Moderne, zum gefeierten Gleichnis vom Kaiser mit den neuen Kleidern. Diese hübsche Beliebigkeit, die dekorative Geste, die sich ihrer sinnlichen Impotenz rühmt, gleichermaßen künstlerische Impotenz als künstlerisches Ziel sieht, ist eingefangen in schnellgemachte Tafeln. Es ist die Art jener beliebigen Dekoration der gestalterischen Hemmungslosigkeit, die der Kleinbürger so gern als Kunst ansieht. Dieser Müll der Zeit wird meist erst als solcher erkannt, wenn man ihn entsorgen soll.
Indessen schadet es Keinem, was nicht andere ruiniert. Verfall von Bildungsgut geht halt einher mit dem Kulturverfall dieser Gesellschaft. Woher sollen die Leute wissen, wo die Scharlatanerie beginnt? Gewissermaßen 'erectus art' geschaffen vom 'homo sapiens' für den 'homo erectus' dem Kauflandtouristen neuen Typs und Generalverbraucher der TV-Serien wie der Werbung.
Jedem das Seine, die politische Mündigkeit hat's gebracht, wenn auch Kompetenz -los.
Uns war es genug zu wissen, wie die millionenschweren Langweiler 'gemacht' werden.
Die Kultur der Macht ist es jedenfalls nicht.
Gut aber für's Theater, für die Kultur der Tagesunterhaltung und einmal ein ironischer Spaß zum Ende der Spielzeit."

„Malsaal des Theaters"

Im Jahre 2002 beendete Gerhart Lampa mit 62 Jahren seine Tätigkeit im Malsaal.

4.3 Lehrbeauftragter, Dozent, Professor an der Hochschule (FH) Lausitz

Die Jahre 1991 bis 2002 sind nicht nur Jahre der Zweigleisigkeit, gekennzeichnet durch die Arbeit als Malsaalvorstand – einschließlich der ehrenamtlichen Arbeit mit den Lehrern - und die eigene Malerei. Hinzu kommt ab 1995 ein Lehrauftrag für Gestaltung an der Hochschule Lausitz, die Arbeit als Dozent und im Jahre **2002 die Berufung zum Honorarprofessor** ehrenhalber, das bedeutet, dass er ohne Honorar unterrichtete. Nur während der Cottbusser Zeit bekam er ein Honorar.
Bereits als Leiter des Malsaals hat Gerhart Lampa sein Wissen an die Kolleginnen und Kollegen weitergegeben. Hinzu kamen die oben beschriebenen Wochenendkurse mit den Pädagogen im Malsaal. Ab 1995 nimmt er eine neue Aufgabe an, er beginnt mit der Lehrtätigkeit an der Hochschule Lausitz.
Gerhart Lampa begann seine Tätigkeit im Hochschulbereich 1992 zunächst an der Fachhochschule in Cottbus im Bereich Architektur. Er übernahm die Vertretung für einen durch Krankheit ausgefallenen Kollegen. Aus der Vertretung wurden dann 3 Jahre. Dieser Kollege hatte Lampa empfohlen: Wenn ihr jemand braucht, der entsprechende Inhalte vermitteln kann, die Gesetze in der Natur, nicht nur schlechthin experimentelle Zeichnungen, dann nehmt Gerhart Lampa. „Das habe ich gerne gemacht“ sagt Lampa. „Es begann der Weg, mit den jungen Leuten zu arbeiten. Es war faszinierend und ich habe heute noch Kontakt zu diesen jungen Leuten. Wenn sie aus der ganzen Welt zurückkommen, kommen sie mich immer besuchen. Das ist ein wunderbares Gefühl bis aus Australien her kommen sie einmal im Jahr.“ Er nennt die Namen von Studenten und beschreibt die Freude auf beiden Seiten. Bewegend der Rücklauf von den Studenten über die praktische Nutzbarkeit des durch Lampa vermittelten Wissens. „Wir waren viel draußen, das ist nicht alltäglich. Die Ganzheitlichkeit der Erfahrungen in der Natur mit dem Ästhetischen; und es ist eine Ästhetik, einen wunderschönen Baum in der Natur zu sehen. Ob ich ihn dann so male ist eine andere Sache“.

In dieser Zeit sprach Prof. Kruscha von der Senftenberger Hochschule Lampa an und sagte: Mich interessiert das, was sie machen, können sie mir nicht einen Vorschlag für eine Ausbildung der Informatikstudenten im Bereich freie Gestaltung, Grundlagen der Gestaltung vorlegen? So etwas gibt es an der FHL noch nicht. Das fehlt den Leuten, die immer nur den Computer bedienen.“
„Das Problem ist“, so Lampa, „dass nach wie vor Auge und Hand und Intuition das Entscheidende für jeden sind, auch für Menschen, die völlig mit dem Computer verbunden sind.“
Wer kann Auge und Hand besser schulen? Diese Frage bewegte mich bei den Aussagen von Lampa. Gerhart Lampa hielt dazu eine Einführungsvorlesung vor den Professoren der FHL, die im Bereich Medieninformatik, Informatik tätig sind. „Darauf sprechen sie mich heute noch an“, sagt er. Große Vorbilder sind für Lampa in diesem Bereich Paul Klee und Wassily Kandinsky. Danach hielt diese Ausbildung Einzug in den Studiengang.
„Eine praxisbezogene Ausbildung erhalten die Studierenden der Hochschule Lausitz im ingenieurtechnischen, wirtschaftlichen, sozialen und auch im künstlerischen Bereich,“ schreibt der Wochenkurier am 14. Oktober 1998. „Gerhart Lampa, der renommierte und über die Kreisgrenzen hinaus bekannte Maler und Grafiker, lehrt in den Fachbereichen Architektur und Informatik das Seminar ‚Grundlagen der Gestaltung'“. Studentische Arbeiten, die im vergangenen Semester unter seiner

Anleitung entstanden, sind im Foyer des Hauptgebäudes ausgestellt. „Teilweise erreichen sie einen hohen Grad künstlerischer Tiefe, wie es nicht zu erwarten war", kommentiert Gerhart Lampa die experimentellen Arbeiten der Seminarteilnehmer. Gesetze der Symmetrie, der Asymmetrie, des Chaos, die Gesetze der Proportionen widerspiegeln sich in der gestalterischen Wirklichkeit."
„Geometrie plus Zufall plus Chaos ist gleich Erkenntnis" titelte die Lausitzer Rundschau einen Artikel vom 13. März 2001, der sich mit den von Gerhart Lampa gezeigten Collagen seiner Medieninformatik-Studenten befasst.
„Gestern eröffnete im Foyer des ersten Obergeschosses der Fachhochschule Lausitz eine besondere Ausstellung: In den nächsten Wochen können hier Arbeiten von Studenten betrachtet werden, die in den Seminaren des Senftenberger Malers und Grafikers Gerhart Lampa entstanden sind.

Hinter dem Titel ‚Grundlagen der Gestaltung' verbirgt sich eine bei den Medieninformatik-Studenten beliebte Seminarreihe, die den Teilnehmern viel abverlangt.
Da soll mit den Mittel der Papier-Collage – fertiges Material wie Zeitungsausschnitte oder Fotos werden miteinander in neue Beziehungen gesetzt – zugleich auch noch ‚das Innerste nach außen gekehrt' werden, so Seminarleiter Lampa. Denn:
„Nur, was im Inneren entsteht, hat auch gestalterische Kraft", verrät der seit 1995 an der FHL tätige Künstler.

Seine Studenten lernen, dass bestimmte gestalterische Strukturen immer wiederkehren.
Die Werke spiegeln das wider, auch wenn die einzelnen Arbeiten jeweils verschiedene Themen behandeln.

Da verdeutlicht der eine seine persönliche Sicht von Deutschland und Europa, der andere beschäftigt sich mit dem Big-Brother-Phänomen und sieht sogar globale Tendenzen in diesem Thema, ein weiterer Seminarteilnehmer stellt die BSE-Krise bildhaft dar. ‚Insgesamt kann die Informatik eine Brücke zwischen Naturwissenschaften und Kunst schaffen. Und gerade die Studierenden der Medieninformatik tragen Verantwortung, denn die Informatik ist ein weltbildendes Instrument', erklärt Lampa.

Bei der Ausstellungseröffnung fand die Präsidentin der FHL, Brigitte Klotz, lobende Worte und würdigte das künstlerische Wirken Lampas. Der Dozent selbst erläutert einige der Arbeiten und verwies auf deren Einzigartigkeit: ‚Die Bilder kann man eigentlich gar nicht benoten, sie sind ja aus der ganz eigenen emotionalen Sicht der Studierenden entstanden. Mit den Mitteln der Gestaltung verknüpfen die Arbeiten geometrische Strukturen, Zufall und Chaos. Man sucht die Ordnung im Chaos und erlangt dadurch Erkenntnisgewinn.'
Melanie Meyer und Ronny Richter, ehemalige Mitstreiter des Seminars, würden sofort noch mal mit machen: 'Anfangs war es ungewöhnlich und schwierig, aber hinterher war es einfach klasse."

Gerhart Lampa hat diese Ausbildung bis kurz vor seinem Tode, trotz der zwischenzeitlichen Verabschiedung mit dem 65sten Lebensjahr, weitergeführt, wenn auch wegen der schweren Erkrankung mit Unterbrechungen. Als Anerkennung für seine Leistungen wurde ihm die lebenslange Führung des Titels Honorar Professor zuerkannt. Auf der Veranstaltung zu seinem 65sten Geburtstag versprach Lampa unter dem Beifall und Gelächter der Kollegen: „Liebe Kollegen, mich kriegt ihr hier nicht weg und ich denke gar nicht daran zu resignieren."

Im Fach Grundlagen der Gestaltung gab es auch Prüfungen, die bei Lampa allerdings anders verliefen als im klassischen Sinne: Man trifft sich nicht zu einer vierstündigen Klausur. Jeder Student hat eine Mappen, trägt sie vor, definiert den Abschluss und dann wird gemeinsam bewertet. In der Regel sind Kollegen dabei. Die meisten Studenten sind so gut, dass sie ein „sehr gut" als Note erhalten. Zwar gab es in der Prüfungsabteilung Bedenken wegen der vielen sehr guten Noten, als aber Lampa den Kollegen die Mappen gezeigt hat, waren die Bedenken ausgeräumt.
In den Fächern Gestaltung und Visuelle Kommunikation lehrte Lampa, die Dinge mit allen Sinnen zu begreifen, danach zu suchen, was ihnen, oft verborgen, eigen ist.
In einem Manuskript schreibt Lampa: „Der Medieninformatiker ist im Prozess einer weltweiten Vernetzung von Informationssystemen vor die Aufgabe gestellt, seinen gemäßen Standort zu bestimmen. Informationen zur Kommunikation anbieten zu können, ergibt sich aus der Gestaltung visueller Programme, die sowohl das rationale wie emotionale Potential der Zielgruppe berühren muss. Je überzeugender die Gestaltung, um so wirkungsvoller das Ergebnis.
Die Grundlagen der Gestaltung, bislang eine Domäne der Designer an spezifischen Hochschulen, wird an der FHL als ein Mittel im Rahmen der studentischen Ausbildung genutzt. Es gilt, die Kluft zwischen dem praktischen Können und der gesellschaftlichen Notwendigkeit nach ästhetischen Konzepten zu schließen.
Gestaltungslehre bedeutet kreative Hinwendung zum eigenen schöpferischen Bild.

Nicht nur tun, was andere gekonnt haben, vielmehr die eigene unverwechselbare Leistung ist das Programm."

Gerhart Lampa hat in all diesen Jahren viele Ausstellungen, national und international, als Personenausstellungen und als Ausstellungen gemeinsam mit Kollegen durchgeführt, in denen seine Werke gewürdigt wurden. Er selbst war häufig Laudator in Ausstellungen seiner Kollegen oder hat Kollegen die letzte Ehre mit einer Trauerrede erwiesen, hat sich bei städtebaulichen und künstlerischen Initiativen engagiert, hat sich mit den Steinsetzungen, einem völlig neuen Bereich, engagiert und mit großem Erfolg zugewandt, hat mit seinen Werken und Ausstellungen vielfach die Aufmerksamkeit der Medien auf sich gezogen. Auf diese Bestandteile seines schaffensreichen Lebens soll in den folgenden Kapiteln eingegangen werden.

Gerhart Lampa Anfang der 90er Jahre – Ausstellung im Krankenhaus

„Mosaik" aus kleinen Formaten Gerhart Lampas aus dem Jahre 1999

„Kunst ist die rechte Hand der Natur“

(Schiller, Fiesko)

Das Werk des Malers – aus Katalogen und Laudationes, aus seinem Gemäldefundus

„Wenn gute Reden sie begleiten,
dann fließt die Arbeit munter fort.“
(Schiller, Lied von der Glocke)

5.1. Aus Katalogen und Laudationes

Angesichts des immensen Umfanges des Werkes von Gerhart Lampa besteht wohl die größte Schwierigkeit dieses Kapitels in der Auswahl. Man kann Bild für Bild, Katalog für Katalog, Ausstellung für Ausstellung, Rede für Rede des Künstlers oder über den Künstler ansehen, durchblättern oder lesen: Eins bleibt, die Qual der Wahl! Alles? Wegen des Umfangs unmöglich! Nehme ich dieses Bild oder doch lieber jenes in das Buch? Am liebsten beide! Aber der Umfang! Leid der Auswahl, der Entscheidung, die doch nur ein „Für“ sein kann, sein muss! Qual der Wahl, Hoffnung, dass die Leserin, der Leser mit dem Autor mitleiden können oder Verständnis aufbringen können für diese und nicht jene Entscheidung.
Eine Lösung wäre: Alle noch bevorstehenden Ausstellungen von Werken Gerhart Lampas zu besuchen, um sich dort an allen Werken zu erfreuen, weil es die Originale sind und vielleicht besonders an jenen, die aus Platzgründen nicht in dieses Buch aufgenommen werden konnten. Die Bildzusammenstellung aus dem Jahre 1999, die auf der Seite vor dem Beginn dieses Kapitels zu sehen ist, ist einerseits der praktische Beweis für die vorgenannten Sorgen. Andererseits ist sie ein „Vorgeschmack“ auf das, was in diesem Kapitel noch an Bildern des Meisters zu sehen sein wird.

Zuvor jedoch, vielleicht zur Einstimmung auf das genüssliche Betrachten der Bilder, Aussagen verschiedener Kollegen, aus dieser oder jener Laudatio, den vielen Bewertungen des Schaffens von Gerhart Lampa. Beginnen möchte ich mit der Fortführung jener Laudatio von Fritz Jende, die in ihren ersten Zeilen das erste Treffen von Fritz Jende und Gerhart Lampa beschreibt und aus deren Anfang schon im 2. Kapitel zitiert wurde. Diese Laudatio wurde in dem Katalog, der anlässlich der Ausstellung „Gerhart Lampa – Malerei und Grafik aus der Kunstsammlung Lausitz“ im Jahre 2000 erschien, veröffentlicht:
„Der Weg der Selbstfindung Gerhart Lampas als Künstler“, schreibt Jende weiter, „war kein geebneter, das ist aus seiner Biografie ersichtlich. Aber auch durch die mannigfachen Neubestimmungen seines Alltags begleitete, besser leitete ihn die Lust am Bilden und die gleichsam trotzige wie auch leidenschaftliche Identifikation mit seiner Lebensumwelt, der Senftenberger Region. Lampa ist als Zeitzeuge Protokollant dieser Gegend als einer zerstörten und sich neu definierenden Landschaft geworden. Als Künstler geht er darüber hinaus und sucht Sinn und Gleichnis.

Vorbilder findet der Autodidakt anfänglich bei Malern wie Corinth und Slevogt, den deutschen Impressionisten, bei denen der farbige Schein des Wirklichen von subjektiver Dramatik und Gefühlsausdruck durchdrungen ist. Die Landschaft bleibt Mittelpunkt, auch seine figürlichen Kompositionen sind zumeist farbige Inszenierungen in Außenräumen. Sofern sie in eigenem Auftrag entstehen, liegen ihnen starke persönliche Erlebnisse zugrunde. Die emotionale Botschaft von Themen wie Partnerschaft, Liebe, Familie, Trennung, Tod versucht er, in tragfähige, realistische Ausdrucksform einzubinden.
Damit ist das Spannungsfeld angedeutet, in dem Gerhart Lampas Kunst sich bewegt: Auf der einen Seite die beinahe physisch spürbare Lust an der Farbe, dem Führen des Malpinsels und am Entfachen eruptiver Wirkung – Erzählfreude, die Lust der Mitteilung auf der anderen. Nicht immer gelingt ihm der Ausgleich in farbig und formal gültigen und schlüssig formulierten Werken. Aber auch im Scheitern bleibt er aufrichtig und verleugnet sich nicht durch erborgten Schein.

Bei der Rückschau auf drei Schaffensjahrzehnte werden Kontinuität und Entwicklungen deutlich. Sie aufzuzeigen bleibt einer umfassenderen Darstellung vorbehalten. Hier sei nur aufmerksam gemacht auf die beinahe allen Bildern innewohnende Dramatik. Stets bauen sich farblich, kompositorische Spannungen auf, scheint sich thematisch etwas ‚zusammenzubrauen': Über stille Landschaften schweben Wolken, die im Begriff sind, sich in bedrohliche Körper zu verfestigen. Randzonen, Ufer, Kippenränder glühen magmatisch auf, plötzliche Lichteinbrüche erhellen Bildsegmente wie Scheinwerfer. Solcherart gesteigerte Farbwirkungen werden von der Pinselführung unterstützt bei der pastosberuhigte Partien durch eruptive Striche aufgebrochen werden. Mit seinem Malpinsel schichtet Lampa die Tagebaue in Strichlagen auf, die sich wie Abraum türmen oder lässt sie mittels Farbschlieren korrodieren – so bringt er ihre Geschichte ins Bild.
„In jüngeren Arbeiten werden in diese Spannungsfelder Figuren gestellt," schreibt Jende weiter, durch die das Farbdrama in ein seelisches transponiert wird, wie etwa in den Ölbildern „Angst" (1990), „Pieta Die Grube)" (1993) oder „Kain II" (1995). In diesen Gemälden begibt sich der Atheist Lampa in eine Traditionslinie lutherisch-protestantischer Geisteshaltung, die das Geworfensein in die Welt und Fragen nach Sinn, Ausweg und Erlösung malend thematisiert.

Nicht im Widerspruch dazu stehen die Motive der Lebensfreude und des stillen Daseinsglücks. In Familienbildern und Selbstporträts versucht er, sich fragend der eigenen Herkunft und Geschichte zu stellen.
Auch zum Zeichen kann die Landschaft gerinnen, die Düne wird zum schrillen Dreieck, schwingenartig breitet sich „Abfliegendes Land".
Die Bilder der 90er Jahre tendieren zu innerer Ruhe und Monumentalität. Figuren und Landschaften werden plastisch modelliert. Vordem Aufgewühltes scheint sich zu setzen und neue Ordnungen zu bilden, die auf Dauer hinweisen. Der anhaltende Reifeprozess der malerischen Form scheint gleichnishaft mit der Situation der Bergbau-Folgelandschaft gekoppelt. Denkbar ist auch das Weiterwirken der Erfahrungen, die Gerhart Lampa im Umgang mit Findlingen als gestalterisches Material gewonnen hat" (siehe Kapitel 6). „Ganz sicher aber bringen Erlebnisse von Reisen in mediterrane Regionen neue Anregungen. Den Touristen fasziniert dabei die Andersartigkeit der Landschaft – nicht so den Maler. Entscheidend sind für ihn die Entdeckungen motivischer Verwandtschaft, Beleuchtungen, Stimmungen, die ihn an Heimisches erinnern und die Erfahrung, etwas ‚in neuem Licht' zu sehen. Oder mit Deinen Worten gesagt, Gerhart: Man nimmt sich ja überallhin mit. Und wenn du dann wiederkommst, siehst du plötzlich etwas, eine Lichtbrechung

an der Dachkante, die zu einer bestimmten Zeit immer dort ist. Sie erinnert dich an etwas, und es ist, als siehst du sie das erste Mal."

Gerhart Lampa hat diese, wie andere bereits zitierte Aussagen („Ich würde alles tun, um malen zu können, Malen ist für mich die einzige Freiheit", u. a.), in meinen Gesprächen mit ihm zu diesem Buch häufiger wiederholt. Nicht nur mit diesen Wiederholungen machte er deutlich, wie wichtig ihm deren Inhalte waren.
In den durchgesehenen Unterlagen aus dem Nachlass von Gerhart Lampa fand ich ein weiteres, leider nicht datiertes Manuskript von Fritz Jende über den Maler. Es ist mir sehr wichtig, auch aus diesem zu zitieren, weil es wesentliche Aussagen für die Bestimmung, die Bewertung und das Verständnis des Malers und seines Werkes enthält.
„Das Fundament," schreibt Fritz Jende, „ auf dem Gerhart Lampas Malerei baut, sind Anschauungen, die in der Romantik ihren Ursprung haben. Damit ist natürlich nicht gemeint, dass seine Arbeit bei den Romantikern anknüpft. ...
Den romantischen Grundzug seiner Arbeit sehe ich vielmehr in der innigen Bindung von empfindendem Subjekt und Realität. Hier hat der Begriff der Sensibilität seinen Ursprung, den wir auch heute noch verwenden, wenn wir ein fein fühlendes oder selbstversunken lauschendes Verhältnis zur Wirklichkeit ausdrücken. Dieses Verhältnis sehe ich in allen Bildern Gerhart Lampas erstrebt. Dahinter verbirgt sich allemal das Bedürfnis, in dieser Welt heimisch zu sein. Seine Landschaften laden ein zum Verweilen, zum Miterleben ihrer dauerhaften Prägungen und vergänglichen Stimmungen. Und ebenso verhält es sich mit den Bildnissen, Interieurs und Stilleben. Kritische Distanz oder auch nur nüchterne Bestandsaufnahme ist dieser Kunst fremd.
Wilhelm Worringer spricht von einem „glücklichen, weltfrommen Naturalismus." Und das ist nicht differenzierend gemeint, sondern es macht den Unterschied deutlich zu einer zeichenhaft expressiven Form, mit der sich menschlich-schöpferische Energie Wirklichem entgegenstemmt.
Dennoch ist Wirklichkeit in Lampas Bildern nicht nachbuchstabierte Wirklichkeit. Seine künstlerische Aufgabe ist es, sinnlich Erlebtes in Form- und Farbwerte zu übertragen.
Am freiesten geschieht dies in den Landschaften. Hier erinnert die Kratzspur der Pinselborste an Vegetation: Verdichtet sich Farbpaste zu Sand und Geröll. Solches Instrumentarium ist auch durch den deutschen Impressionismus vorbereitet, man denkt an Slevogt und Corinth. Deren leidenschaftlich-vehemente Pinselartistik steht ihm näher als die feinsinnige Ästhetik der Franzosen.
Was Lampa anstrebt, als eigenste Qualität jedes Bildes, ist ein Klang des Ganzen, als Ausdruck eines bestimmten Erlebnisses. Solch Klang kann nicht Erfindung sein, die im Atelier entsteht. Und so begleitet die Bereitschaft zum Erleben den Alltag des Malers, seine Wege und seine Begegnungen. Das eigentliche Motiv, dessentwegen er Maler werden wollte, sagte mir Gerhart Lampa, sei es gewesen, „ständig draußen sein zu können." Und das versteht man beim Betrachten seiner Bilder, deren beste die sind, die alle Zeichen und Unwägbarkeiten spontanen Erlebens ausstrahlen.
Das, was ihn berührt, benennt er als eine Art Aufstrahlen. Das kann ein Licht auf dem Wasser sein, die Oberfläche eines Sandhügels oder auch der Blick eines Menschen. (Es kann nicht sein die Karosse eines Autos. Der Mensch kann ein Soldat sein. Schwierigkeiten macht dem Maler der Hubschrauber.)
„Die Edelsteine liegen in der Natur" sagt Gerhart. Das klingt fast wie ein Credo und man erkennt es in vielen der hier ausgestellten Landschaften. Es soll nicht verschwiegen werden, dass hier auch die Gefährdungen seiner Kunst liegen. Denn nach zwanzig Jahren Handwerk weiß man natürlich, wie Edelsteine gemalt werden. Jede wahre Kunst aber lebt vom steten Neubeginn, vom Moment des ersten Erstaunens.

Dass Lampa kein Maler der Idylle und des schönen Scheins ist, hat er dadurch bewiesen, dass er sich in Senftenberg auch künstlerisch beheimatet hat. Das besondere Ethos seiner Kunst sehe ich darin, dass er Schönheit sucht und findet in einer Landschaft aus Gruben und Halden, zwischen neuentstehenden Seen und untergehenden Dörfern.
Diese Landschaften mit ihren zerwühlten Himmeln und dem aufblitzenden Licht haben im Charakter etwas archaisch -Anfängliches an sich. Die Apokalypse liegt schon hinter ihnen. Es sind neue Landschaften, in denen die Menschen ein neues Heimatgefühl entwickeln müssen. Mir scheint, die Bilder Gerhart Lampas können hierzu einen wertvollen Beitrag leisten. Denn die bildende Kunst hat ja die Aufgabe, die Menschen das Sehen zu lehren."

Vom 15. Juni bis 16. August 1993 fand eine Ausstellung von Bildern Gerhart Lampas in der Hauptverwaltung der Lausitzer Braunkohle Aktiengesellschaft statt. In dem anlässlich dieser Ausstellung erschienenen Katalog schrieb Bernd Gork u.a. :
... Lampas Malerei steht in der Nachfolge europäischer Maltraditionen, die in solche stilistischen Varianten einmünden wie der sogenannten Dresdener Malerei, die ausgehend vom Impressionismus eines Gotthard Kuehl von den folgenden Generationen ausgeprägt wurde, und der „Berliner Schule" um Harald Metzkes, die Natur und Auge als bestimmende Schaffenselemente betrachtete. Modernistische Kunstströmungen der Gegenwart sind Lampa suspekt, in denen oft der genialische Gestus wichtiger ist als der Inhalt des Werkes.

Wenige Themen beherrschen Gerhart Lampas Werk: Landschaften, Stilleben, gelegentlich Bildnisse. Tagebaue und Bergbaufolgelandschaften werden bevorzugt. Aber nicht die technischen Abläufe interessieren ihn, vielmehr sind es die Spuren, die Frost, Wind und Wasser an dieser enthäuteten Erde hinterlassen. Immer wieder der tiefe Einschnitt in den aufgebrochenen Erdleib, gegeben als Farbkratzer warmer erdiger Klänge. Farbschichten werden übereinander gelagert, zuweilen abgespachtelt im Prozess der Bildfindung. Am Ende ist oft der Zweifel nicht ausgeräumt, und es bleiben Bilder, in denen manche Düsternis sich ausbreitet, aber immer auch ein Licht zumindest aufglimmt."

Im Nachlass befand sich auch ein Katalog aus dem Jahre 1995. Dieser Katalog benennt allerdings nicht den Ort der Ausstellung und den genauen Zeitpunkt. Offensichtlich ist er im Zusammenhang mit einer Ausstellung in der Lausitzer Bergbau-Verwaltungsgesellschaft mbH, die in der ehemaligen Brikettfabrik in Knappenrode stattfand, entstanden. Für diesen Katalog schrieb Dr. Klaus Trende die Laudatio, die ich für bemerkenswert halte. Der Katalog erschien unter dem Titel: „Landschaft - Gestalt".

Die Laudatio trägt den Titel:
„Der Blick ins Offene", Annäherung an die Kunst in den Bildern von Gerhart Lampa."

„Ein Bild ist eine Tat. Und ihr Sinn liegt darin, unsere Existenz immer aufs neue zu entdecken, um sie erträglicher zu gestalten. Diese Auffassung von Kunst ist – zugegeben – altmodisch. Gerhard Lampa scheute sich nicht, sich dazu zu bekennen. Dies begründet den Wert und die Kraft seiner Malerei. Sie treten umso deutlicher zutage, je beliebiger sich das postmoderne Spektakel seiner eigenen sinnlichen Armut rühmt und dem Menschen die Realität erspart. Das ist Lampas Sache nicht. Er ist ein zupackender Realist impressionistischer Prägung, dessen Bilder sich dem ästhetischen Reiz der Natur versichern. Ein Sujet, das er bislang kaum verlassen, wohl aber gedankenreich variiert hat.

‚Denn wahrhaftig steckt die Kunst in der Natur, wer sie heraus kann reißen, der hat sie....', schreibt Albrecht Dürer vor 500 Jahren. Der Senftenberger Maler ist ihr auf der Spur seit drei Jahrzehnten. Die Kohle ist aus der Lausitzer Erde geborgen, ihre sandigen Wunden bleiben zurück; bizarr, ausgedörrt, gelb und braun und schwarz. Gerhard Lampa hat sich dieser Landschaft angenommen. Mit dem Instrumentarium, das der Kunst gemäß ist; der Farbe, dem rätselhaften Formenkanon des Lebendigen, dem Geheimnis der Institution und sinnlichen Schärfe. Da ist das Gemälde „Waldgrenze". In ungemessener Phantasie greift Lampa in die Farbpalette und arbeitet aus Rot, Ocker und Gelb einen Himmel, der seinesgleichen sucht. Es ist verblüffend, wie die Farben des Sommers den Winter beschreiben können. Ein Bild der Entdeckungen und klug ausbalancierten Stimmungswerte. Wassily Kandinsky hat bereits am Anfang des Jahrhunderts (des 20. , K.G.) in seinem Essay „Über das Geistige in der Kunst" von den psychischen Wirkungen der Farbe, der Chromotherapie, geschrieben. Dieses Phänomen bezeichnet das Bemerkenswerte in der Bildsprache Gerhart Lampas. Es speist den Zauber seiner Kunst. Denn weder zeichnerisches Detail noch thematische Raffinesse würden dies hier leisten können. Sie bleiben im Werk Lampas weitgehend ausgespart. Exemplarisch dafür ist das 1988 entstandene Ölbild „Tagebau". Mit stumpfen, harten Brauntönen reißt er das Land noch einmal auf, um in den Abgründen beim Blau, der himmlischen Farbe, trügerische Ruhe anzulanden und im Schwarz einer verinnerlichten Trauer zu enden.

Natürlich sucht man eine lineare Folge im malerischen Gestus des Künstlers ebenso vergebens wie im thematischen Spektrum. Zu dünn ist die Haut, als dass schmerzhafte Erfahrung nicht unmittelbar das Kontinuum sprengen würden. Zwar ist in Lampas Arbeiten der Mensch immer mitgedacht, aber meist nicht anwesend. Im Jahre 1988 setzt sich der Künstler in Beziehung zu Caspar David Friedrichs romantischer Sehnsucht. „Zwei Männer in Betrachtung ..." nennt Lampa seine Version vor beklemmender stahlfarbener Kulisse. Indes, es leuchtet ein Grün. Anfang der neunziger Jahre ändert sich das augenscheinlich. Die soziale Dimension drängt sich in den Bildgrund. Persönliche Bindungen zerbrechen und zugleich endet ein politisches System mit all seinen entwürdigenden Merkmalen. Aber ist die Flut der Verdrängung für den einzelnen noch erträglich? Auf der Leinwand gibt der Maler eine der möglichen Antworten. Sie heißt „Angst (Auszug aus dem Paradies)" (1990). Zwei Menschen am Scheideweg, die Gesellschaft in Agonie, das Neue unerkannt und voll dunkler Fragezeichen. Aber zwischen der grauen und toten Fläche glimmt ein blaues Licht und öffnet den Blick ins Offene.

Gerhart Lampa inszeniert nichts und tüftelt nicht an bombastischen Chiffren. Dennoch spielt er gelegentlich mit der Idee und regt damit vielschichtige Sinnbilder an. Im großformatigen „Pieta" (1993) findet er eine gültige Metapher für die Grube. Der Tagebau am Horizont, der Tod an der Brust des immerwährenden Weiblichen und die Gewissheit der Einheit von Eros und Thanatos. Selbstbewusst geht der Künstler über seine Grenzen hinaus. Der neu eroberte Raum erschließt ihm im fünften Lebensjahrzehnt das Eigentliche; die wesentliche Dimension, das Unaussprechliche, das Unendliche, den großen Widerspruch, den jahrzehntelangen Arbeitsgegenstand gültiger Werke – den menschlichen Kosmos. Hinter fast allen Naturstudien jüngster Zeit ist dies zu entdecken. In dem Gemälde „Kain" bemüht er den biblischen Brudermord, um nach unseren Wurzeln zu fragen, der Kultur des Miteinander, den Abgründen und den Brücken über sie hinweg.

Sie reichen weit. Und deshalb begründen sie die Hoffnung. Wenn ein Bild dies ermöglicht, birgt es ein Geheimnis. Es ist einfach und klar. Und es überdauert die Zeit.
Es heißt Kunst."

Unter dem Titel „Märkische Wandlungen" fand vom 8. Oktober bis 7. November 1995 im Alten Rathaus/Kulturhaus Potsdam" eine Ausstellung mit Bildern von 24 Künstlern aus Berlin und Brandenburg statt. Gerhart Lampa beteiligt sich daran mit den Bildern „Nächtliches Bad" und „Die Reise". Alle Künstler wurden mit Texten in dem zu dieser Ausstellung herausgegebenen umfangreichen Katalog vorgestellt. Der Text über Gerhart Lampa wurde ebenfalls von Dr. Trende verfasst. Im Folgenden werden einige Auszüge in Ergänzung der zuvor zitierten Laudatio wiedergegeben:
„...' **Malerei ist Sprache**', so sagt er (Gerhart Lampa), ‚**da muss man sparsam sein:**' Und so entwickelt er seine Figur des Stürzenden, Fliehenden, jedenfalls bewegten Menschen, den Kopf geneigt, die Richtung unbestimmt. Gerhart Lampa weiß von den Grenzen des Einzelnen; ‚**man muss die Dinge verändern, aber für welche Idee?' fragt er.**
Am Atelierbungalow ranken Geißblatt und Farn, das Fenster gibt den Blick frei ins Offene. Hier findet der Mann seine Ruhe für seine Bilder, das heißt: sein Bild. Denn eigentlich ist es ein großes Gemälde, an dem er malt; das Fragment des Menschen im Naturraum." Nach den oben zitierten Worten Albrecht Dürers schreibt Trende weiter: „Es stimmt noch immer, und Lampa versucht sich an ihr, senkt das Lot in sich hinein oder schweift über den eigenen Horizont. Freilich experimentiert auch dieser Künstler, aber er verzichtet auf jegliche Fisematenten, die der Kunstmarkt zuweilen zu fordern scheint. Modern sein heißt, den Moden zu widerstehen, um das Werk aus sich heraus zu schaffen. Dies setzt aber einen starren Charakter und die Überzeugung vom eigenen Wert voraus. Lampa formuliert seine Mode selbst. Die Bilder und Objekte sprechen es aus. Malen sei ihm Erfüllung, sagt er, und was zähle, sei nicht das zum Bestseller gekürte Werk, sondern die Kunst – egal ob aus Posemuckel oder Paris -, die die Augen öffne oder die Sinne für unsere Existenz. ...
Die Erfahrungen haben Illusionen korrigiert. Gestern ist vorbei und es lohnt nicht zu trauern.

Dem Maler Gerhart Lampa geht es gut. Er hat die Spielregeln der neuen Gesellschaft gelernt. Aber angekommen ist er nicht. Denn auch er weiß, dass die Trias von Freiheit – Gleichheit – Brüderlichkeit nach wie vor eine Illusion ist. Daran gilt es zu arbeiten, auch wenn es zuweilen aussichtslos scheint. Seine Bilder sind in diesem Sinne eine soziale Tat."

Anlässlich des 65sten Geburtstags des Künstlers, dem 11. August, wurde vom 11. Juli 2005 bis zum 30. September, eine beeindruckende Personalausstellung im Rathaus der Stadt Senftenberg gezeigt. Es ist mir völlig unmöglich, diesen Abschnitt abzuschließen, ohne aus der Laudatio zur Eröffnung dieser Ausstellung und aus dem wunderschönen, diese Ausstellung begleitenden Katalog zu zitieren.

In der Laudatio, die von Hans-Peter Rößiger gehalten wurde und aus der in den Vorkapiteln wiederholt zitiert wurde, schreibt Rößiger:
„Besucht man Gerhart Lampa in seinem Atelier, welches man mittlerweile in Ruhland findet, und betrachtet die Vielzahl geschaffener Werke, ist man beeindruckt vom intensiven Schaffensprozess des Künstlers und könnte Lampa oberflächlich für einen klassischen Landschaftsmaler halten. Zwar dominiert die Auseinandersetzung mit jener uns gegebenen Natur, ist sie ihm wichtiges Sujet und reizt ihn in ihrer Form und Farbe, doch bei aufmerksamer Betrachtung entdeckt man schnell

eine Folge wichtiger figürlicher Darstellungen. Oft mit historischem Hintergrund oder Beschreibung ganz aktuellen gesellschaftlichen Seins. Immer wieder wichtig ist ihm dabei die eigene Herkunft – Familie. Langsam, über Jahre, tastet sich Lampa an jene Momente des Erinnerns, welche schließlich zur Auseinandersetzung mit dem Gegebenen werden.
Sind es Anfangs die Großeltern, mit dem ihn so prägenden Großvater, schließt sich in späteren Bildern der familiäre Kreis durch die Hinzunahme seiner Eltern, wobei die Uniform des Vaters, dessen damalige Gesinnung deutlich werden lässt und von einem Spannungsfeld familiärer Beziehungen erzählt. Lampa teilt diese Gesinnung nicht und distanziert sich deutlich. Aber es sind eben diese Momente historischer Tatsachen, die ihn interessieren und bewegen in ihrer Widersprüchlichkeit und kraftvollen Auseinandersetzung.
Er sieht Geschichte als dialektischen Prozess in all seinen Facetten. Dies wird besonders in seinen Bildern mit dem Motiv Hagen und Volker deutlich, welches ihn über einen langen Zeitraum beschäftigt. Aufgenommen aus der Nibelungensage, stehen diese Figuren als Metapher für den Widerspruch gerade unserer Nation. Hagen der Streitbare, der bereit ist zu töten, zu zerstören, lauscht dem Spiel Volkers, welcher das hohe Prinzip der Kunst verkörpert. Lampa sieht darin ein Gleichnis der Kräfte und eine Mahnung, was eine Kultur verlieren kann, wenn sie ethische Werte aufgibt. Dabei ist ihm klar, dass Kunst kaum verändern kann, aber er glaubt an ihre Bestimmung, Aufklärung, Mahnung und Besinnlichkeit zu bringen.

Neben diesen Arbeiten finden wir Werke zu ganz aktuellen Themen. „Stürzender“ oder „Verfolgter“ seien hier genannt. ‚Wir leben‘, sagt Lampa, ‚nicht im luftleeren Raum und deshalb diese deutliche Ansprache an die Gesellschaft, in der Gewalt mittlerweile ein Alltagsproblem ist.‘
In jener Reihe finden wir auch die Auseinandersetzung mit der Erfahrung endlichen Seins. Gerade der Verlust der Mutter und die Konfrontation mit eigener schwerer Krankheit, ... lassen dies begreifend zum Thema werden.
Andererseits sind sie Antrieb noch stärkerer Intensität. Bis zu zehn Arbeiten entstehen pro Woche, welche ständig überarbeitet werden – bis zu jenem Zeitpunkt – wo sein Innerstes sagt – genug. Die schwersten Entscheidungen sind Anfang und Ende. Betrachtet man das bisherige Werk Lampas, erkennt man die Kontinuität seiner Entwicklung. Die Gegenständlichkeit blieb und bleibt ihm Grundsatz. Vergleichen wir die Arbeiten aus den siebziger und achtziger Jahren mit seinen neuesten Werken, erfahren wir neue Haltungen zu Gestalt und Farbe, wobei die Formen klarer werden, die Farben kräftiger, bestimmender.
Da steht ein Gelb gegen ein Blau, ein Rot gegen ein Schwarz. Doch bei Betrachtung dieses neuen künstlerischen Ausdrucks, erlebt man eine faszinierende seelische Kraft dieser Bilder, die nicht nur erkennen lässt, sondern zutiefst berührt.
Man spürt die Leidenschaft und Lebenslust des Schaffenden, dessen positive Kraft, anderen etwas mitzuteilen. ...
Diese Ausstellung, die heute eröffnet wird, ist eine gute Gelegenheit, dir Dank zu sagen für viele gemeinsame spannende Jahre, Dank zu sagen für ein künstlerisches Werk, welches uns reicher und auch stolz macht. Als wunderbarer Mensch bist du vielen nicht nur Freund sondern weiser Ratgeber. Du beherrscht die Kunst des Zuhörens ebenso wie die sachliche Auseinandersetzung. ...“

Das Geleitwort zu dem wunderschönen Katalog hat Dr. Klaus Trende geschrieben, der den Künstler viele Jahre tatkräftig begleitete. Er hat dem Geleitwort als Überschrift den an anderer Stelle schon zitierten Ausspruch Albrecht Dürers gegeben:

„Denn wahrhaftig steckt die Kunst in der Natur, wer sie heraus kann reißen, der hat sie ...“
„Gerhart Lampa oder: Von der Kunst, in der Natur Kunst zu finden“.

„Offenes Land. Weite Horizonte. Himmel und Erde sind eins. Die Sprache ist sparsam. Denn das Gültige ist einfach und klar. Das ästhetische Gespür von Gerhart Lampa ermöglicht, Elementarteile unseres Lebens wahrzunehmen und in ihrem Wesen darzustellen. Die Faszination dieser Bilder erwächst aus dem klaren Licht, aus der Polarität von Farben und Formen, aus der Dialektik, dass Schönheit mit Erkenntnis ebensoviel zu tun hat wie mit sinnlicher Aneignung.

Die Landschaften auf der Leinwand erzählen vom Künstler selbst, erst dann von den Dingen und Geschehnissen draußen im Sandmeer, eine Sekunde zwischen dem Abraumbagger und jenem begehrlichen Flöz im Braunkohlerevier. Lampas Arbeiten wagen eine Entdeckung. Und die Farbe Grau reicht zu ihrer Formulierung nicht aus, denn es handelt sich um – wie auch immer – verwandelte Natur. „Kain“, „Abschied“, „Schneeland“ oder „Abendlicht“ heißen die Titel. Es sind existentielle Bilder, Wanderungen ins Mark des Menschen, in die elementaren Sphären von Ich und Welt; ohne Schnörkel, erkennbar, wahr.

Nur ein schmales Band trennt auf dem Tafelbild die Erdformationen vom Himmel. Dramatisch füllen erdiges Braun, Dunkelblau, Elfenbein und Anthrazit die Fläche. Stimmungen vom Vergehen des Tages und der großen Zeit; die Vegetation nur noch als Zeichen einer Erzählung vom Lebendigen, wo Horizont und Erde einander begegnen und nie mehr loszulassen scheinen. Gerhart Lampa spricht malend vom „letzten Licht, das so kostbar ist.“ Die Farbkultur gehorcht seinem Weltbild. Da gibt es wenig Zufälliges. Oft monochrom, eindeutig, ruhig geht er über das Spektrum, setzt nichts drauf, sondern holt die Empfindungen aus der Komposition heraus. Das wirkliche Naturell öffnet sich hinter dem Sichtbaren.

Steine waren die große Entdeckung des Künstlers in den neunziger Jahren des 20. Jahrhunderts. In den Findlingen aus der Eiszeit erkannte er ein „Urgedächtnis“ der Generationen für den Willen, zu dauerhaften Werten, zu Gemeinsamkeit zurückzukehren, ein kollektives Bewusstsein zu befestigen, - um zu überleben. Vergleicht man die Steinsetzungen Lampas mit seiner Bildsprache auf der Leinwand, dann liegen die Korrespondenzen offen. Überall werden die Zeichen der Natur zu kräftigen Sinnbildern geführt, werden Fakten des Natürlichen zu Artefakten für den Lebensprozess über die Zeiten hinweg. „Denn wahrhaftig steckt die Kunst in der Natur, wer sie heraus kann reißen, der hat sie ... „ schreibt Albrecht Dürer vor über 500 Jahren in sein Arbeitsjournal. Gerhart sind Bilder solcher Intensität gelungen. Da ist das Gemälde „Waldgrenze“. Phantasiereich greift er in die Farbpalette und arbeitet aus Rot, Ocker und Gelb seinen Himmel, reißt die Kunst aus der Natur, denn das „Schöne“ ist aus sich selbst nicht zu machen. Ein Bild der klug ausbalancierten Stimmungswerte. Weder zeichnerisches Detail noch thematische Raffinesse spielen eine Rolle. Sie bleiben übrigens im gesamten Werk Lampas ausgespart.

Der Künstler meidet die Fallstricke postmoderner Denk- und Arbeitshaltungen. Sein Werk unterliegt einem Sinn, stetig und kompromisslos. Das heißt auch, die Dialektik des Widerspruchs mit ästhetischen Mitteln aufzudecken. Wo Dunkel ist, da findet Lampa auch das Licht. Was er mit der blauen Farbe macht, ist ebenso spielerisch wie überzeugend. Wie er den glühenden „Abend einer italienischen Landschaft“ neben den „Brudermord“ stellt, ethische Fragen unserer Zeit mit dem

Naturschönen kombiniert, - das hat Gewicht über den Tag hinaus. Melancholie strömt zuweilen von der Leinwand; indes, immer ist Genuss auch an Entbehrung geknüpft, Lust an Entsagung. Da ist das zur Jahrtausendwende entstandene Bild „Abschied vom Berg". Menschen am auslaufenden Kohlestrom, fast balancierend, nachdenklich und selbstgewiss zugleich, zuversichtlich auf der Spur ins Morgen. Der Künstler beherrscht das Gefühl im nüchternen Gestus. Es ist bildende Kunst, nicht abbildende. Unter den wuchtigen Farbflächen findet man – gleitend durch den Bildraum – wieder zurück zum Wirklichen. Aber besteht zwischen den Traumbildern der Kunst und den Trugbildern im zweckrationalen Alltag überhaupt eine definitive Grenze der Unvereinbarkeit? Die Bilder Gerhart Lampas liefern dazu eine enge eigene, überraschende Position: Die Welt der Sehnsucht existiert in dieser!

Der Künstler spürt sie auf. Ein „Felsen in der Bretagne" sprüht vor Vitalität, das Feuer unter der Haut, das Lohen südlicher Tage, - hier ist gelungen, was nur Augenblicke währt; versöhnt mit der Zeit und unbedingt bejahend im Leben zu sein. Freilich stehen in der Bildkollektion auch bittere Gebärden. „Verfolgter", jenes an Edvard Munch erinnernde Ölgemälde. Eine schwarze Figur, kahlgeschoren, mit offenem Mund, schon über den Hügel hinweg, aus dem Bilde stürzend. Lampa ist fähig zur knappen Botschaft, das zeugt vom Wissen der Zusammenhänge. Er spart den Schmerz nicht aus, die soziale Kälte der in Gedankenlosigkeit verkommenen Wettbewerbsgesellschaft, die Gewalt der Jungs am rechten Rand, die Randgruppen also, die zur Mitte tendieren.

Der Tod der Mutter hat den Künstler nicht losgelassen. Wiederholt malt er seine Version von „Letzte Reise", der Tod auf dem Bett, auf rotem Grund der Abschied; daneben, mit der Unschärfe alles Lebendigen, in Schwarz sich selbst, über dem Kopf die kalte Neonröhre. Ein Bild voller Spannung und Ruhe, Zwangsläufigkeit und Anerkennung. Bedenkt, dass wir sterben müssen, auf das wir klug werden, heißt der Subtext aus den Psalmen. Gerhart malt sein Credo: Es ist alles nur ein Kreislauf mit unseren unbedeutenden Spuren; warum also sollten wir eitel sein oder süchtig nach Macht, Geld oder Tempo?

Diese Bilderschau als Hommage zum 65. Geburtstag des ARTisten zeichnet Erinnerung und weist auf Perspektiven; Hoffnung hinter einem blauen Tuch. Es sind Arbeiten, die in der Bewegung die Stille festhalten, im Aktuellen das Zeitlose erkunden, hinter einem Regentag bereits den Sonnenbogen im Blick haben. Schaut man lange genug auf die Gemälde, dann beginnen die Farben auf der Fläche zu vibrieren, zu schwingen. Ja, die Kunst Gerhart Lampas hat seismographische Züge, sie nimmt den Pulsschlag dieser Landschaft auf, wandelt in zu einem eigenen Lied und bewahrt ihn für später. Vielleicht liegt darin das Geheimnis ..."

Im Jahre 2005 erschien im Cottbusser AlfA -Verlag ein anspruchsvolles Kunstbuch von Eva Strittmatter mit dem Titel „Landschaft". Dieses Buch enthält 27 Gedichte der Schriftstellerin, die auch handschriftlich wiedergegeben wurden und acht Gemäldereproduktionen von Gerhart Lampa.

So ist u. a. auf Seite 17 das Bild „Abend im Februar" (2004, Öl) abgebildet. Es illustriert den Text von Eva Strittmatter auf der Seite 16 unter dem Titel „Bläue":

„Bläue“

Diese Septembertage: wie Bögen
Von Morgen zu Abend gespannt
Früh Nebel. Kälte. Drei Stunden später
Steht eine kasachische Sonne über dem Land,
Das Grün ist nach diesem verregneten Sommer.
An den Birken noch nicht ein gilbendes Blatt.
Die weiseren wussten es: so wie immer
Findet auch dies Jahr der Ausgleich statt.
Wie gewaschen der Himmel. Von wirklichster Bläue.
Nur überm Walde von leisesten Wolken besetzt.
Noch jagen die Schwalben. Noch tragen die Bienen.
Und wollen wir leben – wann wenn nicht jetzt,
Wo die heimlichen Grillen noch lichtselig sind.
Wo der Rabenschrei nichts als Taglust bedeutet
Und die Wärme so stark ist, dass sich die Libelle
Noch mit Hoffnung der Nacht ihres Panzers enthäutet.
Triumphale Tage von Morgen zu Abend.
Blaue Bögen von Nebel zu Nebel gespannt.
Hohen Mittags träuft von der Wölbung die Bläue
Und erblüht als Viole im glücklichen Sand.

„Abend im Februar"; 2004, Öl (siehe auch S. 129)

Liebe Leserin, lieber Leser,

egal ob diese Landschaften Ihre Heimat sind oder Sie sich in diesen Landschaften nur zeitweilig aufhalten, schauen Sie sich die Gemälde im folgenden Kapitel 5.3. lange genug an, um das Vibrieren, das Schwingen zu spüren, denken Sie an den Kreislauf, an den bemerkenswerten Künstler und wunderbaren Menschen, der Sie über seine Bilder an seinem Leben teilhaben lässt: Gerhart Lampa.

„Die unbegreiflich hohen Werke
sind herrlich wie am ersten Tag.“
(Goethe, Faust)

5.2. Aus dem Gemäldefundus des Künstlers

Liebe Leserin, lieber Leser,
am Anfang des Abschnitts 5.1. wurden die Qual der Wahl bei der Auswahl der Bilder beschrieben. Nun, in diesem Abschnitt, liegen Hunderte Fotografien im Kleinformat, in Katalogen und auf CD vor mir. Die Auswahl beginnt und schon im Vorhinein entschuldige ich mich bei allen jenen Lesern, die auf den folgenden vielen Seiten zu wenige ihrer Lieblingsbilder aufgenommen finden. Bei den Entscheidungen über die Auswahl wurden einige Kriterien als Prämisse gesetzt. Diese Kriterien waren im wesentlichen:

Keine Bildwiedergabe von jenen Bildern, die in älteren Katalogen in schwarz – weiß Aufnahmen enthalten sind und deren ohnehin unzureichende Qualität durch eine weitere Reproduktion weiter vermindert würde.

Aufnahme von Bildern, deren Zuordnung beim gegenwärtigen Stand der Durcharbeitung des umfangreichen Bestandes nicht exakt oder noch nicht möglich ist, in diese Biografie nur im Ausnahmefall.

Der Aufnahme von Bildern, die auf CD gespeichert wurden und die nicht unter die beiden erstgenannten Kriterien fallen, wurde gegenüber Reproduktionen von vorliegenden Fotografien aus Qualitätsgründen der Vorrang gegeben.

Die in diesen Abschnitt aufgenommenen Bilder sollen einen möglichst breiten Einblick in das Schaffen des Künstlers vermitteln.

Ich bin überzeugt, dass der folgende Bildteil Ihnen, trotz der oben genannten Einschränkungen, einen tiefen Einblick in das Schaffen von Gerhart Lampa vermittelt und mit viel Freude verbunden sein wird.

Viel Spaß !

Selbstbild, Öl, 1997

Loslösung, Öl, 1983

Kranke Mutter, Öl, 1983

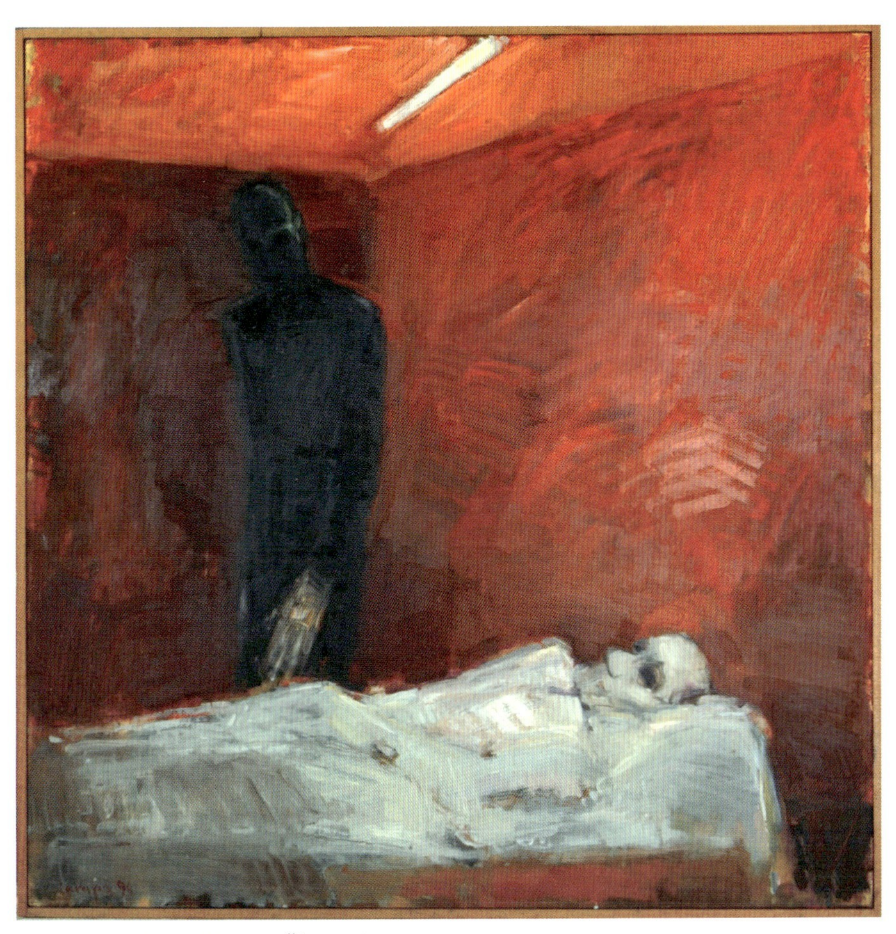

Letzte Reise (Tod der Mutter), Öl, 1996

Am Abgrund, Öl, 1986

Zwei in Betrachtung, Öl, 1988

Aufziehendes Gewitter, Öl, 1988

Im Tagebau, Öl, 1990

Spreewald, Öl, 1990

Die Insel, Öl, 1990

Angst (Auszug aus dem Paradies), Öl 1990

Waldgrenze, Öl, 1991

Barbara, Öl, 1993

Im Tagebau, Öl, 1994

Kain, Öl, 1995

Verfolgter, Öl, 1996

Der Trommler, Öl, 1996

Stürzender, Öl, 1998

Nächtliches Bad, Öl, 1999

Die Ahnen I, Öl, ohne Jahr

Gerhart Lampa vor dem Bild „Die Ahnen"

Die Ahnen II, Öl, 1999

Leuchtende Kippe, Öl, 1998

Korsika, Öl, 2000

Geburtstag (Warten auf Gäste), Öl, 2002

Hochwasser, Öl, 2003

Stürzender II, Öl, ohne Jahr

Ohne Titel und Jahr

Abend im Februar, Öl, 2004 (siehe auch Kapitel 5)

Abend am Meer, Öl, 2004

Ohne Titel und Jahr

Letztes Blau? Ohne Jahr

Korsika, Öl, 2004

Rapsfelder, Öl, 2004

Unwetter, Öl, 2004

Herbstabend, Öl, 2004

Herbstwald, Öl, 2004

Letztes Licht (auch „Blaue Stunde" genannt), Öl, 2004

Abend bei Meuro, Öl, 2004

Die Schlucht, Öl, 2004

Kleines Feld, Öl, 2004

Leuchtend Kippe II, Öl, 2004

Korsika, Öl, 2004/5

Frühlingstag, Öl, 2004

Ohne Titel und Jahr

Todesengel/Der Traum, Öl, 2002

Rote Felsen, Öl, 2005

14. Januar 1945, Magdeburg, Öl, 2005

Pücklerpark Bad Muskau, Öl, 1984

Fliegen, Öl, 1999

Am Strand, Öl, 1999

Der Sprung, Öl, 2000

Trennung, Öl, 2006

Gewitter auf Korsika, Öl, 2005

Pieta (Die Grube), Öl, 1993

Margaritensträußchen, Öl, 1972

Frühling, Öl, 1985

Lausitzer Landschaft, Öl 1986

Am See, Öl, 1988

See im Winter, Öl, 1996

Kippen, Öl, 1997

Tagebaukante/Hohlweg, Öl, 1995

Niemtscher Park, Öl, 1994

Der Acker, Öl, 1998

Letzter Baum, Öl, 1999

Barbara, Öl, 1999

Italienische Landschaft am Abend, Öl, 1999

Ego, Öl, 2000

Weiße Düne, Öl, 2001

Mondnacht, Öl, 2002 (?)

Lausitzer Land, Öl, 2003

Steintor, Öl, 2003

Rapsfeld, Öl, 2002

Gevatter Tod, Öl, 2004

Felsen Korsika II, Öl, 2005

Drachenfliegen, Öl, 2005

Freuden der Alten, Öl, 2007

Abend am Meer, Öl, 2007

Wotans Raben, Öl, 2007

Krank, Öl, 2008

Die Begegnung, Öl, 2008

Abend am Meer, Öl, 2008

Träume, Öl, ohne Jahr

Fieber, Öl, 2009

Winterlandschaft, Öl, ohne Jahr

Gunther und Hagen I, Öl, ohne Jahr

Landschaft in Ocker, Öl, ohne Jahr

Landschaft in Grün, Öl, ohne Jahr

Bergland, Öl, ohne Jahr

Die Woge, Öl, 2009

Der Dirigent Bernstein, Öl, 2007

Karl Unverricht – antifaschistischer Widerstandskämpfer II, Öl/Leinwand, 1980, 56 x 56 cm

Stein – Zeichen – Die Steinsetzungen

„Wenn sie den Stein der Weisen hätten,
der Weise mangelte dem Stein.“
(Goethe, Faust)

„Steine waren seine (Lampas) große Entdeckung der neunziger Jahre. Megalithische Blöcke, bei uns Findlinge genannt, Zeugen der Erdgeschichte, der Erinnerung im Vergänglichen, der beständige Wert, des Ursprungs“, schreibt Trende am 22. Mai 2000 in der „Lausitzer Rundschau“.
Die Steine lassen Gerhart Lampa bis zu seinem Tod nicht los. Bei der Betrachtung des „Lebenskreises“ am Klinikum Senftenberg sagt er: „ Ja, ich habe, solange die Kraft reicht, noch einiges vor, eine Reihe von Projekten sind angedacht. Mehr später:“ Gemeint war damit, dass der Inhalt der Projekte noch nicht spruchreif sei.

In dem Nachlass von Gerhart Lampa fand ich einige handschriftliche Zeilen, die seinen Zugang zu dieser „großen Entdeckung“ beschreiben.
Lampa schreibt unter dem Titel:

„ Zeichen einer Landschaft – Steinzeichen“:

„Steine, Inbegriff eiszeitlicher Bewegungen der Region, bilden einen Gegenstand der Gestaltung der Landschaft.
Jeder erhaltene Stein bedeutet Erinnerung und Mahnung dessen, was die Erde dem Menschen gegeben hat.
Sie tragen unübersehbare ästhetische Ausstrahlung und prägen einen Raum nachhaltig.
In den Achsen der künftigen Gesellschaft bilden sie Wegzeichen und bestimmen das Maß des Raumes.
Dem Kunstweg folgend, assoziieren sie mit verfremdenden Elementen die Umklammerung der Natur durch den Willen des Menschen.
Einige Findlinge, leicht in der Naturform korrigiert, teilweise mit Anschliffen oder bildhauerischen Formen geprägt, sind sie einzigartige Erlebnispunkte.“

Diese Aussagen erinnern an den sich u.a. auch mit der Geologie befassenden Geheimrat Goethe, der in seinen Römischen Elegien die Steine nach ihrem Geheimnis befragte:

„Saget, Steine, mir an, o sprecht...“.

Die Gespräche über seine Steinsetzungen haben wir mit Fahrten zu den einzelnen Standorten verbunden. „Die Menschen, die nach der Eiszeit zurück kamen, hatten ein Urgedächtnis für

Findlinge und ihre Gestaltungen," erzählt er. „Es kann den intakten Willen zu dauerhaften Werten bedeuten, Gemeinsamkeit, kollektives Bewusstsein. Es geht um Menschen, die in den Landschaften stets unterwegs waren, um ihren Lebensraum zu erobern, mit ihren Steinzeichen gaben sie ihrer Kraft zum Überleben Ausdruck."
Lampa war schon lange von den monumentalen Steinsetzungen aus längst vergangenen Zeiten an verschiedenen Orten unserer Welt beeindruckt, sprach voller Begeisterung von ihnen, befasste sich mit ihrer Geschichte. Schon als Kind hatte Lampa sich für Steine interessiert. Wie so viele Erlebnisse und Eindrücke seiner Kindheit, hatte er die Erlebnisse mit Steinen ‚abgespeichert'. Nun aber werden Steine zur Entdeckung, zum Gegenstand eigener künstlerischer Tätigkeit.
In der bereits mehrfach zitierten Laudatio zu dem 65sten Geburtstag Lampas schreibt Rößiger: „Als Lampa, beeindruckt von den monumentalen Steinwerken unserer Vorfahren, ähnliche Steinsetzungen erwägt," sieht er darin „eine Möglichkeit des Erinnerns an durch die Braunkohle verloren gegangene Ortschaften gesehen. Eine Reihe von Auftragswerken geben Lampa die Möglichkeit, in einer von ihm gewählten Formsprache diese Zeichen von Industrie und Heimat umzusetzen. Dr. Klaus Trende hat dieser Tage in einem eigens durch Vattenfall großzügig gesponserten Katalog diesen Steinsetzungen Würdigung widerfahren lassen. Es sind versteinerte Herzen, in eine Landschaft gesetzt, die den Menschen neue Heimat wird. Sie bewahren die Erinnerung in die Steine gegeben, die somit menschliches Gedächtnis werden."
Auf den wunderbaren Katalog wird noch wiederholt zurückzukommen sein, sowohl auf den Text von Trende und sein in den Katalog aufgenommenes Gespräch mit Gerhart Lampa, als auch mit der Übernahme der von Hartmut Rauhut stammenden Bilder und den von Gerhart Lampa gefertigten Zeichnungen, Entwürfe und Skizzen.
Steine sind Brücken in die Gegenwart. Zeichen aus einer fernen Zeit. Erinnerungen an unsere Wurzeln, die wirklich niemand kennt. Aber eine Ahnung davon kann schon trösten. Die Kunst liefert dergleichen, wenn sie etwas taugt. Gerhard Lampa ist ihr auf der Spur, entdeckt in den Findlingen des Lausitzer Braunkohlenreviers die Sinnbilder unseres Lebens.

„Bewart die Dinge des Alltäglichen und macht sie nicht kaputt, bewahrt euch selbst", sagt der Künstler.

In dem Katalog „Stein – Zeichen", Gerhart Lampa – Erinnerung an eine Landschaft, schreibt Trende unter dem Titel:

„Lebenslinien"
„Seine Jahre lieferten ihm die Erkenntnis von der Vergänglichkeit der Scheinwerte. Er vertraut dem Irdischen, der eigenen Kraft, seinem Werk. Das sind seine Bilder, die Steine, das Naturgeschehen, die Menschen, immer wieder Menschen ... . Es sind die Erzählungen von seiner Geschichte. Denn Kunst ist zuallererst Spurensuche in der eigenen Biografie. Also Unterwegssein, ohne je anzukommen.

Prof. Gerhart Lampa verbrachte die entscheidenden Jahre für sein Kunst – Werk in der Lausitz, im Braunkohlenrevier, an den energetischen Strömen, im Hautkontakt mit den Elementarkräften der Natur. Dies prägte sein Sehen und sein Denken. Keine süßen Illustrationen von der aufgebrochenen Landschaft, sondern die Erde im klaren Licht. Die Bilder und Steinsetzungen Gerhart Lampas sind Zeugnisse von Denkdichtungen und Realitätsbewusstsein. Ihr Thema ist der Mensch und die

Landschaft, der Mensch in der Landschaft und in der Auseinandersetzung mit ihr, was immer auch bedeutet mit sich selbst. ...
In der Brandenburgischen Landschaft stehen Lampas Findlings – Illustrationen vergleichslos.
Es sind Dialoge zwischen Heimat und Welt, auch Erinnerungsfetzen an die widersprüchliche Geschichte des menschlichen Fortschritts. Sie siegeln die Dialektik von Schmerz und Erfüllung, Liebe und Tod, von den Polen unserer Leidenschaften, den Veränderungen unserer Lebensbeziehungen, kurz: Entwicklung. In den Steinen fand Gerhart Lampa das neue Maß. Jene megalithischen Blöcke, die in der Lausitz Findlinge genannt werden, sind dem Künstler seit Beginn der neunziger Jahre Material und Urgedächtnis für das Kontinuum von Vergangenheit, Gegenwart und Zukunft. Die Suche nach dem Unvergänglichen, nach der Dauer menschlicher Perspektiven – im Granit aufbewahrt ...".

Das ebenfalls in dem Katalog aufgenommene Gespräch zwischen Klaus Trende und Gerhart Lampa, in dem sich beide auch den Steinsetzungen zuwenden, habe ich wegen seiner philosophischen Inhalte in das Kapitel 8 aufgenommen.

Es erschien mir zweckmäßig, die Liste der Steinsetzungen am Ende dieses Kapitels zu platzieren.

Für die Bundesgartenschau 1995 in Cottbus gestaltete Gerhart Lampa die Plastik:

Stein -Zeichen

„Steinfalle"

Die Plastik wurde in dem offiziellen Katalog der Bundesgartenschau vorgestellt:
„Ähnlich wie Ben Wargin (Wargin gestaltete für die BUGA die Plastik `GRÄBENDORF IST DENKWÜRDIG`) verfolgt auch Gerhart Lampa aus Senftenberg mit seiner künstlerischen Installation, die er alternativ mit „Steinfalle" betitelt, das Thema ‚Natur und Zivilisation'. Die rotschwarze Stahlkonstruktion versinnbildlicht Umklammerung durch Technik, das heißt Eingrenzung und Zerstörung als Menschenwerk, während die eingepferchten Steine das Unzerstörbare der Natur betonen. Technik ist zwar ihr Gegenspieler, aber zugleich untergeordnet, denn: Steine überdauern Stahl. Und sie mahnen uns daran, was wir verlieren können. Auch der Standort spiegelt den Gegensatz wider: Die `Steinzeichen` befinden sich nahe den stählernen Bahngleisen auf dem geologischen Pfad (Findlingsallee), der in einen vorzeitlichen Landschaftsraum (Tertiärwald) führt."

Gerhart Lampa schreibt über dieses Steinzeichen:
„Die Idee wurde getragen von der Vorstellung, wie gefährdet die Natur, symbolisiert durch die Findlinge, durch den Eingriff des Menschen sein kann. Gleichzeitig soll aber die Umkehr deutlich werden können, dass der Mensch zu einer enormen Leistung fähig sei.
Mir war die statische Gestaltung wichtig als ein sehr einprägsames Element im urbanen Raum – Kunstform: Stein und Stahl in der Natur."

Steinfalle – *1995*
Plastik aus Stahl und Stein. Findlinge in der Umklammerung roter und schwarzer Stahlarme als Mahnung dessen, was der Mensch verlieren kann. (Entwurfskizzen)

Standort: Spreeauenpark
Auftragswerk: Bundesgartenschau Cottbus

Steinfalle – 1995
Fotografien

Hain der Steine (Erinnerung) und Gemeinschaftsgrabanlage

Der Hain der Steine, manchmal auch Hain der Erinnerung genannt, wurde, wie die als nächstes Stein – Zeichen folgende Gemeinschaftsgrabanlage auch, für das neue Kausche – Neukausche, geschaffen. Über diese Steinzeichen fand ich ein Manuskript unter Überschrift „Gedanken vor Ort", dessen Autor wahrscheinlich Peter Dietrich aus Berlin ist, wie aus einem aufgefundenen handschriftlichen Brief zu vermuten ist. Das Manuskript ist weiter betitelt:
(Obertitel): 'Hain der Steine' und Gemeinschaftsgrab
(Überschrift): Zeichen der Erinnerung
(Untertitel): Gerhart Lampa über beide Projekte

„Das bretonische Dorf Carnac und das neue Kausche weisen auf den ersten Blick nichts Gemeinsames auf. Vor rund 4000 Jahren haben nahe dem kleinen Ort im Norden Frankreichs die damaligen Bewohner zu Tausenden unbehauene Steinsäulen errichtet, sogenannte Menhire, auf deutsch: Lange Steine. Die Wissenschaftler streiten noch heute darüber, wozu genau sie gedient haben, ob kultischen, astronomischen oder anderen Zwecken. Wie auch immer, von den rätselhaft schönen Steinalleen geht jedenfalls eine eigenartige Wirkung aus, der man sich schwer entziehen kann. Nicht zuletzt diese Zeugnisse einer uralten Kultur waren es, die den Senftenberger Künstler Gerhart Lampa zu dem ,Hain der Steine' angeregt haben, der, mit Findlingen gestaltet, im neuen Kausche entstehen wird.

Denkmale der Landschaft

Die Liebe des 56jährigen zu Steinen allgemein und Findlingen im besonderen ist indes viel älter. ,Fasziniert haben sie mich schon immer', sagt er. ,Sie tragen in sich eine unheimliche Schönheit, sind Denkmale in der Landschaft und zugleich ein Zeugnis deren grundlegender Veränderung in Europa.' Zu seinem Hain –Projekt sagt er: ,Im Grunde tue ich nichts anderes als unsere Vorfahren, als die diese Steine in die Landschaft hinstellten und damit ein sie überdauerndes Zeichen hinterlassen haben.'

Vor Tausenden von Jahren sind die Findlinge in der Eiszeit aus Skandinavien in unsere Region gelangt und haben hier, wenn man so will, eine neue 'Heimat' gefunden. ,Die 21 Steine des Hains an dem Ort, der den Kauschern neue Heimat sein wird, sollen Teil der Erinnerung sein,' so Gerhart Lampa, ,und zugleich den Kreis schließen und ausdrücken: Hier stehen wir, hier wollen wir leben! Ich glaube, das wird für Neu - Kausche etwas Unverwechselbares sein, was in keinem anderen Ort der Lausitz zu finden ist.'

Neuartiges in uralter Tradition

Gerhart Lampa auch damit zu beauftragen, das Gemeinschaftsgrab auf dem neuen Friedhof zu entwerfen, lag nahe. Beide Aufgaben sind zwar von unterschiedlichem Charakter, in ihrem Kern jedoch haben sie etwas Wesenverwandtes. Über die Beschäftigung mit dem 'Hain der Steine' kam dem Künstler auch die Idee zur Gestaltung des Gemeinschaftsgrabes. Zu seiner Philosophie über die Steine gehört, dass sie, wie er sagt, einen ‚Ewigkeitsanspruch' erfüllen. Zudem stehen sie in enger Verbindung zur christlichen Tradition: Als Christus nach biblischer Überlieferung am dritten Tage nach seinem Kreuztod auferstand, wälzte er einen Stein von seinem Grab, und Petrus, der Name seines vertrautesten Jüngers und späteren Führers der Jerusalemer christlichen Urgemeinde, heißt übersetzt 'Fels'.

‚Lediglich ein Kreuz da hinzustellen, das wäre mir zu traditionell gewesen', meint Gerhart Lampa. Auf der 6 Meter mal 11 Meter großen Wiesenfläche werden also drei Steine aus Granit stehen, die Vater, Sohn und Heiligen Geist symbolisieren und Ausdruck des Erlösergedankens sein sollen. Sie bilden ein unregelmäßiges Dreieck, unter dem man sich auch einen imaginären Kreis als Sinnbild des Lebens vorstellen kann.
Der vordere linke und der hintere Stein werden beide etwa lebensgroß sein und als Einschnitte Kreuze tragen. Der Stein rechts vorn wird nur etwa einen halben Meter hoch sein. Auf seinem flacheren vorderen Teil kann man auch Blumen ablegen. Auf der ansteigenden hinteren Fläche wird in Form einer Tafel oder eines Einschnitts der Text angebracht: 'Dem Gedenken der teuren Toten geweiht – Kausche 1996'. ..."
Den „Hain der Steine" den Gerhart Lampa schuf, hat es im alten Kausche nicht gegeben. Und doch erinnert gerade er an die Geschichte der Bergarbeitersiedlung.

In einem veröffentlichten Brief an den Vorsitzenden der LAUBAG, Prof. Häge, (die LAUBAG hat dieses Projekt in Auftrag gegeben) schreibt Gerhart Lampa u.a. über die Arbeit an diesen Steinzeichen unter der Überschrift:

Mit Steinen gestalten heißt mit der Ewigkeit reden.

„Sehr geehrter lieber Herr Häge,
die Steine sind gesetzt, gefügt, gestaltet und umbaut.

Es war eine Anstrengung, die, obgleich lange als Idee gereift, in wenigen Monaten verwirklicht werden musste.
Da ich Ihnen schreibe, will ich Ihnen zuallererst danken. Sie haben die Entwürfe vor langer Zeit gesehen und nicht vergessen und das Gespür dafür gehabt, was man aus der Idee machen kann: Eine Dimension zu schaffen, die sowohl gewichtig ist als auch ästhetisch tragbar. Das war nur einem Geist möglich, dem scheinbar 'verrückte' Visionen nicht fremd sind. Dem Herausrücken aus dem Alltäglichen, was wohl auch soviel bedeutet wie Berge zu verrücken. Auch wenn heute manchem die Entscheidung als leicht anzusehen scheint, so war sie doch voller Risiken. Waren doch gerade die Steine den Bergleuten seit Generationen ein Fluch. Für mich war es eine beglükkende Erfahrung, die man wohl nur einmal im Leben hat. Vor allem aber das Engagement aller Beteiligten, deren Namen zu nennen, wohl den Rahmen meines Briefes sprengen würde.
Natürlich denke ich auch an die Bürger von Kausche, die sich der Idee dieses gewichtigen Geschenkes nicht verschlossen.
Den Sinn dieser 'Klamotten' mögen die Zweifler nicht gleich begreifen, vielleicht tun sie es, wenn sie merken, dass dieses Geschenk ideell zumindest – nicht praktisch natürlich – der ungeheuren Idee einer Umsiedlung inhärent ist. ...

Die Idee der Steine kam mir mit der Begegnung jener unvergleichlichen Kultur in Korsika und der Bretagne, deren positiver Kollektivismus Jahrtausende als Idee überdauerte. Damit sind sie aus der anonymen Vergänglichkeit herausgetreten und sie haben ihr Dasein sichtbar gemacht.
Die Steine gewinnen ihren Ausdruck aus einer groß gesehenen Einfachheit. Die Anlage erhält ihre Stabilität, die ein Ausdruck zwischen monumentaler Statik und Bewegung ist, aus der Architektur des Raumes.
Der Stein gibt sich als grundlegendes Bauelement des Raumes zu erkennen und verweist darauf, dass er zwar mit der Wirklichkeit des Geschehens zu tun hat, dass es nichtsdestoweniger etwas ganz anderes ist, das es vorher nicht gegeben hat, etwas vom Menschen geschaffenes und in diesem Prozess um eine Mitte – ein nie Dagewesenes bedeutet.
Es ist in meinen Augen die Metapher über einen positiven kollektiven Willen, der zeitbezogen wie zeitlos den Ring bildet. Als Ausdruck des Gestaltungswillens vieler Menschen, die einen Weg gefunden haben, indem sie sich nützen.
Die Schönheit des Materials wird in den Anschliffen sichtbar, sie gewinnt eine Wertung, die dem Material meistens nicht anzusehen ist. Damit bekommt der Begriff ‘steinreich‘ wohl eine andere Bedeutung; die Umkehrung der Vorstellung, die Lausitz sei ein Land der Steine und des Sandes.
Die Einschnitte als Zahlen und Zeichen schließlich geben den historischen Rahmen. Eckpunkte der Geschichte, die für den Ort und die Region prägend waren.
Mit Steinen gestalten heißt, mit der Ewigkeit zu reden. So Otto Rindt, der Nestor und Steinreiche, dessen Haltung auch mir Maßstab ist.
Und die Ewigkeit liegt im Vergangenen, den ungeheuren Zeiträumen zwischen dem Heute, das ja auch immer das Morgen einschließt. Und am Ende der Mitte diese Welt – für die Kauscher ist sie es – soll das Monument eine ständige Erinnerung sein, eine Mahnung daran, was man verloren hat, aber auch das Bewusstsein dafür, was man gewonnen hat.
Das ist mehr. ....

Herzlich grüße ich Sie
Ihr Gerhart Lampa

P.S. Versichern kann ich Ihnen, nicht nur ein Stein, viele sind mir vom Herzen gefallen.“

„Der Senftenberger Maler“, schreibt Otto Schulz, „hat für das umgesiedelte Dorf Kausche einen Hain der Erinnerung geschaffen; Findlinge in einem großen Radius gruppiert, angeschliffen und mit Daten der dörflichen Geschichte versehen: die Ersterwähnung 1527, erste Taufe, die Mühle 1700, erste Schule 1810, die Braunkohle 1894... Bis in die jüngste Zeit reicht die Lebenslinie, Zahlen, angefüllt mit historischem Material, Erzählungen der Generationen, in den unsterblichen Stein geschliffen, Archetypen der Geschichte von Mensch und Landschaft...
Gerhart Lampas Steinzeichen markieren Beginn und Ende menschlicher Wege auf der Kreisbahn, führen zusammen, sprechen von Begegnung und Gemeinsamkeit, die auch die Umsiedlung von Kausche, dem Dorf über der Braunkohle , beförderte. Das ganze Projekt mit den Steinen ist eine neue Auftragsarbeit der Lausitzer Braunkohle Aktiengesellschaft. Die künstlerische Dimension als sozialer Akt. Erinnerungsarbeit für die Zukunft. ‘So wird Geschichte fassbar, besonders für Menschen, die gewandert sind‘, schreibt Lampa im Herbst 1994, als er den Hain der Steine entwickelt.“

Hain der Steine (Erinnerung) *1996*
Findlinge als Kreis gruppiert mit einem geschliffenen Band, das die Daten der dörflichen Geschichte, Runen vergleichbare Zeichen trägt; Archetypen der Geschichte von Mensch und Landschaft. Mir bedeutet es Erinnerungsarbeit für die Zukunft von Menschen, die gemeinsam einen Ort verließen und gemeinsam angekommen sind.

Standort: Neukausche bei Drebkau

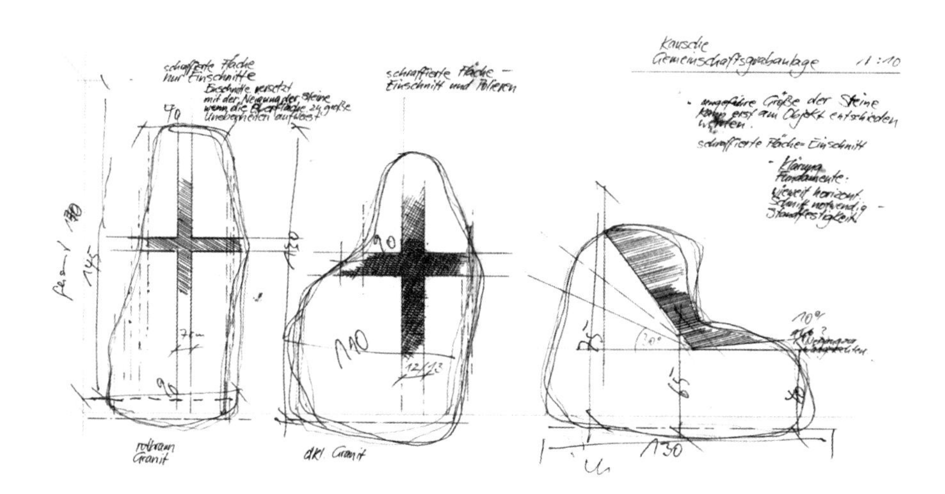

Gemeinschaftsgrabanlage – *1996*

(Skizzen des Entwurfs von Gerhart Lampa) Darstellung der Dreieinigkeit von Vater, Sohn und Heiligem Geist - Leben und Vollendung .
Die Steine tragen in der Vierung Einschnitte in der Form des Kreuzes. Ruhestätte der umgebetteten Toten aus dem umgesiedelten Ort Kausche.

Standort: Friedhof Drebkau
Auftragswerk: Lausitzer Braunkohle AG

Gemeinschaftsgrabanlage Neukausche
Fotografien

Stein – Zeichen

Schwebender Stein 1996

„Die Anlage, für die das Kunstwerk geschaffen werden sollte,“ sagt Gerhart Lampa, „ ist die wohl modernste Leiteinrichtung für Eisenbahnen, die in den letzten Jahren geschaffen wurde.
Der Auftrag sah eine dem Objekt gemäße Gestaltung vor. Ich habe einen 12 Tonnen schweren Stein auf einen Stab gesetzt, der indessen nicht sichtbar ist. Damit entstand ein Objekt gewaltiger Spannung in einem umbauten Raum.
Damit ist das Prinzip Leistung ästhetisch und künstlerisch zu definieren, das nichts anderes will, als die Einmaligkeit des Ganzen zu bestimmen.“

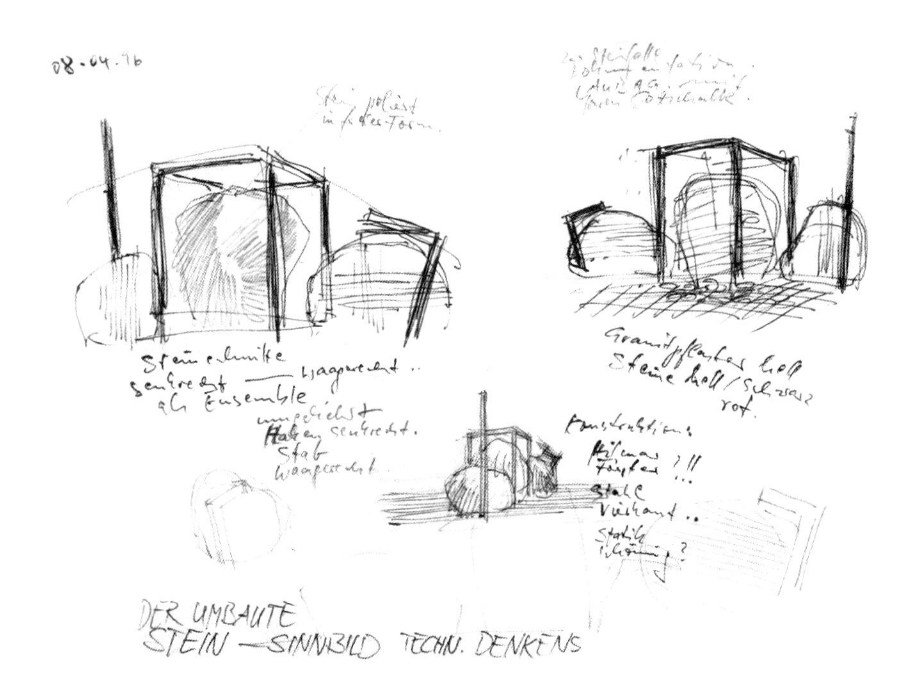

Schwebender Stein - 1996

Skizzen/Entwürfe des Künstlers
Sinnbild für den Gedanken der Vereinnahmung; die Natur im zivilisatorischen Griff des Menschen. Der Schwebezustand der menschlichen Existenz zwischen Untergang und Fortbestand.

Standort: Zentralstellwerk Schwarze Pumpe
Auftragswerk: Lausitzer Braunkohle AG

Schwebender Stein - 1996
Fotografien

Das Steintor – das Tor, „durch das man nicht gehen kann"

Im Rahmen der Neugestaltung der Außenanlagen der Begegnungs- und Informationsstätte der LAUBAG, Gut Geisendorf, erhielt Gerhart Lampa den Auftrag, „etwas Bleibendes" zu schaffen. Als Lampa das Gelände, auf dem „das Bleibende" geschaffen werden sollte, betrachtete, inspirierte ihn das gesamte Flair, ein Tor zu schaffen. Im LAUBAG-Report vom November 1998 schreibt Kern über die Entstehung des Tores:

„Viele Gedanken bewegten Gerhart Lampa, bis er den Entwurf endgültig zu Papier gebracht hatte. Anfängliche Ideen für ein nach oben geschlossenes Tor wurden wieder verworfen. Doch immer sind es Steine, die seine Kunstwerke prägen. Sie sind dafür geschaffen, etwas darzustellen, das die Jahrzehnte überlebt.

Seit Ende Oktober (1998) steht das ‚Steintor' aus den zehn Findlingen nun in Geisendorf. Zwei der Steine sind in ihrer ganzen Größe angeschliffen und geben so ihre Schönheit erst richtig preis. Weit geöffnet lädt das Tor den Betrachter ein. Magisch wird er angezogen, immer weiter bis zum scheinbar offenen Tor zu gehen, das durch seine schmale Öffnung jedoch keinen hindurchlässt. Nur der Blick wird einem gewährt, der Blick über die weiten Wiesen von Geisendorf.

Der Künstler will sagen, hinter dem Tor beginnt eine andere Welt, eine nicht definierbare Zukunft, vielleicht auch ein neues Ziel. Am Tor verlässt man die alte Welt, und sei es nur in Gedanken. Man steht vor einer Reihe Fragen. Und jeder Betrachter wird eine andere Antwort finden. Wenn das so ist, ist Gerhart Lampa zufrieden, denn er möchte, dass die Menschen nachdenken.

Symbolhaft steht das ‚Steintor' auch für die Umsiedlung von Geisendorf. Die Geisendorfer verlassen ihre Heimat. Das ist ein Verlust, der nicht aufzuwiegen ist. Aber hinter dem Tor, beginnt ein neuer Weg mit einem neuen Ziel. Das 'Steintor' wird Bestand haben, und wenn die Geisendorfer dann in ihren neuen Häusern in Neupetershain wohnen werden, werden sie sich erinnern, wie sie an der Schwelle des Tores gestanden haben."

Handschriftlich hält Gerhart Lampa zu dem „Steintor" fest:

„In der Form wie der Mittel wird ein Ewigkeitsanspruch definiert.

Der Mensch ist solange nicht wirklich vergänglich, wie er seine Existenz materialisiert, als Spuren verkörperter Arbeit und als Idee hinterlässt. Der Weg ist offen durch dieses sinnfällige Monument in einen anderen Lebensraum, der keine Umkehr mehr ermöglichen will und der vollzogen wird."

Gerhart Lampa vor dem „Steintor"

Das Steintor - 1998

(Skizzen/Entwürfe des Künstlers)
Idee: Der Mensch ist solange unvergänglich wie er sich in Arbeit und Geschichte materialisiert. Ein Weg durch die Steinschlucht mündet – durch eine schmale Furt mit geschliffenen Steinen – im offenen, neuen Lebensraum; Zukunft und Perspektive nach der Umsiedlung.

Das steinerne Kunstwerk erinnert an Geisendorf, das durch den Braunkohlentagebau umsiedelte.
Standort: Gut Geisendorf
Auftragswerk: Lausitzer Braunkohle AG; Gut Geisendorf

Das Steintor - 1998
Fotografien

„Der Lebenskreis" - 1999

In der Zeitschrift „impuls" der Klinikum Niederlausitz GmbH Nr. 26, Sommer 1999, schrieb Gerhart Lampa einen Artikel zu diesem monumentalen Steinzeichen:

„Gedanken zum Lebenskreis"

„In der Geschichte der Kunst waren sämtliche überdauernden Leistungen einem Zweck untergeordnet: Zweckfreiheit als utilitäre Entsagung mochte wohl interessanten Moden folgen, doch letztlich entzogen sie sich der sozialen Psyche der Menschen.
Als die Geschäftsführung des Klinikums auf mich zukam, hatte ich bereits Arbeiten mit entsprechender Wirkung geschaffen, die letzten für Schwarze Pumpe, für die Bundesgartenschau, für den Ort Kausche und für das Gut Geisendorf, die natürlich Maßstäbe setzten. Aber diese Aufgabe bedeutete eine Herausforderung, sie war ein Auftrag, der ein gemäßes innovatives wie praktisches Potential erforderte.
Mit dem neuen Klinikum als architektonisches Kunstwerk entstand eine heute seltene Synthese, den medizinisch-wissenschaftlichen Anspruch in die freie künstlerische Form zu integrieren.

Aus den Entwürfen kristallisierte sich ein Sinnbild der Dauerhaftigkeit heraus: Stein als Gestaltungsmittel. Diese Aufgabe sollte sowohl etwas Intimes, sich Verinnerlichendes tragen können und außerdem eine Entsprechung der funktionellen Struktur des Hauses erfahren. Außerdem musste es sich einfügen als eine raumbildende ästhetische Ordnung.
Sieben Steine, sieben Lebenszeiten – Beginn und Ende in einem Kreis gesammelt. Der Lebenskreis schließt den Prozess einer jeden Existenz ein: Leben und Tod als Einheit zu sehen.
Der Baukörper bildet den Hof als die Fassung des Monuments. (Zwischenzeitlich ist das Monument aus dem Hof umgesetzt worden und steht in der Krankenhaus Straße frei vor dem Krankenhaus. Für mich ein wesentlich entsprechender Standort, von dem aus sich die Wirkung des Monuments auf die ganze Stadt verbreiten kann. K.G.) Mit der Idee formte sich der Prozess eines positiven kollektiven Willens heraus, die Einmaligkeit des Lebens in ein Denkmal zu bringen.
Die Entscheidung für sieben Steine als sieben Abschnitte darf nicht als tatsächliche Illustration der Lebensfolge verstanden werden. Sie besitzt assoziative ästhetische Funktion, die emotional Schichten des Bewusstseins wie des Denkens berührt und vielgestaltig auslegbar bleibt.

Die polierten Einschnitte deuten in ihrer kostbaren Oberfläche den Weg an:
Lebensbeginn als unberührte unbezeichnete Form (I). Der Obelisk der Geburt, nicht behauen, in seiner ursprünglichen Form abgestellt, sagt Lampa im Gespräch vor Ort, der erste Stein als Anfang eines Kreises, Anfang und Ende als eine Einheit begriffen, bedeutet unberührt sein. Er sollte sich unterscheiden von späteren Phasen einer Abwicklung von Formen, die Gleichnisse bedeuten.
Der zweite Stein zeigt eine kraftvoll aufsteigende Linie, die offen ist für alle Erfahrung (II). Im gleichen Gespräch vor Ort sagt Lampa: Es ist der Stein mit dem ersten Einschnitt, dem Riss der Dynamik. In den ersten Jahren, in denen die größte Aufnahmefähigkeit besteht, wird das Kind geprägt. Dafür steht dieser Stein.
Der Stein der Sammlung trägt einen nach oben offenen Einschnitt, die Kräfte sammeln sich (III), Sinnbild für Jugend. Im Gespräch ergänzt der Künstler: Der Einschnitt verkörpert die aufsteigende Lebenslinie. Es ist ein liegender Stein auf großer Fläche, der sich öffnet. Damit deutet er die Empfänglichkeit im Jugendalter an, in dem die Persönlichkeit geprägt wird. Dort wird auch

festgelegt, was später sein kann, bis zum Beruf.
Der (IV.) Stein verkörpert die Vollendung, Kräfte prägen sich aus. Er steht als Sinnbild für die höchste Sammlung aller körperlichen und geistigen Anlagen. Er impliziert das reife Menschenleben. Die recht große Fläche, die mit einer scharfen Kante nach vorn zeigt, ist das Symbol für Dynamik, Kraft etc., die sich nach vorn richtet und die Voraussetzung für Erfolg ist, im Suchen und im Finden, ergänzt Lampa die Interpretation. Es ist die Metapher für einen großen Willen, der in jedem Lebensabschnitt darüber entscheidet: Wo gehe ich hin, wo komme ich an. Wer diesen Willen nicht aufbringt, ich glaube, der hat schon verloren, fasst der Künstler zusammen.
Die sich neigende Lebenslinie zeigt der (V.) Stein, der Zenit ist überschritten. Vor Ort sagt Lampa: Dieser Stein ähnelt in seinem Einschnitt, in seiner bearbeiteten Fläche schon fast wieder an den Stein der Kindheit. Das ist scheinbar, die Linie ist zurückgenommen. Es ist die sich neigende Linie, für die einen ab dem 30sten Lebensjahr, für die anderen ab dem 60sten Lebensjahr. Da neigt sich das Leben und ist dabei, sich zu vollenden.
Der Stein der Zurücknahme und Verinnerlichung (VI.) trägt eine in sich ruhende Form, Alter und Erinnerung verdeutlichend. Dieser Stein steht geöffnet, hat aber eine Vertiefung, erklärt Lampa, und die Kante nimmt sich nach innen zurück. Das ist die Zurücknahme, im Grunde deutet sich schon der Verlust an, die Resignation, die das Ende eines Lebens beschließt und nimmt vorweg, was der Abschied bedeutet. Es ist noch mal ein Weiterwinken, wie ein Schiff, das davon fährt. Der Abschied ist aber noch nicht vollzogen.
Der letzte Stein (VII.), dunkel und endlich, eine gebrochene Fläche zeigend, ist das Monument des Abschieds, des Schmerzes und der Trauer. Das Leben hat sich vollendet. Der Abschied beginnt mit diesem Ende des Lebenskreises, sagt Lampa bei unserem Gespräch am Steinkreis. Der Stein impliziert auch in seiner Ausfärbung dieses gleichnishafte Bildnis des Abschieds. In seiner Form sich nach vorne beugend und nach vorn gehend und im unteren Teil zurückgehend. In der Form nach Käthe Kollwitz und Ernst Barlach in ihren großartigen Plastiken.
„In dieser Form wie der Mittel habe ich gewissermaßen einen Ewigkeitsanspruch definiert; der Mensch ist solange nicht vergänglich, wie er seine Existenz materialisiert, hinterlässt als Spuren verkörperter Arbeit und als Idee.
Steine als Ausdrucksmittel reichen in sehr frühe Hochkulturen zurück. Jede Zivilisation wählte sie als Gestaltungsmittel für Dauer und Kraft.
Sie sind ästhetische Perspektiven in jeder Landschaft (Stonehenge, Carnac u.a.), die von menschlichen Anstrengungen ebenso sprechen, wie vom Wert der Erinnerung als wortlose Erscheinung und deren Geheimnis.
Kelten und Germanen schufen die ungewöhnlichen Stätten eines magischen Realismus als Ausdruck ihres Denkens. In dem Brief an einen Freund schrieb ich zu den Steinen, dass die Menschen, die nach der Eiszeit zurückkamen, ein Urgedächtnis für Steine besaßen. Denn das bedeutete immer ein intakter Wille zu dauerhaften Werten (nicht zuletzt übernahm das Christentum die Ikonografie der Steine).
Es ging und es geht um Menschen, die aus Landschaften immer gehen mussten, die wandern und Räume zum Leben suchen. Mit den steinernen Gestaltungen gaben sie ihrer Kraft zum Überleben Ausdruck, weil das Verharren und Bleiben bedeutet. Das habe ich gewollt: Bleiben und Überleben. Ich denke, es ist auch eines der Ziele der Medizin. ...“
Unser Gespräch am Steinkreis schließt Gerhart: „Der Lebenskreis ist ein Abschluss in gewisser Weise, aber kein Abschluss meiner Arbeit mit Steinen. Solange ich lebe werde ich weiterarbeiten mit Steinen und solange es noch Steine gibt. Es gibt noch einige Projekte.“

Lebenskreis – 1999 *Zeichnungen/Entwürfe des Künstlers*

Eine Formation aus sieben Steinen zeichnet die menschlichen Lebensphasen nach: Geburt und erste Entwicklung, Erfahrungen, Jugend, Reife, Zenit, Sammlung aller geistigen und körperlichen Anlagen, Vollendung und Abschied.

Schliffe, Formungen und Einschnitte, Farben symbolisieren die Lebensstufen. Standort: Neues Klinikum Senftenberg Auftragswerk: Klinikum Senftenberg.

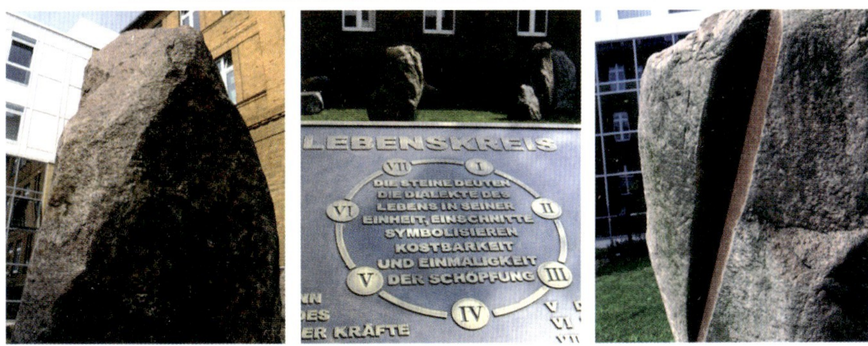

Lebenskreis* - *1999
Fotografien

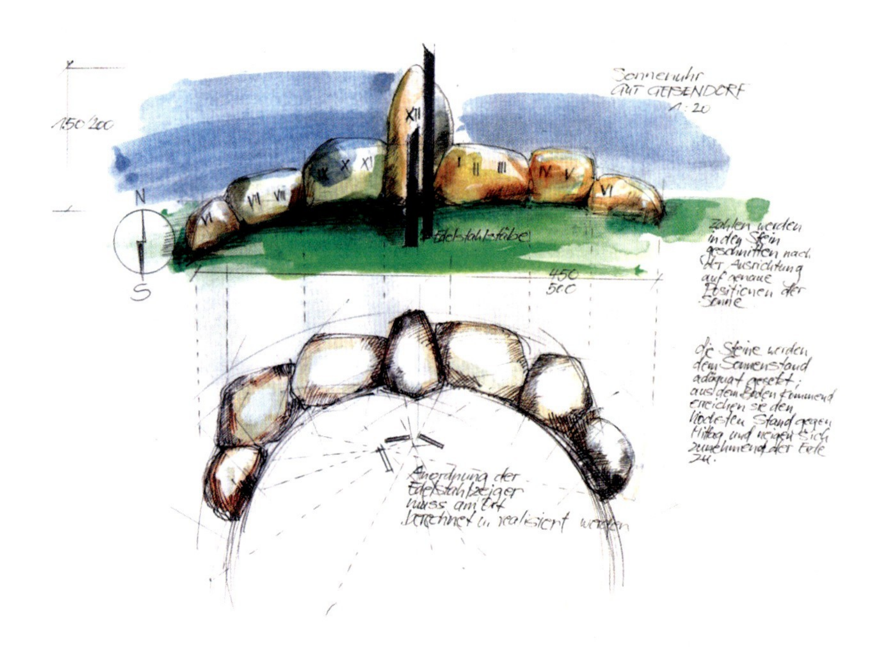

Sonnenuhr - 2004

Zeichnung/Entwurf des Künstlers

Sinnbild für menschliche Kulturgeschichte und ihre kosmische Vernetzung seit Jahrtausenden. Zeichen der Vergänglichkeit alles Irdischen. Die Zeit wird durch Naturerscheinungen beschrieben und gemessen.

Neben römischen Ziffern werden die Zahlenwerte dem Runenalphabet (Futhark) entnommen.
Standort: Gut Geisendorf
Auftragswerk: Vattenfall Europe

Sonnenuhr* – *1999
Fotografien

Stein – Zeichen

American Memorial Square
September 11th 2001

In einem Artikel der Lausitzer Rundschau aus dem Jahre 2003 unter der Überschrift: „Lausitzring mahnt gegen die Gewalt“ ist die Geschichte des Memorials von Bernd Balzer festgehalten:
„Ein bisschen paradox: Dort, wo eigentlich schnelle Flitzer langbrausen, sollen die Menschen innehalten. So wünscht es sich zumindest Gerhart Lampa. Der Künstler war wesentlich an der Konzeption und Umsetzung eines Denkmals beteiligt, dass kürzlich auf dem Lausitzring eingeweiht wurde. Das steinerne Mahnmal soll an die Terroranschläge in New York vor zwei Jahren erinnern und ein Zeichen gegen Gewalt setzen.
Wegen der engen Kontakte in Richtung Amerika kam der Lausitzring-Chef, Hans-Jörg Fischer, auf den Gedanken, ein Zeichen der Solidarität zu setzen. Er fragte Gerhart Lampa um Rat und bat den LionsClub um Unterstützung. Der Künstler entwickelte den genauen Plan für das Denkmal aus Stein und setzte ihn um. Auch der LionsClub stimmte zu, sich an dem Bekenntnis gegen Gewalt zur Erinnerung an den Terroranschlag zu beteiligen.
Und noch mehr Förderer kamen hinzu (siehe S. 188) ...
Das Denkmal wurde „vom katholischen Pfarrer aus Senftenberg, Thomas Besch, feierlich geweiht. Das Denkmal symbolisiert eine zerstörte Einheit durch ein stählernes, zerstörendes Zeichen. Der Stein als Sinnbild einer Millionen Jahre alten Einheit ist zertrennt und wird in aggressiver Form vom rostenden Metall durchschlagen.
‚Letztendlich ist dieses Monument ein Denkmal dafür als Erinnerung, was wir verlieren können oder schon verloren haben. Ich hoffe, dass jeder Besucher für einen Moment dieses Denkmal anschaut, innehält, sich besinnt und sich der Gefahren bewusst wird, die immer noch existieren‘, so wünscht es sich Lampa. Das Monument ist ein Bekenntnis für eine Zukunft, die Voraussetzungen schaffen muss, um gewaltlos miteinander umgehen zu können.“

Dieses Monument wurde am 11. September 2002 zu Gedenken an die Opfer der Gewalt und des Terrors gesetzt. Es steht am Amerikanischen Platz am EuroSpeedway Lausitz.
Mit diesem Monument wollten Auftraggeber und der Künstler eine Geste gegenüber den USA und den amerikanischen Gästen ausdrücken. Es wurde von den amerikanischen Gästen mit Rührung aufgenommen.

„Von einer aggressiven stählernen Form zerschnitten, symbolisiert das Monument die Verletzbarkeit unserer Zivilisation und impliziert Mahnung und Besinnung“, sagt Gerhart Lampa bei unserem Besuch des Monuments.

Die Idee, die Gerhart Lampa hatte, bestand darin, einen in zwei Hälften geschnittenen Stein aufzustellen, also eine Einheit, die zerstört worden ist. Die beiden Hälften des Steines markieren die beiden Tower. Die zwischen diese beiden Hälften eingefügte stählerne Kraft, eine Stahlplatte in der Form eines stilisierten Flugzeugbugs, markieren die Flugzeuge, die die Tower zerstören.
Monate vor der Fertigstellung, aber schon während der Bauphase des Monuments, befasst sich der „Wochenkurier“ mit dem Memorial: „Der 11. September 2001 hinterließ Spuren. Die Welt hat sich seit diesem Tag verändert.

Die friedliebende Menschheit war entsetzt über die Tat, die vielen Menschen den Tod und Leid brachte. Seither ist in der Welt nichts mehr so wie es war. Diesem Gedanken soll ein Gedenkstein gerecht werden, der gegenwärtig vor der Haupttribüne des EuroSpeedway Lausitz im Entstehen ist. Kein Monument im Sinne von Größe soll hier künftig an diesen Tag erinnern, sondern ein schlichtes, doch höchst beeindruckendes Kunstwerk. Eine aggressive stählerne Form trennt die Ganzheit, in diesem Fall durch einen gespaltenen Findling dargestellt. Über allem weht die Flagge der USA. ‚Ich verstehe darunter ein Sinnbild für eine zerstörte Ganzheit', betont Gerhart Lampa, der den Entwurf schaffte und den Bau begleitet."

Anlässlich der Übergabe des Memorials, am 11. September 2002 zitiert der „Wochenkurier" die Gedanken, die Gerhart Lampa an diesem Tag, ein Jahr nach dem Anschlag, bewegen:
"Ich habe das Memorial geschaffen, um gegen jegliche Gewalt ein sichtbares Zeichen zu setzen. Gewalt, Krieg ist niemals eine Lösung von Problemen. Und, ich habe Angst. Amerika droht wieder einmal einem anderen Land mit Krieg. Es will mit militärischen Mitteln ein Land in die Knie zwingen. Und ich habe Angst, dass diese Idee von Deutschland und anderen Ländern unterstützt wird."

Der Auftrag wurde im Mai 2002 im Auftrag des EuroSpeedway ausgeführt, gestiftet durch den LionsClub Senftenberg unter maßgeblicher Beteiligung der LMBV und die MAN- TRAKRAF Fördertechnik GmbH Lauchhammer/Leipzig.

American Memorial Square
September 11th 2001

Standort: EuroSpeedway Lausitz

Hornoer Ring – *2004*

Impliziert das Spannungsfeld eines Unternehmens mit einem Dorf, das der Braunkohle weichen musste. Sinnbild für eine Konfrontation, die sich öffnet und zu einer Lösung gelangt. Ein Geschenk des Unternehmens an die Bürger des Hornoer Rings in Peitz.

Standort: Peitz
Auftragswerk: Vattenfall

Kreuzweg Neu Haidemühl 2005
Menschen sollen ankommen -
der Kreuzweg als Endpunkt einer
komplizierten Umsiedlung

Standort: Selessen/Neu Haidemühl
Auftraggeber: Vattenfall Europe AG

Gedenkstein an die Kriegsopfer Lindenau, 2006
Im Auftrag des Heimatvereins Lindenau

Mosaik am Neumarkt Senftenberg

Liste der Stein – Zeichen/Objekte aus Steinen

Entstehungs-Jahr	Titel	Standort	Im Auftrag von
1995	Steinfalle	BUGA Gelände	Bundesgartenschau Cottbus
1996	Hain der Steine	Neukausche bei Drebkau	Lausitzer Braunkohle AG
1996	Gemeinschaftsgrab-anlage	Friedhof Drebkau	LAUBAG
1996	Schwebender Stein	ZEP Schwarze Pumpe	LAUBAG
1998	Das Steintor	Gut Geisendorf bei Neupetershain	LAUBAG
1999	Lebenskreis	Klinikum Senftenberg	Klinikum Senftenberg
2002	American Memorial Square September 11th 2001	EuroSpeedway Lausitz	Lionsclub Senftenberg mit Beteiligung von LMBV und MAN-TRAKRAF
2004	Sonnenuhr	Gut Geisendorf bei Neupetershain	Gut Geisendorf/ Kulturforum Vattenfall Europe AG
2004	Hornoer Ring	Neuhorno bei Peitz	Vattenfall Europe AG
2005	Kreuzweg	Selessen/Haidemühl	Vattenfall Europe AG
2006	Gedenkstein	Lindenau	Heimatverein Lindenau

Alle Steinschnitte und -schliffe wurden durch die Firma „Hohwald“ Granit GmbH & Co. KG NATURSTEINWERK ausgeführt.

Die Metallarbeiten führte Manfred Vollmert (Metallgestalter) aus.

Die Kunst bleibt Kunst! Wer sie nicht durchdacht, darf sich kein Künstler nennen.

(Goethe, Künstlers Apotheose)

Der Künstler und sein Werk im Spiegel der Medien.

Der Maler, Bildhauer und Grafiker, der Künstler Gerhart Lampa, sein Schaffen, seine Werke, seine Gedanken und Lebensauffassungen wurden seit über drei Jahrzehnten von den Medien beachtet, begleitet, aufgenommen, wiedergegeben, interpretiert und bewertet. Von den im Nachlass gefundenen Materialien datiert der erste Beitrag vom 30. September 1978. Angesichts dieses Umfanges ist es weder möglich, alle Beiträge zu zitieren noch alle zitierten Beiträge vollständig zu zitieren. Letzteres wird nur in ausgewählten Fällen möglich sein. Ein solcher Fall, quasi ein gesetzter Fall, ist der oben genannte Beitrag aus der Lausitzer Rundschau (LR). Er befasst sich mit einem jener Energie-Pleinairs, von denen im Kapitel 4 die Rede war. Im konkreten Fall handelt es sich um ein Gespräch mit Gerhart Lampa (GL) zum II. Energie-Pleinair der Maler, das Rudi Schirmer führte:

„Über vielerlei Vorzüge der Freiluftmalerei"

„... LR: *Was reizt eigentlich einen Maler, das gewohnte heimische Atelier zu verlassen; mit Staffelei und Palette in die „Unwirtlichkeit" einer Kraftwerksbaustelle zu ziehen, um dort unter freiem Himmel zu malen?*

GL: Ich kann mich erinnern, dass es in der Kindheit zu meinen schönsten Beschäftigungen gehörte, an der Elbe die tollsten Abenteuer zu erleben. Die Begegnung mit der Natur war es, die meine Fantasie in Bewegung setzte. Das ist mir geblieben, freilich in anderer Form.

Mit der Freiluftmalerei geht es mir so. Man ist unmittelbar mit der Natur verbunden. Die Landschaft, in der gearbeitet wird, ist einem vertraut. Doch die Unmittelbarkeit der Begegnung mit dieser Gegend und ihren Menschen im Prozess des künstlerischen Schaffens lässt plötzlich vieles neu und andersartig erscheinen. Dem Vertrauten neue Seiten abzugewinnen – das ist ein Abenteuer und Grund genug, so eine Einladung wie zum Energie-Pleinair anzunehmen.

Malen allein ist für mich schon das größte Abenteuer, weil es unerschöpflich ist. (Hervorhebung K.G.) Außerdem kommt dazu, dass ich bei der Freiluftmalerei ganz besonders dem Gegenstand meiner Arbeit – der Mensch bei seiner Tätigkeit in den weiten Räumen der Landschaft – nahe sein kann. Um den Menschen bei der Arbeit zu zeigen, um die ethischen Momente seines Schaffens zu erkennen und darzustellen – dazu muss man heraus, auch aus sich selber und den besten Traditionen der Freiluftmalerei folgen – wie Liebermann, van Gogh und andere in der Natur malten.

LR: *Den Maler und die Natur zusammenzubringen – eine sehr schöne Aufgabe, die sich die Ausrichter des Pleinairs gestellt haben. Warum aber dieses Zusammenbringen gerade auf der Kraftwerksbaustelle Jänschwalde; warum nicht an irgendeinem idyllischen Spreewaldfließ?*

GL: Dieses Pleinair hat vor dem Bindestrich noch einen Zusatz, ENERGIE! Ich glaube, der Veranstalter suchte und fand mit dem Standort Jänschwalde eine Form, die sowohl besten künstlerischen Ansprüchen genügt, als auch für unseren Bezirk – das Kohle und Energiezentrum der DDR – typisch ist.
Hier haben wir die Möglichkeit, das menschen- und naturverändernde Moment in unserem Land zu zeigen. Wir finden gleichzeitig Gelegenheit, unsere Gefühle und Gedanken gegenüber der Ästhetik und modernen Schönheit eines Industriegiganten in unseren Bildern wiederzugeben. Ebenso freilich auch kritische Aspekte, die die Industrie für die Menschen mit sich bringt. Und schließlich werden wir in die Lage versetzt, den Menschen in seiner Auseinandersetzung mit der Natur zu zeigen. Es geht uns also nicht um die Schönheit, wie sie ein romantisches Spreewaldeckchen bieten könnte, sondern um die Schönheit in ihrer Vielseitigkeit, die im Wesen der arbeitenden Menschen begründet liegt. Doch schließt das eine das andere nicht aus. Auch der Spreewald ist unser Gegenstand. Letztlich sind wir Teil der Natur.

LR: *Hat der Maler beim Arbeiten in der Natur überhaupt die Möglichkeit und den Wunsch nach Kontakten zu den Menschen auf der Baustelle, mit den Werktätigen?*
GL: Der Maler ist selber Arbeiter, er steht nicht darüber oder darunter. **Die Möglichkeiten** solcher Kontakte bei der Freiluftmalerei sind vielfältig - vom kurzen Zuruf oder 3-Sätze-Gespräch bis hin zur Auseinandersetzung über das, was auf der Leinwand entsteht oder den Kraftwerksbauer in seiner täglichen Arbeit bewegt. **Der Wunsch** nach solchen Kontakten ist bei mir und meinen Kollegen stets vorhanden, machen sie doch eine ganz wichtige Seite unserer Arbeit aus. Doch ist das nicht immer sofort realisierbar. Zusammenarbeit braucht Zeit.

In der Arbeit vor Ort hat der Künstler die Möglichkeit der ständigen Konsultation mit dem Werktätigen über das entstehende Werk, das erhöht die Aussagekraft der Arbeit natürlich um ein Vielfaches. Dennoch sagt das gar nichts über die künstlerische Qualität des Bildes aus. Das ist eine andere Seite und kann hier nicht beantwortet werden.

LR: *Kontakt gibt es während des Malens nicht nur mit den Werktätigen der Kraftwerksbaustelle sondern auch mit den Künstlerkollegen aus dem Ausland....*
GL: Auch das ist eine Sache, die das Energie-Pleinair für mich so wertvoll macht. Stellen Sie zehn Künstler vor das gleiche Objekt – jeder fasst es anders auf und gibt es anders wieder. Die polnischen Kollegen zum Beispiel gewinnen der Industrielandschaft für mich neue, sehr eigentümliche Züge ab, ohne sich dabei vom Gegenstand zu entfernen, sie im Entstehen mitzuerleben, betrachte ich für jeden Künstler als eminent wichtig.

LR: *Das Ende des II. Energie-Pleinairs ist herangerückt! Was würden Sie für das wünschenswerteste Ereignis halten?*

GL: Zwei Dinge! Das eine; dass Bilder entstehen – oder wenigstens die Anregung für Bilder -, in denen sich die Betrachter, die Werktätigen Menschen also, für die wir malen – wiederfinden. Das andere; dass jeder unserer Künstlerkollegen Entdeckungen macht, die ihn bewegen, irgendwann in unseren Bezirk wiederzukommen, weiter in dieser eigenartigen, manchmal kargen aber doch liebenswerten Landschaft zu arbeiten und ihre Menschen wiederzusehen.

Am 9. November 1978 schreibt die LR unter „Freizeit-Tipps fürs Wochenende":
„... Ebenfalls dem Alltag ins Gesicht geschaut hat der Senftenberger Maler Gerhart Lampa, als er vor wenigen Wochen sein Atelier mit der Kraftwerksbaustelle Jänschwalde vertauschte, um gemeinsam mit Malerkollegen aus sozialistischen Bruderländern am II. Energie-Pleinair teilzunehmen. Ein Teil der Ernte dieser Freiluftmalerei ist derzeit in der Cottbusser GALERIE KUNSTSAMMLUNG bei der Kabinettsausstellung – der vierten übrigens seit der Neueröffnung der Galerie – mit Werken von Gerhart Lampa zu sehen. Gemälde – Landschaften, Porträts, Stilleben – und Grafiken zeigt der Senftenberger Maler, der neben seiner künstlerischen Tätigkeit dem Kreismuseum der Bergarbeiterstadt als Direktor vorsteht – einem Haus, dessen Sammlungen gut und gern auch einen Wochenendbesuch wert sind ...".

In der Zeitung „Union" vom 23./24. November 1981 schreibt Hans Kuhle über eine Ausstellung in der Galerie KUNSTSAMMLUNG Cottbus, in der von den etwa 70 Mitgliedern des Verbandes bildender Künstler des Energiebezirks 51 Bilder, 63 Grafiken, 14 Plastiken und 59 Plakate gezeigt werden:
„... Unter den gezeigten Werken sind bei den zahlreichen Besuchern immer wieder die Arbeiten von ... Gerhart Lampa im Gespräch. So ‚Arztehepaar',Öl 1980/81; ‚Karl Unverricht', Öl 1980; ‚Familie', Öl 1980; ‚Fußball', Öl 1981.
Der in Senftenberg lebende Künstler gehört meiner Meinung nach zu den begabtesten des Bezirkes Cottbus. ...
Fußball hat bei ihm nichts weiter mit Siegern und Unterlegenen zu tun. Ihn interessiert mehr die Überbedeutung gewisser Bedürfnisse, Bedürfnisse, die wohl eine Ersatzfunktion bekommen haben. Darum auch die größere Fläche des Diptichons den Zuschauern. ...
Gerhart Lampa sagt dazu selbst: ‚Mir geht es darum, diese menschliche Unterforderung, die solchen Phänomen innewohnt, überhaupt auszudrücken und in Zweifel zu ziehen. Möglicherweise werden andere Sichten dadurch erreicht, die sich mehr auf das Ästhetische solcher Aktionen richten.'... Gerhart Lampa will mit seiner Kunst zerstörerischen Tendenzen entgegenwirken und das – was man von Kunst erwartet – nicht vordergründig. ...".

Die Magdeburger Volksstimme schreibt im März 1982 unter dem Titel: „Menschen und Landschaften" über ein Kunstgespräch mit Gerhart Lampa in der 106. Klubgalerie u.a.:
„... Gezeigt wird ausschließlich Malerei, deren Sujets Menschen und Landschaften sind. Landschaften auch, in die der Mensch verändernd eingriff, wie die gegenwärtigen und einstigen Tagebaue um Senftenberg, ... Die herbe Schönheit dieser Landschaft, die oft als trist empfunden wird, entdeckt der Künstler. Die von ihm bevorzugte sehr verhaltene Farbpalette kommt dem sehr entgegen. Auch die Porträtbilder laden zur Zwiesprache ein. Man spürt, dass der Maler sich nicht begnügt, sein Gegenüber oberflächlich abzubilden, er sucht es behutsam zu ergründen. Gerhart Lampa ist ein Maler, dem es ernst ist mit wahrhaftiger Darstellung, dessen Anliegen es nicht ist, unbedingt modern zu sein. Das unterstrich das Gespräch ...".

Die LR vom 20. September 1983 schreibt unter dem Titel: „Unsere Werte vor Augen führen" über einen Besuch im Atelier Lampas, der gerade an Werken für die Nationale Volksarmee arbeitet, u.a.:
„... Gerhart Lampa möchte mit seinen Bildern keine Vorgänge illustrieren. Er will Motivationen für das Handeln zeigen, die Werte vor Augen führen... Bilder sind auch Symbole für das Leben und Mahnung, was wir verlieren können, wenn wir passiv bleiben. ...

Gerhart Lampas Bildern gehen Erlebnisse, verbunden mit Freude, Erschütterung, Hass, auch Konflikte, mit dehnen er sich auseinandersetzt, voraus. ‚Wenn mich ein Stoff gepackt hat, lässt er mich nicht wieder los' sagt er. ... „
Die damals gemalten Bilder für die Fliegerschule Kamenz sind nach Aussagen Lampas im Jahre 1990 von Angehörigen der Bundeswehr, die mit der Auflösung des Standortes beauftragt waren, nicht nur gelobt worden sondern auch in „die Harthöhe" verbracht worden.

„Leise Bilder, die nachdenklich stimmen ..." titelt Verena Ehnert ihren Beitrag über ein Werkstattgespräch mit Lampa in der LR vom 22. März 1986.
„In den Arbeiten des Senftenberger Malers Gehart Lampa spiegelt sich das Wesen des Künstlers wider. Seine Porträts, Familien- und Landschaftsdarstellungen sowie Stilleben an den Wänden des kleinen im Stadtpark gelegenen Ateliers sind allesamt leise Bilder, in denen nichts Spektakuläres zu finden ist. Feinfühlig sind die Motive und warm die Farbgebung ...

Gerhart Lampa möchte keine Illustrationen zu Vorgängen gestalten. Der Künstler versucht, wie er selbst sagt, ‚etwas von dem Unausgesprochenen in der Haltung eines Menschen, in der Beziehung zwischen Menschen, in einer Landschaft sichtbar zu machen.'
Er betrachtet Gemälde und Zeichnungen als Sinnbilder von Gedanken, in denen sich Motivationen zum Handeln offenbaren. ...".

Am 18. Juli 1986 schreibt Peter Drescher in der Union unter dem Titel „Lust am Atmosphärischen" über eine Ausstellung von Arbeiten Lampas im Senftenberger Schloss:
„Ihm, Gerhart Lampa, widerfährt das Beste, was einem Künstler eigentlich passieren kann: Werktätige stellen sich in bewegten Diskussionen seinen Bildern. Ich weiß aber auch, dass er bei diesen ‚bewegten Diskussionen' ... nicht immer Pluspunkte en gros sammelte. Zu strichintensiv seien seine Bilder, kreidet man ihm da an, schwer interpretierbar, fern einer exakten ‚ordentlichen' Abbildung ...
... Dann wieder – wie unlängst bei der Eröffnung seiner Ausstellung im Senftenberger Schloss – regelrechte Freudenausbrüche, ehrliche Belobigung, respektvolle Bewunderung, fundierte Anerkennung. So vom Direktor des Museums, der Lampa bescheinigt, das Typische an hiesiger Art fein zu treffen. So vom Mitarbeiter des Kreiskabinetts für Kulturarbeit, welcher bei den Bildern einen zartnervigen, sensiblen Gestus entdeckt. Der Gerhart Lampa auch rühmt ob seiner Aufgeschlossenheit gegenüber dem künstlerischen Nachwuchs. Und Martin Schmidt – Mitarbeiter des Kulturbundes Hoyerswerda, profunder Kenner – führt aus: ‚Gerhart Lampa sieht Realität und gestaltet mit Phantasie nach. Nie zeigt er etwas im gleißenden Licht, nie in krassen, schreienden Farben...'
Die jetzige Ausstellung im Senftenberger Schloss hat es in sich. Sie gibt in breiter, vielfältiger Weise Einblick in Lampas Gesamtschaffen. In dieser Malerei schwebt unverkennbar die Lust am Atmosphärischen mit. Man soll tunlichst vermeiden, in ihr das fotografisch-akkurate Abbild zu suchen, sondern das Stimmungsvolle wirken lassen.
‚Seine Landschaften finde ich am schönsten', behauptet eine Besucherin. Sicher ist da was dran. Allerdings bedeutet eine solche Verabsolutierung, die überaus gelungenen Porträts, die zarten Stilleben, die eindrücklichen Aquarelle ungerechtfertigterweise zurückzusetzen. Beim Porträtieren – hier besonders augenfällig – verzichtet er auf eine sturgläserne Sicht und ist bestrebt, des Menschen charakterliche Qualitäten aufleuchten zu lassen. Nicht einfach abkonterfeien, nein, psychische Befindlichkeiten ausloten. Das ist schwer. Mitunter auch für den Betrachter."

Am 7. April 1988 schreibt F. Richter im „Morgen" unter der Überschrift:
„Rückgriff auf das Ursprüngliche" über eine Lampa - Ausstellung in der Cottbusser Galerie „Carl Blechen":
„ .... Eine schlichte und sensible Formsprache ist den ausgestellten Bildern Gerhart Lampas aus Senftenberg eigen. Seine Landschaften lassen auf den Romantiker, der dennoch nicht ins Romantisieren gerät, auf den naturverbundenen Schöpfer schließen und laden immer wieder zum Verweilen ein, indem sie den Betrachter stets aufs neue befangen machen. Die Ölbildnisse können gleichfalls als Bestandsaufnahme und Dokument für eine durch den Tagebau bedrohte Natur gelten. So beispielsweise die Werke ‚Vor der Kohle', ‚Sterbende Bäume', die durch ihre Stimmung überzeugen. Dem Maler gelingt es – die Ausstellung beweist es erneut deutlich – sich stärker von Formzwängen zu lösen und auf Details zu verzichten. Der Pinselstrich gerät härter und freier, hinterlässt kräftige Spuren und Strukturen, die die raue Landschaft widerspiegeln. Diese Arbeitsweise scheint ein dichteres und tieferes Eindringen zu ermöglichen ...".

Ab dem 16. Juli 1990 wird in der Partnerstadt von Senftenberg, Püttlingen, in einer Ausstellung „eine breit gefächerte Auswahl der Arbeiten" Lampas gezeigt. Im Rahmen einer Vernissage, über die u.a. die Köllertaler Zeitung berichtete, wurde der Künstler vorgestellt. Der Künstler „war sichtlich bewegt, dass so viele Interessenten aus der Senftenberger Partnerstadt Püttlingen zu dieser Ausstellungseröffnung gekommen waren. ...".

Soweit Pressestimmen aus der „Vorwendezeit". Danach beginnt die Presse, sich ab 1991 wieder intensiver mit den Werken Lampas zu beschäftigen. Ein Grund für die Pause dazwischen ist sicher die Aufgabe der freischaffenden Tätigkeit mit der Wende (vgl. Kapitel 4.2.) und die damit notwendige Neuorientierung des Künstlers.

Im Juni 1991 erschienen mehrere kleine Meldungen über die Teilnahme von Brandenburger Künstlern an den Festwochen in der Partnerstadt von Cottbus, Grossetto. Diese Festwochen sind seit 16 Jahren alljährlich ein bedeutendes mittelitalienisches Kulturfestival mit internationaler Beteiligung. Das Motto war „Primavera Meremmana" (Frühling in der Maremmana). Die Brandenburger Künstler, Sigrid Noack, Bettina Winkler, Peter Bethke, Gerhart Lampa und Günther Rechn hatte der Präsident des Festivals, Fasco Tarsi, eingeladen. Er hatte als Teilnehmer an dem 8. internationalen Pleinair 1990 in Raakow die Einladung ausgesprochen. Die Künstler waren mit 50 Werken vertreten. Gerhart Lampa sagte dazu: „Es braucht wohl nicht erst besonders betont zu werden, dass frühere Einladungen erst gar nicht die Adresse der Künstler erreichten."

Es folgen Ausstellungen in München und im Saarland, Köln und Hildesheim (mit E. Böttger und D. Claußnitzer, K.G.), in der Galerie im Landratsamt Hoyerswerda und in der Commerzbank in Senftenberg. Von der Eröffnung der letzteren Ausstellung sollen einige Sätze des Künstlers zitiert werden:
„.... Der Künstler hob gegenüber der Rundschau hervor, dass gerade Banken und Geldinstitute ein unübersehbares Medium für Kunst geworden sind, ihr damit zu einem Platz verhelfen, der ihr zu kommt. In diesen nicht einfachen Zeiten, wo es vielfach um Überlebensfragen geht, sei es besonders bedeutsam, sich zum Anwalt künstlerischer, ethischer und ästhetischer Werte zu machen. ..."
Es folgt eine Ausstellung in der LAUBAG, im Foyer und im Barbarasaal, über die das Senftenberger Wochenblatt vom 21./22. Juli 1993 berichtet:

„... Kritiklose Abstraktionen lehnt Gerhart Lampa ab. Sein Credo ist das Bild als eigenständiges Kunstwerk. Er bleibt stets in der ablesbaren Welt. Lampas Bilder waren und sind auch heute durchaus politisch. Das hat ihm in der Vergangenheit nicht immer nur Freunde eingebracht. Aber auch jetzt hat eigentlich jedes Bild von ihm Doppelsinnigkeit bewahrt. ...
Diese Ausstellungen (die oben genannten in den alten Bundesländern, K. G.) haben aber einem sehr einseitig informierten Publikum auch gezeigt, dass hier in der Lausitz eine künstlerische Kraft besteht, die sich durch nichts hat einschränken lassen. ...“

Am 28. Oktober 1993 berichtet Renate Marschall in der LR über eine Ausstellung von Bildern in der Industrie- und Handelskammer Cottbus. Dieser Artikel mit bemerkenswerten Aussagen, sowohl vom Künstler als auch von der Redakteurin, ist im Kapitel 4.2. bereits zitiert. Über diese Ausstellung erschienen weitere Beiträge, so im IHK Report Nr. 12/1993.

Unter dem Titel “Ein nie nachlassendes Bedürfnis zum Malen“ wiederholt die Zeitschrift jenen Ausspruch Lampas in einem Fernsehporträt, in dem er sagte: „Ich würde alles tun, um malen zu können.“ ... „Fast täglich steht er - nach getaner Arbeit am Senftenberger Theater – an der Staffelei in seiner Wohnung, in der das Wohnzimmer das Atelier ersetzen muss. Dabei beherrschen wenige Themen Gerhart Lampas Werk....“.

Am 19. Mai 1995 wird im Informationszentrum der Lausitzer Bergbau-Verwaltungsgesellschaft mbH in Knappenrode eine Ausstellung von 32 Bildern Lampas eröffnet. Der Inhalt der dazu erschienen Presseartikel ist nahezu identisch mit den im Kapitel 5.1. zitierten Laudationes von Klaus Trende und Bernd Gork, so dass hier zwar das Nachlesen empfohlen werden kann, eine Wiederholungen sich jedoch erübrigt.

Am 22. Mai 1996 berichtet die LR über eine Ausstellung Lampas im Foyer der ESSAG in Cottbus. Der Beitrag stammt aus der Feder von Klaus Trende:
„Menschliche Irrungen aus der Natur geschält“ titelt Trende seinen Beitrag.
„Er weiß, dass er nie ankommen wird bei seinen Träumen. Immer ist es nur eine Näherung. Zuweilen in Bildern. Leuchtenden und dunklen, klaren und rätselhaften, erinnerten und geahnten. ... Sein Thema scheint auf den ersten Blick die Natur zu sein, die Lausitzer Tagebaulandschaft mit ihren Wunden und ihrem Lebenswillen. Aber lassen wir uns nicht täuschen; hinter all den Halden von Sand und Kohle, den Ockerfelsen und Waldschneisen lauert das eigentliche, der Mensch. Denn darum geht es Lampa; vermittelt über die Natur in das Geflecht menschlicher Irrrungen einzudringen, das dritte Auge zu entwickeln für die Wirklichkeit unter dem Abziehbild unserer Wahrnehmungen.
Mehr als zwei Dutzend Gemälde und Aquarelle dokumentieren insbesondere die künstlerischen Anstrengungen der neunziger Jahre. Da ist das Ölgemälde von der sterbenden Mutter. Ganz ruhig sagt er, dass alles fließe. Das heißt, die Veränderung ist unaufhaltsam. Also wozu Widerstand dagegen verschleißen? Besser scheint es ihm, das Gewesene aufzubewahren. Der Malgrund, vollends von grün und weiß beherrscht, die Mutter mit geöffnetem Mund auf einem Bett, der Sohn an ihrer Seite, gesichtslos, verloren für Minuten, und weit hinten am Bildrand wartet die schwarze amorphe Gestalt. Lampa verweigert sich der billigen Sensation. Wenn er den Schmerz angesichts des Todes nicht fassen kann, dann malt er ihn nicht, sondern lässt das Gesicht unterm weißen Schleier verborgen. Es muss in dieser Zeit wenigstens einen Ort des Rückzuges geben. Er ist in uns selbst. Und die Kunst benennt ihn. ...“

1997 stellt Lampa unter anderem in der Lautech Lauta und bei MAN Lauchhammer Werke aus. In Lauta sagt er u.a. : „Immer wenn ich eine Landschaft vor mir habe, suche ich im Kopf nach einer Formel dafür, nach einem Zeichen.“ Solche auf Leinwand und Papier festgehaltenen Zeichen – „Lebenszeichen“ – des Senftenberger Künstlers, schreibt die LR, bereichern seit gestern die Räume des Lautech-Gebäudes...
Und über die Ausstellung bei MAN schreibt die LR am 25. Februar 1997 u.a.:
... „Den Fluch der Gesellschaft auf devastierte Flächen scheint der Maler nicht zu teilen. Er wolle nicht nur Schönes malen, erklärt er. Was ist eigentlich schön? Es sei nicht unbedingt der dargestellte Gegenstand, die Landschaft oder der Mensch, der schön sein muss. Vielmehr sollen es die Bilder sein, die Schönheit empfinden lassen.
Entstanden sind die Aquarelle sowohl in der heimischen Umgebung – beispielsweise bei Reppist – als auch aus Eindrücken auf Korsika. ‚Zu Tausenden zieht es die Menschen auf Korsikas verbrannte Landschaft. Dort will man in ihr etwas Erhabenes entdecken', resümiert Lampa, um zum Angriff überzugehen. Warum sollen devastierte Flächen minder interessant sein? Es läge an den Menschen, auch für die hiesige Region eine neue Ästhetik der Landschaft zu entwickeln. ...“

Im Mai 1999 stellt Lampa im Schlossmuseum in Hoyerswerda aus und im Juli gemeinsam mit 9 Kollegen (Gerhard Benzig, Eckhard Böttger, Jan Buck, Dieter Dreßler, Günther Friedrich, Gerhart Lampa, Uwe Mücklausch, Hartmut Piniek, Günther Rechn, Fritz Tröger, Norbert Weinke) in der LAUBAG. Über beide berichtet die Presse.
Die in der LAUBAG gezeigten Arbeiten der 10 Künstler verbände, so der Laudator, Bernd Gork, trotz der Unterschiedlichkeit der künstlerischen Ausdrucksformen die gegenstandsbezogene Sicht auf die Wirklichkeit.
Im Schlossmuseum sagte Lampa in seiner Rede über seine Werke (LR vom 8.Mai 1999) u.a.:
„... ‚Die Muse und die Gewalt. Das ist es. Beide Element ziehen sich durch unser Leben. Damit müssen wir uns auseinandersetzen.' Gewaltiges und Inspirierendes, Angst und Liebe hinterlassen Spuren in nahezu allen seinen Bildern... Lampa geht auf einzelne Werke ein und beeindruckt dabei durch seine Offenheit, seine Bereitschaft, Persönliches preiszugeben. In jedem Motiv stecken eigene Erlebnisse und Erinnerungen, untermischt mit den zwei dominierenden Themen, der Gewalt und der Muse ...“.

Zahlreich waren die Reaktionen auf Lampas 60sten Geburtstag am 11. August 2000.
Wieder ist es Klaus Trende, der in der Lausitzer Rundschau den „Geburtstagsartikel“ schreibt. Und, es gelingt ihm, nicht nur den Maler, den Künstler und sein Lebenswerk bis dato zu würdigen. Sondern fein gibt er Einblicke in die Lebensansichten des philosophierenden Künstlers:

„Heute wird er 60. Und seit vier Wochen ist er Präsident des LionsClubs. Aber er weiß, dass in Wahrheit nur eins zählt; was übrig bleibt, wenn du alles streichst, wofür du von den Leuten beurteilt oder hofiert wirst: Renommee, Geld, Macht, Posten, Orden, Religion, Partei, Erfolge, Besitz, Wohlverhalten.
Seine Jahre lieferten ihm die Erkenntnis von der Vergänglichkeit der Scheinwerte. Er vertraut dem Irdischen, der eigenen Kraft, seinem Werk. Das sind seine Bilder. Das heißt, die Erzählung von seiner Geschichte. Denn Kunst ist nichts weiter als gestaltete Biografie. Also Unterwegssein. Was soviel meint, wie nach der Spur suchen, ohne anzukommen. Wofür dann gratulieren? Jedenfalls nicht zum 60sten. Denn das zu erreichen, ist für mitteleuropäische Breiten keine Leistung.

Es kommt auf das „wie" an. Und dazu, Gerhart Lampa, mit genussvollem Respekt und Zuneigung zu deiner künstlerischen und menschlichen Bilanz, Gratulation!

Als ich ihn vor ein paar Jahren nach seiner heimlichen Sehnsucht fragte, sagte er: **„Eine Insel, wo keiner rauf kann."** **Und was erhofft er sich? „Dass es dieser Insel niemals bedarf."**
(Hervorhebungen K.G.) Vielleicht bündelt sich gerade hierin die Formel seiner Arbeit, seiner Visionen, seines bisherigen Lebens. Mehr als die Hälfte davon verbrachte er in der Lausitz, im Braunkohlenrevier, an den energetischen Strömen, im Hautkontakt mit den Elementarkräften der Natur. Dies prägte sein Sehen und sein Denken. Keine süßen Illustrationen von der aufgebrochenen Landschaft, sondern die Erde im klaren Licht.

...Wie kann der Mensch innerhalb seiner Grenzen humane Zeichen im kosmischen Raum hinterlassen? Mit steinernen Illustrationen taucht der Künstler aus der Flut des Belanglosen, berührt die Wurzeln, hebt auf, bewahrt.
Fasziniert steht man vor Gerhart Lampas Steinsetzung am Gut Geisendorf. Architektur der Erinnerung an ein Dorf, das dem Tagebau in den nächsten Jahren weicht. Eine Reihung von Findlingen führt zum Steintor, eine Schar von Sichten öffnend für Größe und Lust an unserem Dasein. Lampa schafft ein überzeugendes Symbol für funktionierendes Gemeinwesen, an dessen Grenze der Blick ins Offene weist, durch einen schmalen, aber unverstellten Spalt. Gewinnung von Zukunft durch ein Denkmal, durch Aufbewahrung von Erinnerung an ein Dorf, das nach dem industriellen Zugriff an anderer Stelle neu entsteht, ohne die soziale Psyche des früheren aufzugeben. Kunst als die Fähigkeit festzuhalten, was flüchtig ist, Anker zu werfen im Chaos der Ideen und zerbrechlichen Werte.
Vielleicht ist es nur dies, das den Künstler auch am Beginn seines siebenten Jahrzehnts immer kräftiger treibt und freilich keine Ankunft verheißt: Alles zu sagen in einem einzigen Bild, das Unerklärbare bannen, die fliehende Zeit, ein verrinnendes Gefühl, eine wortlose Erscheinung, die Schönheit im Zeitraffer."

Die Wünsche einiger seiner Freunde, Kollegen und Partner wurden ebenfalls veröffentlicht. Sie sind alle wert, zitiert zu werden. Man sehe mir nach, dass ich nur jene zitiere, die mir am nahesten gingen. Der bereits mehrfach genannte langjährige Freund und Kollege, Eckhard Böttger und seine Frau Monika aus Finsterwalde schrieben: „Lieber Gerhart, wir wünschen Dir Liebe, Glück und viele weiße Tauben, die nicht müde werden." Warum berührt mich das so sehr? Weil ich weiß, dass beide Künstler sich versprochen hatten, eine weiße Taube fliegen zu lassen, wenn der andere den Weg in die andere Dimension gegangen ist.

In den Folgejahren erscheinen mehrere Artikel zu den Steinsetzungen, auf deren Wiedergabe an dieser Stelle verzichtet werden kann, weil sie überwiegend bereits im 6. Kapitel zitiert wurden.

Am 15. Juli 2003 bringt die LR einen Beitrag von Renate Hensel über die Sommerkunst-Werkstatt am Senftenberger See mit 24 Teilnehmern. Deren Kurs „Klassischer Holzschnitt bis zum Mehrfarbendruck" wird von Gerhart Lampa geleitet. Lampa weiß, „ ... dass hier mit den Teilnehmern dauerhafte Werte aufgebaut werden, die für den Einzelnen ein Identitätsgefühl schaffen, indem die eigenen Möglichkeiten ausgelotet werden. ..."
Im September 2003 wird eine Ausstellung von Gerhart Lampa und der Bildhauerin und Malerin Solveig Bolduan im Cottbusser Kunstmuseum von Klaus Trende in der LR vorgestellt, auf die

bereits an anderer Stelle eingegangen wurde. Im November 2003 findet in Senftenberg im Lisa-Cafe' eine Ausstellung von Bildern Lampas statt.

Am 6. April 2004 berichtet die LR über eine Ausstellung von Bildern Gerhart Lampas und Tonskulpturen seiner Frau, Barbara Seidl-Lampa in der Fachhochschule Lausitz in Cottbus-Sachsendorf. Erneut berichtet Klaus Trende u.a.:
„... Gerhart Lampa beherrscht die Kunst der knappen Bilderzählung, der wuchtigen Farbflächen und treffenden Sinnbilder. Korsika, Kain und Abel, der Park oder eine Düne sind uns nah und verwandt, aber auch vermenschlicht. Das heißt, Artefakte werden nicht zu Fakten erniedrigt. Meisterlich in der Komposition, sparsam in der Farbe gelingt sein jüngstes Bild. Abendlicht (Öl, 2004). Mit wenigen Strichen in Rot, Gelb und Braun öffnet er einen Horizont voller Geheimnis. Man will dahinter kommen, wissen, was diese Welt verbirgt, - denn der Maler weiß; wir müssen ihre Schönheit und Größe mit unseren Sinnen und unserem Wissen erkunden. Dieses Bild wirkt fort, ist gültig über den Tag hinaus; es macht wach, es atmet, es lebt, es hilft leben. ...".

Die „Lingener Tagespost" berichtet am 17. Januar 2005 über eine Ausstellung von Aquarellen und Ölbildern Lampas in der privaten Galerie des Ehepaares Wienand in Salzbergen.
„... Allerdings sind alle Bildkomponenten meist so weitgehend generalisiert, dass sie schon wieder als autarke Gestaltungsmittel auftreten. Flächen und Formen werden zu autonomen Bestandteilen des Bildes, tragen nicht mehr den Charakter der Ansicht, der Abbildung eines Landschaftsdetails in sich. Sie zeigen das Innere, das Wesen und mystische Inhalte des Abgebildeten und entzünden oft ein Feuerwerk von Farbbildern vor dem inneren Auge des Betrachters. ..."

Am 22. und 26. Oktober 2007 erschien jeweils ein Beitrag in der LR über eine Ausstellung im Gut Geisendorf unter dem Titel „Paarweise". An ihr beteiligten sich mit Malerei Gerhart Lampa und mit Plastiken Barbara Seidl-Lampa. Marschall schreibt in ihrem Beitrag am 26. Oktober u.a.:
„Ein Frühlingstag". „Der Blick weitet sich, gleitet über gelb-grüne Felder bis zum Horizont, wo Himmel und Erde sich treffen. Auf dem Weg dorthin und darüber hinaus unendlich viele Möglichkeiten des Seins. Des Freiseins. Nichts verstellt den Blick. Die Natur friedlich und mit sich im Reinen – und der Künstler offenbar auch. Klar sind in Gerhart Lampas Landschaften Farben und Bildsprache. Hier hat der Verstand das Gesehene bereits geläutert, auf das Wesentliche reduziert. Laotses Tao te King (Buch vom Sinn des Lebens) scheint in diesen Bildern aufgehoben. Einfachheit, Beschränkung und Wertschätzung der Natur, wie es im Katalogtext heißt ...".

Im Oktober 2008 ist Gerhart Lampa zu Gast beim zweiten Theatertreff des Fördervereins des Staatstheaters Cottbus. Ein Treffen, das wegen der schweren Krankheit Lampas vom Frühjahr auf den Herbst verschoben werden musste. Für die LR schrieb Klaus Wilke über dieses Treffen einen Beitrag unter dem Titel:
„ Das Lebens-Blau".
„Er malt wieder. Erleichterung ist in seinen Worten zu spüren. Mit Malen ist ihm Leben zurückgewonnen. Er müsse malen, er könne nicht anders, bekennt der 68-Jährige.
‚Zuerst waren es nur kleine Bilder bei meinem Neuanfang. Aber ich spüre, es geht voran.'

Der Maler Lausitzer Tagebaue, der nie ein Tagebaumaler sein wollte, hat nun seine Blicke über die Region hinaus gerichtet.

‚Die Tagebaulandschaft ist für mich als Bildgegenstand erschöpft.' Geblieben ist die Erinnerung an die Faszination, mit der sie ihm einst erfasst hatte. Er denkt an internationale Symposien, zu denen der Maler Dieter Dressler Künstler aus vielen Ländern in der Lausitz versammelt hatte. Ein Besuch ‚auf dem fremden Planeten vor der Haustür' stand immer auf dem Programm. Er erinnert sich: ‚Der Mensch hat sie mit Verstand und Kraft geschaffen. Dazu das Blau , das sich über alles hinwegwölbte und in der Landschaft immer wieder vorkam. Ein Hauch von Unendlichkeit breitet sich vor uns aus. An den Preis, den das kostete, dachte ich noch nicht. ...'
Sein Lebensblau sucht er weiter. In der Weite des Meeres, wie er es von der Insel Korsika aus gesehen hat, glaubt er es gefunden zu haben. ‚Dort, wo wir unsere Füße hingesetzt haben, ist es eine stille Insel, bewohnt von Menschen, die sich Stolz, Würde, Bescheidenheit und Liebenswürdigkeit bewahrt haben. Und dann das Blau des Meeres, diese unendliche Fläche!'..."

Gerhart Lampa auf einer Ausstellung in Bergisch Gladbach 1992

Vernissage auf Gut Geisendorf 20.10.2007
Von links: R. Marschall, LR; Dr. K. Trende; Prof. Lampa, Prof. B. Glück

Der philosophierende Maler

Wo viel Kunst, da ist viel Weisheit

Liebe Leserin, lieber Leser,

als die Entscheidung fiel, dieses Kapitel in die Biografie aufzunehmen, hatte es schon sehr viele Gespräche zwischen Gerhart Lampa und mir zu diesem Fragenkomplex gegeben. Vielfach berührten diese Gespräche ohnehin Fragen und Gegenstände, die ausgesprochen philosophischer Natur waren. Wir sprachen darüber und entschieden uns, trotzdem ein solches Kapitel in die Biografie aufzunehmen.
Nun beginne ich damit und stelle fest, dass es unvermeidbar war, insbesondere in den Kapiteln vier, fünf und sieben einige seiner philosophischen Ansätze, Gedanken, Erkenntnisse wiederzugeben, weil sonst deren Aussagekraft gelitten hätte. Das umso mehr, als sie Bestandteile von zitierten Laudationes oder Artikeln waren. Verwiesen sei z.B. auf die Laudatio von Klaus Trende anlässlich des 65sten Geburtstages des Künstlers oder den am Ende des 7. Kapitels zitierten Artikel von Renate Marschall. Andererseits liegt die Kassette mit den Aufzeichnungen des speziell zu kunstphilosophischen Themen geführten Gesprächs vor, ergänzt durch eine ganze Reihe von Aufsätzen, Beiträgen und Artikeln, die bei den Sichtungen des Nachlasses genau diesem Kapitel zugeordnet werden konnten. Diese Unterlagen sind es, auf die sich die folgenden Ausführungen in dem Bewusstsein des Vorgesagten konzentrieren werden.

In jenem Teil des Kapitel 2, der sich mit der Studienzeit Lampas in Dresden befasst, wurde auch seine Beschäftigung mit den Auffassungen des Malers Wassily Kandinsky erwähnt. Darauf wies auch sein ehemaliger Lehrer an der Pädagogischen Hochschule Dresden, Prof. Adolf Böhlich, im Gespräch hin. Insbesondere Kandinskys Buch „Über das Geistige in der Kunst“, (Benteli Verlag Bern, 1952, 10. Auflage), hatte es Lampa angetan. In der Tat finden sich in den von Kandinsky geäußerten Auffassungen und einer Reihe von Standpunkten Lampas weitgehende Übereinstimmungen.

In der Einführung zu seinem Buch schreibt Kandinsky auf S. 5/6: „Die Farbenpracht im Bilde muss den Beschauer gewaltig anziehen, und zur selben Zeit muss sie den tiefliegenden Inhalt verbergen. Ich meine darunter den malerischen Inhalt, aber noch nicht in reiner Form (wie ich ihn jetzt verstehe), sondern das Gefühl oder die Gefühle des Künstlers, die er malerisch ausdrückt:“ Es ist diese Erkenntnis, der Gerhart Lampa folgt, denn seine „Bilder und Steinsetzungen sind Zeugnisse von Denkdichtungen und Realitätsbewusstsein“ (Trende). Das gilt auch für die Erkenntnis Lampas, dass, wenn man vielen Künstlern ein und dasselbe Motiv malen ließe, jedes Bild dieses Motiv anders wiedergeben würde. Anders, weil das Motiv durch den jeweiligen Künstler, seine Anschauungen, Gefühle, Haltungen, durch sein “Inneres“ auf ganz originäre Weise gebrochen wird. Es ist jeweils eben „bildende Kunst“ und nicht „abbildende“.

Für Lampa galt, dass sein „ ästhetisches Gespür es ihm ermöglichte, Elementarteile unseres Lebens wahrzunehmen und in ihrem Wesen darzustellen". Das aber ist sehr verschieden von „abbilden". Das gilt auch angesichts der von Lampa ausgesprochenen Aufforderung an den Nachwuchs: „Bewahrt die Dinge des Alltäglichen und macht sie nicht kaputt, bewahrt euch selbst."
Kandinsky zitiert an anderer Stelle (S.10) Henry van der Velde: „Heute muss jeder Maler wissen, dass ein Farbstrich den anderen beeinflusst, nach bestimmten Gesetzen des Gegensatzes und der gegenseitigen Ergänzung, er muss wissen, dass er nicht frei nach Willkür damit verfahren darf. Ich bin überzeugt, dass wir jetzt bald eine wissenschaftliche Theorie der Linien und Formen erhalten werden." Als ich das las wurde mir bewusst, wie sehr Gerhart Lampa diese Erkenntnis lebte, sie in seiner künstlerischen Arbeit durchsetzte. Die Gestaltungen der Übergänge von Erde und Himmel etwa zeugen davon nachdrücklich.

Auf S.13/14 des Buches von Kandinsky wird aus einem seiner Artikel mit dem Titel „L`Art Concret" (Die konkrete Kunst) zitiert:
„Haben Sie bemerkt, obschon lange von der Malerei und ihren Ausdrucksmitteln gesprochen wurde, habe ich nicht ein einziges Wort über das ‚Objekt' gesagt? Die Erklärung ist sehr einfach; ich habe von den *wesentlichen* malerischen Mitteln gesprochen, das heißt von den *unumgänglichen.* Man wird niemals die Möglichkeit haben, ohne ‚die Farbe' und ohne ‚die Zeichnung' ein Bild zu schaffen, aber die Malerei ohne ‚Objekt' existiert in unserem Jahrhundert seit mehr als 30 Jahren. Also kann das Objekt in der Malerei angewandt werden oder nicht. Wenn ich an all diese Debatten um das ‚nicht' denke, ... so sehe ich die immense Kraft der als ‚abstrakt' oder ‚ungegenständlich' bezeichneten Malerei, die ich vorziehe *‚konkret'* zu nennen. ...
Im Impressionismus, im Expressionismus und Kubismus existieren keine Probleme mehr. All diese ‚Ismen' sind in verschiedene Schubfächer der Kunstgeschichte verteilt. Diese sind nummeriert und tragen ihren Inhalt anzeigende Etiketten. Und so sind die Debatten zu Ende. Es ist Vergangenheit. Aber die Debatten um die konkrete Kunst lassen ihr Ende nicht voraussehen. Um so besser! Die konkrete Kunst ist in voller Entwicklung, vor allem in den freien Ländern, und die Zahl der jungen Künstler, die an dieser Bewegung teilhaben, steigt in allen Ländern.
Das ist die Zukunft."
Auf S. 71 greift Kandinsky diese Gedankengänge erneut auf, präzisiert sie:
„Mit ausschließlich rein abstrakten Formen kann der Künstler heute nicht auskommen. Diese Formen sind ihm zu unpräzis. Sich auf ausschließlich Unpräzises beschränken, heißt sich der Möglichkeit berauben, das rein Menschliche ausschließen und dadurch seine Ausdrucksmittel arm zu machen."
Viele Berührungspunkte zu diesen Aussagen sind in Lampas Auffassungen zu finden. So hielt er nie viel von den „Ismen", blieb im Konkreten, natürlich gebrochen durch das Sehen und Erfassen durch den Künstler. Gerhart Lampa hat sich stets zu dem Grundsatz bekannt:
„Ein Bild ist eine Tat. Und ihr Sinn liegt darin, unsere Existenz immer aufs neue zu entdecken, um sie erträglicher **zu gestalten**." Damit macht er deutlich, dass ein Bild eine soziale Tat ist. Das ergibt sich u.a. daraus, dass seine Bilder die „innige Bindung von Subjekt und Realität" widerspiegeln. Die Gegenständlichkeit blieb ihm zeitlebens Grundsatz in seiner Arbeit. Er beherrschte die „Kunst, in der Natur Kunst zu finden". Bei dieser Aussage drängt sich das bereits erwähnte Zitat von Dürer auf: „Denn wahrhaft steckt die Kunst in der Natur...".
Sicher wurde Lampa in seinen Grundsätzen dadurch geprägt, dass er in der Folge der Dresdener Malerei und der Berliner Schule nahe stand, die die Natur und Auge als bestimmende Schaffenselemente betrachten.

Dagegen waren ihm modernistische Kunstströmungen der Gegenwart, denen genialistische Gestus wichtiger als der Inhalt war/ist immer suspekt. Er konnte darauf mit drastischen Vergleichen reagieren; etwa mit dem Feuerlöscher in der Kunsthalle, der als Kunstwerk ausgegeben wird oder ein Stück „verbogenes Blech“, „der brennende Müllhaufen“, die er fernab von jeglicher Kunst sah und deren Anerkennung als Kunstwerk er trotz aller Versuche, sie in der Öffentlichkeit als Kunstwerke zu klassifizieren, vehement ablehnte. Er verweist darauf, dass es nicht genügt, sich Künstler zu nennen, man muss auch Leistungsnachweise auf künstlerischen Gebieten erbringen. „Wer eine Binde um den Arm wickeln kann, ist auch noch lange kein Arzt“, erläutert er seine sehr verständliche Auffassung.

Kandinsky sieht drei notwendige Elemente eines Kunstwerkes. Als ich die Beschreibung dieser drei Elemente las, spürte ich geradezu körperlich, dass Gerhart Lampa nicht nur um diese drei Elemente wusste; er handelte danach, hatte sie verinnerlicht. Diese drei Elemente sind nach Kandinsky:

1. „Jeder Künstler (hat), als Schöpfer, das ihm eigene zum Ausdruck zu bringen (Element der Persönlichkeit).
2. Jeder Künstler (hat), als Kind seiner Epoche, das dieser Epoche Eigene zum Ausdruck zu bringen (Element des Stiles im inneren Werte...)
3. Jeder Künstler (hat), als Diener der Kunst, das der Kunst im allgemeinen Eigene zu erbringen (Element des Rein- und Ewig-Künstlerischen....)

So ist das Überwiegen dieses dritten Elements im Werke das Zeichen seiner Größe und der Größe des Künstlers. ...Manchmal (müssen) Jahrhunderte vergehen, bis der Klang des dritten Elements zur Seele der Menschen gelangen kann.“

Es ist die innige Bindung von empfindenden Subjekt und Realität in den Werken von Gerhart Lampa, die das Gewichtige in ihnen hervorhebt und die u.a. den Unterschied zu zeichenhaft expressiven Formen ausmacht. Das gilt auch für seine Steinsetzungen, in denen jeder Stein Erinnerung und Mahnung dessen bedeutet, was die Erde dem Menschen gegeben hat. Wie Gerhart Lampa in den Findlingen der Lausitz die Sinnbilder unseres Lebens entdeckt und sie künstlerisch gestaltet hat, entspringt der Verknüpfung dieser drei Elemente. Bilder und Steinsetzungen Lampas sind Zeugnisse von Denkdichtungen und Realitätsbewusstsein.

Seit seiner Kindheit, schreibt die Zeitschrift Akzente 1/99, haben Gerhart Lampa die Zeichen im Raum, in der Leere fasziniert. Sie gaben ihm eine Ahnung von den eigenen Grenzen angesichts des kosmischen Geschehens, der scheinbaren Maßlosigkeit von Landschaften, den tektonischen Größen. Wie kann der Mensch da humane und gleichsam kreative Spuren seiner Zeit hinterlassen, wie überhaupt für die Nächsten und deren Nachfolger zeigen, dass er da war, um für sie lebensspendende Impulse auszulösen? Fragen, die sich die Kunst heute kaum noch stellt, indes im Braunkohlerevier herausfordernd ins klare Licht rückt. Land-Art, die sich nur als Ersatz oder Selbstzweck präsentiert, so sagt Lampa, interessiere ihn nicht, das könnten die Bergleute oder Förster besser, weil ihr Werk funktioniere.
Der Künstler steht immer aufs neue vor der Aufgabe, die Sinne zu treffen, das heißt, die menschlichen Wurzeln zu berühren. Sie liegen frei, wenn das Vergangene sich in ihnen aufhebt, das heißt auch: aufbewahrt.

An verschiedenen Stellen seines Buches befasst sich Kandinsky mit einer Thematik, die ich auch bei Gerhart Lampa fand: Mit der Verwandtschaft der Künste, insbesondere von Musik und Malerei.
„Die Musik, die von der Natur äußerlich ganz emanzipiert ist, braucht nicht irgendwo äußere Formen für ihre Sprache zu leihen. Die Malerei ist heute beinahe vollständig an die naturellen Formen, aus der Natur geliehene Formen angewiesen. Und ihre Aufgabe ist heute, ihre Kräfte und Mittel zu prüfen, sie kennen zu lernen, wie es die Musik schon lange tut, und zu versuchen, diese Mittel und Kräfte in rein malerischer Weise zum Zwecke des Schaffens anzuwenden." (a.a.O. S. 55/56)
Wohl weil Malerei ihm Klang bedeutet, spricht er von Klangbildern und Musikbildern.
„Der musikalische Ton hat einen direkten Zugang zur Seele. Er findet da sofort einen Widerklang, da der Mensch , die Musik hat in sich selbst'.
‚Jedermann weiß, dass Gelb, Orange und Rot Ideen der Freude, des Reichtums, einflößen und darstellen' (Delacroix).
Diese zwei Zitate zeigen die tiefe Verwandtschaft der Künste überhaupt und die der Musik und der Malerei insbesondere. Auf dieser auffallenden Verwandtschaft hat sich sicher der Gedanke Goethes konstruiert, dass die Malerei ihren Generalbass erhalten muss. ...". (a.a.O. S. 66)

Das Verhältnis von Musik und Malerei erhielt in Senftenberg ab dem Jahre 2001 eine besondere Würdigung durch ein Projekt, das zunächst die Ausstattung der Unterrichtsräume der Musikschule mit Originalbildern heimischer Maler beinhaltete. „Eine freie Auffassung von Musik bzw. Ästhetik menschlicher Musizierausübung sollte zum Ausdruck kommen.
Die Künstler (Maler) reflektieren auf ihre Art und Weise den musikalisch tätigen Menschen oder setzen Klanggeschehen entsprechend künstlerisch um", so der Musikschuldirektor, Ernst-Ullrich R. Neumann im Begleitwort eines Kataloges. Achtundzwanzig Gemälde, Zeichnungen und Skizzen wurden von neun Künstlern als Dauerleihgabe zur Verfügung gestellt. Zum Geleit schrieb Gerhart Lampa:
„Die auslotende Suche nach Bildwahrheit hat es schwer im Angebot billigster Massen- und Unterhaltungskultur. Um so mehr, wo jedem Ding ein Marktwert übergestülpt wird.

Die in der Ausstellung Versammelten sind Künstler, deren Rolle nicht austauschbar ist. Jedes Bild ist einmalig, unverwechselbar, unnachahmlich.

In Musik, Malerei wie Literatur verkörpert sich die wohl einzige Freiheit, die dem Menschen geblieben ist. In diesen Künsten äußert sich der Mensch ohne äußeren Zwang, allein den Gesetzen der Form gehorchend wie der sozialen Psyche, die ihn prägt. Denn seit jeher wissen wir, dass **die Welt als Klang erfahrbar ist, dass dieser Klang Farben assoziiert und Formen erzeugt, die im Bild Gestalt werden** (Hervorhebung K.G.). Und so ist der Schöpfungsprozess, der sich an der reinsten aller Künste – in der Musik – widerspiegelt, ein idealer Gegenstand für einen Maler.

Aber welches Bild durch das Auge, die Sinne ins Herz gelangt, um dort weiterzuleben, ist eines jener beglückenden Geheimnisse, die nie gelüftet werden, die aber ein Werk zu einem Kunstwerk werden lassen, durch das ein Zweiter und Dritter Zugang durch eine Tür erhält, die ihm normalerweise verschlossen bleibt, auch wenn scheinbar alles erklärbar erscheint.

Die Öffentlichkeit braucht Werte, Wertbildung befördern ist eine Kulturleistung und Kunst auszustellen ist Werte in den gesellschaftlichen Raum stellen ...". (Hervorhebungen K.G).

Gerhart Lampa übergab die Gemälde „Fiedler“; 1997, Öl; „Musikstunde“; 1973, Öl und „Der Dirigent Bernstein“, 2007, Öl (siehe Kapitel5) als Dauerleihgaben. Zu dem Bild „Musikstunde schrieb er:
„Als Maler akzeptiere ich natürlich nur die wirklichen, unersetzbaren wie dauerhaften Werke der Kunst. **Die Musik ist eine Schwester der Malerei**, (Hervorhebung K.G.) verkörpert sie doch das Reich der Freiheit, wie es nur in den freien Künsten möglich ist.“
Zu dem Gemälde „Der Dirigent Bernstein schrieb Lampa: „Ich habe Leonard Bernstein kennen gelernt und durfte bei einer Probe dabei sein. Während dieser Probe fertigte ich einige Skizzen an, aus denen nach vielen Jahren dieses Bild entstand.“
Die Ausstellung war an mehreren Orten in Deutschland und Polen zu sehen.

In dem Nachlass von Gerhart Lampa fand ich ein Manuskript einer Rede, die er offensichtlich auf einer zweiten Ausstellung in der Musikschule gehalten hat:
„Mir wird heute die Ehre zuteil, eine Ausstellung zu eröffnen, die im deutschsprachigen Raum ihresgleichen sucht. Keine Musikschule ermöglichte es bislang, ein Ereignis dieser Art und in diesem Rahmen zu begehen.
Manch einer unter ihnen denkt wohl, die Musikschule müsse über enorme Mittel verfügen, sind doch Schätze zu sehen, die man nicht so leichthin erwirbt.
Die Ausstellung ‚Musikschule im Bilde’ – übrigens die zweite – täuscht darüber hinweg, dass jeder der 28 Künstler unentgeldlich seine Werke diesem Anliegen widmete. ....
Es ist üblich geworden, die Künste als Repräsentationsmittel zu wählen unter dem Vorwand, ihnen eine existentielle Tribüne zu gewähren. Wir wissen aber, dass es eine Illusion bedeutet. So wie jedes Werk einmalig und unnachahmlich ist, wird es doch nicht reproduzierbar, denn die originäre Leistung erfährt wenig Förderung, das wissen die meisten Anwesenden wohl einzuschätzen, die Künstler spüren es um so mehr....
Die kerngesunde ICH/BIN/DA Wahrheit hat heutzutage den Schock abboniert. Im schrankenlosen Selbstverließ der Kunst herrschen seitdem weltweit die Denker.
Ihr Interesse, die Kunstlosigkeit zu verkünden, ist klar; da nicht alles Kunstlose Kunst sein kann, haben sie allein das Sagen. Sehen Sie sich nur um in den großen Ausstellungen weltweit...
Jeder der Beteiligten brachte seine Welt der Farb- wie Formbilder in die Welt der Musikklänge ein und es wird beglückend sein zu erfahren, wie künftig die jungen Musiker durch die Kunstwerke Zugang finden werden in eine Lebenshaltung, die seit Jahrtausenden überhaupt erst Kunst ermöglichte als Widerspiegelung eines Prozesses, den wir nach Marx die zweite Natur des Menschen nennen und die einem Menschen erst seine Ganzheitlichkeit gewährt. Es ist nicht meine Absicht und nicht möglich, die Fülle an Bildwirklichkeit zu bewerten. Nur soviel sei gesagt, meine verehrten Künstlerkollegen:
Ihr lauft nicht in einer Meute von Besserwissern, die meinen, die Natur reduziere sich auf Bits und die Menschheit sei damit in der Lage, alle Rätsel des Lebens zu lösen.
Eure Kunst braucht weder Deuter noch wissenschaftliche Definition.
Sie bedeutet allein ein Rätsel, das sich weder einordnen lässt, noch beliebig bewertbar ist. Sie hat seit mehr als 30 000 Jahren jede Gesellschaft überstanden und wird es solange auch tun, wie die Menschheit existieren wird. ...“

Seine Aussagen über die Freiheit der Künstler und der Künste hat Lampa in einem Beitrag des Senftenberger Stadtboten im Juni 1999 relativiert:

„Der freie Künstler hat es auf dem freien Markt mit so vielen Abhängigkeiten zu tun, die mit der Unfreiheit der Persönlichkeit zusammenhängen, dass man von dem Begriff freie Kunst gar nicht mehr reden kann. (Hervorhebung K.G.) Kunst wird heute vom Markt bestimmt und wird in diese Richtung gedrängt ...“ Überhaupt, so der Stadtbote, sieht er das Verhältnis der Gesellschaft zur Kunst heute kritischer als vor der Wende. Trotzdem, er will die DDR nicht schön reden, die Misere sei ihm durchaus bewusst gewesen. Er gibt zu, als Teil des kulturellen Führungsgremiums die Vorteile damals erkannt, erfahren und genutzt zu haben. Trotzdem findet der Künstler ... es schade, dass eine Menge Kunstförderndes und Kulturtragendes untergegangen sei. Die jetzige Gesellschaft, so kritisiert er, ist in ihrem Wesen unfähig, geistige und künstlerische Prozesse zu befördern. Sie schaffe es gerade so, mit dem Erbe zu hausieren, aber sie bringt nichts dazu.

Die Einladung für die Ausstellung im Gut Geisendorf vom Mai 2000 enthält Selbstbekenntnisse des Malers, die den hohen Anspruch an die eigene Arbeit bezeugen:
„ Malerei ist eine Sprache der Sinne. ... eine Farbe, die mit unzählig anderen korrespondiert ..., einem Klangbild vergleichbar. So ist der Zauber guter Bilder Dichtung und Musik, am wenigsten Illusion. (Hervorhebung K.G.)
In der Malerei verwirklicht sich die Sehnsucht, dauerhafte Werte als Bild festzuhalten, aber sie ist auch ein Blick in die Tiefen des Unterbewussten. **Für mich ist die Kunst auch Heimat und Halt...** In Italien fühle ich mich wohler, doch hier, im Tagebau, bin ich zu Hause... Mit meinen Steinzeichen verbinde ich auch die Idee der Unsterblichkeit. Es sind Denk-Male, die mich überleben. Zeitlos wie die Natur, unser großer Lehrmeister.“

An anderer Stelle sagte Lampa: **„Malerei ist Sprache, da muss man sparsam sein.**“ Und so entwikkelt er seine Figur des Stürzenden, Fliehenden, jedenfalls bewegten Menschen, den Kopf geneigt, die Richtung unbestimmt. Lampa weiß von den Grenzen des einzelnen; **„man muss die Dinge verändern, aber für welche Idee?“** fragt er Hervorhebungen K.G.). Er ist ratlos und vertraut seinen Bildern, und den Freunden.

Im Kapitel 6 wurde aus dem sehr schönen, von Klaus Trende gestalteten Katalog „Stein – Zeichen“ zitiert und darauf verwiesen, dass ein in dem Katalog enthaltenes Gespräch zwischen Gerhart Lampa und Klaus Trende im Kapitel 8 wiedergegeben werden soll.

„Kostbares Abendlicht“, so die Überschrift des Gesprächs:

Kunst als gestaltete Biografie, - wie formt sie Dein Weltverhältnis, den Blick auf Mensch und Natur?
Sie ist eine meiner wesentlichsten Identifikationsformen, die sowohl historische Wurzeln dafür bedeuten, wo ich herkomme, als auch welchen Menschen ich begegne. Es war der freie Raum, in den ich ausweichen konnte, wann immer ich wollte.

Die Zeitgeschichte, das ‚Urgedächtnis' der Natur, spielt in diesem ‚freien Raum', in der Arbeit eine herausragende Rolle. Kann man Deine Idee von Kunst auf die knappe Formel ‚Glück' bringen?
Ich sprach von den Wurzeln: Das Land zwischen Elbe und Börde, seine Weite und einzigartige Schönheit. Ein Kindheitsmuster, das mir nie verloren ging. Und in den Bildern vollzog sich vielleicht das Festhalten dieser Erinnerungen, das mir im Schaffensprozess Glück bedeutet.

Klarheit und eine kräftige Sehnsucht nach den einfachen Dingen des Lebens sprechen aus vielen Deiner Bilder, aus den Farben und Formen. Erzähl' etwas von Deiner Arbeitsweise, Deinen Träumen...
Du fragst nach meinen Träumen und den ungezählten Bildern über sie. **Eine Linie, die Himmel und Erde definiert, bildet bereits einen Klang, der ein Spannungsfeld immer weiterer Klanggebilde schafft – der Musik vergleichbar.** Eine Form, schon als Baum oder Gestalt, kann die Erregung bringen, die dich wie andere berührt. Doch sucht man sie nicht; sie wird erlebt. Ja, das ist eines der beglückenden Geheimnisse, die nie gelüftet werden. Mit Worten ist es nicht getan, - dann müsste ich nicht gestalten. Doch **solange ich bewusst lebe, wehre ich mich gegen gestalterische Beliebigkeit, gegen abstrakten Barock und manieriertes Stil-Ende.** (Hervorhebungen K.G.)

Steine der Eiszeit waren für Dich eine große Entdeckung am Beginn der neunziger Jahre. Mittlerweile sind von Dir in der Lausitz mehrere Installationen mit diesen Zeitzeugen der Erdgeschichte entstanden. Was reizt Dich an dem Material, den Sinnbildern von Zeit und Vergänglichkeit?
Steine lernte ich auf dem Gut der Großeltern kennen. Aber das Raumerlebnis ‚Stein', seine gestalterischen Möglichkeiten erlebte ich auf der Halbinsel Hombroich im Kölner Raum. Während der Studentenwochen mit jungen Leuten der Technischen Universität Dresden und den Architekten Hannelore und Wolfgang ‚James' Joswig entstanden viele meiner Entwürfe, die zufällig Professor Kurt Häge sah. Das war die Lösung: Installationen mit sozialem Anspruch, Denkmal, Erinnerungsmal! Ein Glücksfall, wenn einem Menschen begegnen, die Ideen durchsetzen können...

Solche Ideen suchtest Du in England, Frankreich und Italien, warst auf den Spuren Jahrtausende alter, berühmter Steinsetzungen. Was empfindet man da?
Seit Jahrtausenden vollbrachten unsere Vorfahren Anstrengungen, die einen intakten kollektiven Willen beweisen. Sie wollten sesshaft sein und überlebten. Mit den Steinen brachten sie das zum Ausdruck, weltweit. Bewunderung bedeutet mir gleichsam auch Erkenntnis, wie fragwürdig Fortschrittsdefiniton ist. Die Menschen waren weder unterentwickelt noch historisch unreif. Sie waren lediglich anders als wir; und dort ahne ich Ansätze einer positiven Kreativität. Dort fing der Mensch an, zivilisiert zu werden. Das gab mir Energie und das Gefühl, ein wenig beizutragen zu deren Leistungen.

Du sprichst von den Generationen vor uns. Bei der Arbeit zur Steinsetzung ‚Sonnenuhr' auf Gut Geisendorf 2004 hast Du Dich mit germanischen Götter- und Heldendichtungen des 13. Jahrhunderts beschäftigt. Gibt es prägende Orientierungen?
Ja, die prägenden Orientierungen sind auch kindheitsimmanent. Die heute verdrängten Nationalepen aus den Traditionen der Völker müssen wieder einen Platz finden im Bewusstsein der Nationen. Jedes Volk besitzt seine Identität; und das braucht unser Volk im Reigen der Europäer als gleich unter Gleichen mehr denn je. Wir müssen begreifen, dass wir Träger einer Tradition sind, die nicht austauschbar ist. Amerikanisierung ist unser Trauma.

Das Trauma schafft ja der Mensch selbst. Er ist bei allen Deinen Bildern und Stein-Zeichen mitgedacht – ob im Dialog von Kain und Abel oder als ‚kollektives Bewusstsein' des Volkes. Wie beeinflussen menschliches Verhalten und aktuelles Zeitgeschehen Deine Arbeit?
Tatsächlich braucht unsere Welt dieses kollektive Bewusstsein zum Überleben. Allerdings wäre alles Trachten ohne Hilfe der Träger der Gesellschaft nicht denkbar. Aber ein Bild ist ein Bild. Was jeder daraus macht, entzieht sich dem Künstler letzten Endes.

Was meinst Du, kann der Künstler das ‚Naturschöne' übertreffen?
Niemals, denn wir sind lediglich Teil der Natur. Marx bezeichnete Kunst als zweite Natur des Menschen. Das sagt alles; und was ein Künstler mit welchen Mitteln daraus wählt, ist immer aus dem eigenen Weltverständnis heraus entstanden. Das sogenannte ‚Nichts' in der Kunst mag manchem Zeitgenossen wichtig erscheinen, doch berührt es keine der emotionalen Schichten des Bewusstseins.

Den Veränderungen der Landschaft in der Lausitz durch den Braunkohletagebau ist eine Deiner wichtigen Werkgruppen gewidmet. Welche künstlerischen Konflikte sind zu bestehen im Spannungsfeld von Natur und Industrie, jenem januskopfigen Wesen menschlicher Entwicklung?
Das war für mich kein Konflikt, wenngleich ich wahrnahm, was in der Lausitz passiert. Als ich 1961 in Schwarze Pumpe ankam, interessierten mich die Dimensionen der ‚Wüste' und das Abenteuer inmitten der Schlote und Brücken, das unbeschwerte Miteinander der Frauen und Männer. Selten vernahm man die Mahnung, was man verlieren kann oder bereits verloren hatte.

Sprechen wir von einer solchen Stimmung; ‚Abendlicht' heißt eines Deiner suggestiven Landschaftsgemälde von 2004. Es scheint ein Geheimnis zu bergen, einen Subtext, der stark fühlbar, aber nicht sogleich lesbar ist. Absicht?
Das Abendlicht ist wohl intuitiv die Vorahnung eines Abschieds, der Gestalt angenommen hat, Beschäftigung mit dem Tod, wer weiß... . Es ist nicht der klare Himmel, es ist letztes Licht und deswegen so kostbar. Vielleicht auch die Sehnsucht nach einer anderen Welt...?

Ein Wort zur Liebe. In sensiblen Aquarellen hast Du Mann und Frau einsam, jedoch nicht isoliert, in die Natur gezeichnet. Ändern sich Rang und Bedeutung menschlicher Beziehungen im Alter? Und wie beeinflussen sie das Werk überhaupt?
... Schön und schwierig zugleich. Ja, - die Liebe durchzieht all meine Arbeit; Glück und Abschied, Berührung und Erinnerung. Ich hatte das Glück, viel Liebe zu erfahren. Die Liebe ist wohl der Schlüssel zu einem erfüllten Leben.

Seit der Jahrhundertwende hältst Du Dich oft in Korsika auf. Ist das ein Fluchtpunkt?
Korsika ist meine Oase, seit ich es zuerst erlebte. Seine Menschen sind wie die Landschaft, erhaben und stolz, von trauriger Schönheit. Wenn ich die Insel betrete, beginnt ein anderes Leben. Allerdings immer nur begrenzt... .

Bleiben wir bei diesem Leben: Wolltest Du eine stenografische Zwischenbilanz Deines Künstlerlebens geben, wie sähe sie aus, was ist gelungen, was noch unbewältigt, was mag noch kommen?
Wer weiß, ich hätte es wiederholt, - die Unabhängigkeit, wiederholt die Schritte auf dem Weg zur Einmaligkeit, wiederholt die wohl einzige Freiheit, die ein Mensch haben kann. Ich habe getan, was ich konnte und wollte. Was noch kommt? Ich sage ja,

Deine Lebensmaxime fürs Bestehen in der eigenen Zeit?
Beharrlichkeit ist eine Tugend der Kühnen und die Kraft eines langen Atems, - Worte meines Grovaters, die ich nie vergessen habe.

Geisendorf, im April 2005

Im Kapitel 5 sind einige der vielen Laudationes, die **über** Gerhart Lampa geschrieben wurden, zitiert worden. Viele **Laudationes, die von Gerhart Lampa** zu den Werken von Kolleginnen und Kollegen geschrieben wurden, enthalten philosophische Betrachtungen des Künstlers. Es ist unmöglich alle diese Laudationes, die überwiegend handschriftlich vorliegen, zu zitieren. So will ich mich auf einige beschränken und beginne mit der Laudatio **für den Freund und Malerkollegen Eckhard Böttger** anlässlich einer Ausstellung in der Neuen Bühne Senftenberg.

„Wider die Beliebigkeit" ist der Titel dieser Laudatio.

„Ein Grundirrtum des klassischen Denkens" schreibt Lampa. „stellt sich in dem berühmten Satz von Descartes dar: Ich denke, also bin ich. (Cogito ergo sum.) Er ist erweiterbar für das Werk Eckhard Böttgers: Ich bin, in dem ich teilnehme.
Das sinnfällig -Erfahrbare der sichtbaren Welt der Bilder hat es schwer gegen die ultima ratio der Wahrnehmung durch die Abstraktion, deren totaler Intellektualität ein emotionales Defizit folgt.
Böttger wehrt sich gegen die Beliebigkeit, seine Bilder bleiben wahrnehmbar figürlich, er bewegt sich auf einer Grenze, aber er überschreitet sie nicht. Dort beginnt für mich die Meisterschaft, hier beherrscht er den Raum, den er nie verletzt. (Hervorhebung K.G.)
Für sich selbst findet er für das Unbegreifliche Modelle, die er nach sinnlichen Empfindungen malerisch abtastet.
Mich haben diese neuen Arbeiten betroffen gefunden. Neidlos habe ich mich zwischen der ungeheuren Spannung bewegt, die diese Bilder auslösen. Vielleicht erfährt es nur ein Maler. Und ich glaubte, den Malerfreund längst zu erkennen.
Ich weiß, wie schwer es die auslotende Suche nach Bildwahrheit im Angebot billigster Massen- und Unterhaltungskultur hat, aber Malerei war immer schon nur wenigen zugänglich.

Nicht von ungefähr geschieht es, dass größere Vorbehalte heute allem Sinnfälligen – Erfahrbaren gegenüber existieren.
Eckhard wehrt sich mit Harmonie, deren Schönheit, Klang und Gegenklang aus dem Widerspruch kommt.
Er wehrt sich mit einem ständig gegen die historisch-politischen Grundmächte gerichteten Befreiungsvorgang in frei wie streng gesetzlichen Formen. Und entgeht dem Vorgang der Stilerschöpfung der Moderne. ...
In Eckhard Böttger vollzieht sich einem Gesetz gleich, was er mit einigen seiner Generation teilt: der Wille zur figürlichen Form. Mir scheint, dass Böttger seinen Gegenstand in den Konturen kennt, er hat ihn gefunden, er ist weit von dem letzten Credo der Moderne entfernt, alles ist Kunst und deren einzige Leistung der Epigonen; die Übertreibung der Form ins Format.
Trende bezeichnet Böttgers Arbeiten für die deutsche Kunst bemerkenswert . So ist es, in zupakkendem Ausdruckszwang seine Landsuchenden – wessen Land ist das Land. Kein Mitleid, Farbe assoziiert Verlust, aber Teilnahme.
Auch da ich die Freiheit der Kunst empfinde, ist das existentielle Dilemma des Künstlers in dieser Zeit ablesbar.
Neugierig bin ich, wohin führt ihn sein Weg, vieles ist ihm möglich. ..."

Die Lausitzer Rundschau hatte Lampa anlässlich der 12. Kunstausstellung gebeten, den Lesern einige besonders interessante Exponate nahe zubringen. Der erste Beitrag erschien am 21. Oktober 1989.

„Es ist gut, dass man Bilder andrer mag,“ schreibt Lampa „und das nicht, weil es gute oder schlechte Bilder sind. In dem Maße, wie uns Selbstbewusstsein auszeichnet, verpflichtet uns Toleranz im Umgang miteinander.
Denken in Bildern – hier gibt es keine Maßstäbe außer den wohl sehr individuellen. Die vielen Fachmeinungen haben mitunter mit den Bildern wenig im Sinn. Die Definitionen von Beliebsam- oder Bedeutsamkeit von Kunst überlasse ich der Kunstwissenschaft. Sie weiß, was richtig ist, denn sie überschaut die Gesetzlichkeit in der Kunst.
Ich aber, der Maler, der Kunstmacher, interessiere mich nicht für die Gesetze. Ich habe meine eigenen, weil Kunst immer die eigenen hat. Jedes Bild ist sein eigenes Gesetz, ein Gesetz, das immer einmalig und unwiederholbar ist, was immer dasselbe ist. Ich werde es dennoch versuchen, einige Kollegen vorzustellen, ich bin mir des Risikos sicher, das ich damit eingehe. Wertungen sind selbstverständlich lächerlich, die ausgewählten Kollegen wie die anderen mögen mir verzeihen.
Ich halte allein für wichtig, dass jeder seine Wahrheit verwirklicht. Viele Gesichter hat die Wahrheit, auch äußert sie sich allein im Bild als Malerei, Plastik, Grafik. Über Kunst wissen überdies am besten die Künstler Bescheid, es wurde auch am besten verstanden. Denn nur sie kennen die Lust dieser Arbeit, ihre Faszination, aber ebenso Resignation und Niederlagen. Und nur die Künstler wissen wirklich, dass jedes Bild, das nicht gemalt wird, niemals gemalt werden wird.“ (Hervorhebungen K.G.)
Eine Woche später schreibt Lampa: **„Das künstlerische Schaffen verlangt seinem Wesen nach bedingungslose Freiheit in der Wahl seines Sujets. Niemand hat das Recht, einem Künstler Sujets aufzudrängen, und er ist nicht berechtigt, sich danach zu orientieren**. (Hervorhebung K.G.)Wenn man will, ist Kunst immer Polemik darin, die menschliche Erst- und Einmaligkeit organisch werden zu lassen. Nichts weiter als das Sinnbild fürs Überleben und Weiterleben zu schaffen, aber auch als Mahnung dessen, was uns verloren gehen kann. Das erfordert Besessensein.
Eine, der das seit Anbeginn ihrer Arbeit passierte, ist Elke Riemer-Böckelmann (ERNA) ...“

Am 9. Dezember schreibt Lampa in der LR zu Scheuerecker: „Weiß und Schwarz, das sich Berühren zweier Endpunkte, hinter denen gibt es nichts mehr. Hans Scheuerecker nimmt das wörtlich. Die Konsequenz zwischen ungezählten Nuancen der Malerei. Was ist Malerei, was ist Grafik? Ich weiß es nicht. Die Grenze wird überschritten und aufgehoben. Sie ist unwichtig. Es gibt keine Grenzen zwischen den Gattungen, es hat jeder mit sich selbst auszumachen. Dies aber ist seine künstlerische Wahrheit, sie konnte nicht anders und nur durch Hans so formuliert werden. ... **Bemühungen, Bilder als Stufen von Fortschritt und Rückschritt in der Kunst zu erklären, hat jahrelang verhindert, Arbeiten überhaupt zu verstehen.** Ich vergesse nicht, dass unsere Kenntnisse und Sichtweisen über sehr enge Kulturbegriffe noch nicht hinausgekommen sind. Darum orientieren wir uns und versuchen eine Wertung zu finden nach dem bekannten Muster: Hinter der Mauer kann es nichts geben, weil ich nichts sehe ... Für mich verbindet sich mit dem Grad der Aneignung jeder Kunstform eine unendliche geistige Freiheit, sie ist unserem Selbstverständnis so wichtig: Die Spanne zwischen einem Anfang und einem Ende. Die weiße Fläche oder der schwarze Raum. Welches Maß an Toleranz leiste ich mir gegenüber? Es hängt auch mit der inneren Freiheit eines jeden zusammen.“
Am 16. Dezember schreibt Lampa zu Günther Rechn's liegendem Akt: „Ohne Umstände – Günther Rechn nennt die Dinge beim Namen.
Seine Bilder sind geradezu gesehen und zupackend gemalt ...
Der einzige gemalte Akt hat ohnehin meine Freude erweckt, vor allem die Sicht: Das ist natürliche

Lust, die zu uns gehört wie die Luft zum Atmen! Offenheit ist nicht frivol. Die Liegende indessen ist keine Magazinschönheit, sie liegt posenlos und animalisch. Das Bild mahnt mich auch an eine Verletzbarkeit des Weiblichen, gerade deswegen berührt es mich. Das Plebejische tut wohl, ... Mitunter hört man, das vielen ablesbare Bilder gelte nichts mehr. Die Art zu sehen wird in den letzten Jahren verdächtigt, nicht ‚innovativ' zu sein. Mir ist allerdings aufgefallen, dass der Begriff Innovation für alles herhalten muss, was ohnehin aus einem natürlichen Prozess kommt. Das wäre gewiss gut, gäbe es nicht übergangslos plötzlich nur noch Neues, die alleinige Berufung darauf schließt ja schon wieder ein Dogma ein ...".

Im Nachlass Gerhart Lampas befinden sich u.a. Laudationes für Ausstellungen von Bernd Winkler, Frank Merker, Günther Friedrich, Georgios Wachopolus, Ernst Sauer ... die Trauerreden für Margo Wendt, Heinz-Karl Kummer ... Auf sie alle im Rahmen dieses Buches einzugehen ist nicht möglich. Vielleicht widmen sich andere Publikationen dieser und weiterer ausgesparter Details.

Aus zwei handschriftlichen Aufzeichnungen, deren Zweck, Adressaten und Datum der Niederschrift leider nicht ermittelbar waren, soll zum Abschluss dieses Kapitels wegen ihres sehr beachtenswerten Inhalts zitiert werden. Die erste vierseitige Aufzeichnung trägt die Überschrift: „Wesen und Erscheinung".
„... Wagner sprach über die Erfolge, Erfolge, die es in sich haben.
Wer aber redet über Niederlagen, unsere, meine, Eure ... die uns hindern?
Reden sollte ich, wie ich beitrage als Bildkünstler – ich verstehe mich schlechthin als einer unter anderen – bei der Heranbildung von Persönlichkeit. Und ich kannte doch den Prozesscharakter der mich ohnehin ständig wandelt, aber der gemessen werden kann – in unserem Fall – durch gemäße Handlung im Umgang mit der Kunst.
Über den Begriff ‚Sozialistischer Realismus' schweige ich mich besser aus, diese Sache ist ausdehnbar als ein Programm, unter dessen Fahnen inzwischen alles machbar ist – zufällige Äußerungen einbegriffen, die auch eine Neuauflage des Märchens von des Kaisers neuen Kleidern impliziert.
Ich bin einer der sich einbildet seine Kunst zu machen und der ein ganz spezifisches Publikum hat.
Aber ich hätte die Frage gestellt an die Anwesenden: Notwendig müssten jene darüber reden, die es angeht. Jene an der Kunst Unschuldigen, die sie aber finanziert. Wir machen unsere Arbeit ohnehin, ob gewollt oder nicht ...
Kunst wird aber erst durch beide möglich.
Wie geht es weiter? Denn hier zeigt sich die eigenartige Aufrechnung von Investition zum Ergebnis, das ich als Produkt sehe einer Arbeit, die wie gesagt, immer geleistet wird.
Hat die Investition ausgereicht? Woran kann das eigentlich gemessen werden? Das betrifft doch alle Genres – den Schlager vielleicht nicht...
Sind da nicht die Fragen nach den vielen Konzeptionen, die geschrieben wurden...
Was ist aus ihnen geworden, woran wird gemessen, ob sie nützlich waren?
Werden da nicht Fragen drängend, ob jede Kunst für jeden gut ist und wenn, welche für wen?
Oder ist nicht auch notwendig die Frage, ist das Selbstverständnis, mit dem man Kunst als sogenanntes Lebensmittel benutzt – das ist stets leichter gesagt als getan – wirklich selbstverständlich? Ein solches Selbstverständnis ist nicht vorhanden, wenn es nicht erworben wird. Das ist so anstrengend wie die Aneignung einer Sprache, oder eines philosophischen Systems oder eines akademischen Grades. Wer aber meint, das geschieht so ganz nebenbei, der wird seine Rechnung quittiert bekommen wie wir sie erhalten haben. ...

Oder wird allen Ernstes geglaubt, und also nicht gewusst, mit hingehängten Bildern in irgendwelchen Räumen an irgendwelchen Wänden sei der Anspruch zu erfüllen, den eine Klasse besitzt. Ich denke aber, hier ist die Wurzel der Entmündigung. Ich sage das, weil es eine Beobachtung ist, als wäre Kunstpropaganda eine Sache für wenige. ...
Und ich übertreibe nicht einmal, dass mit der Vielzahl neuer Bildinhalte, anderer kreativer Bildsprachlichkeit, die nahezu gesetzmäßig vor sich geht ... die Mehrzahl überfordert und nicht auf die Aufgabe vorbereitet ist Also wie Blinde in einem Stummfilm werden sie demütigenden Zeremonien hochspezialisierter Wissenschaftler ausgesetzt, den sie sich schlicht durch Ablehnung entziehen. Ablehnung des Einzelnen in der Kunst zieht aber oft Ablehnung des Ganzen nach sich. Hier gibt es keine konstanten Größen. Statistiken über Besucher ... sagen gar nichts.
Das Maß des Möglichen ist gefragt, das Machbare ..."

Zur zweiten Aufzeichnung:
„Eine in dieser Weise geforderte Aufstellung sogenannter wichtiger Werke der letzten Jahre ist aus der Fragestellung heraus fragwürdig. Sie berührt einen ausgesprochen individuellen Standpunkt desjenigen, der die Frage beantwortet und behauptet dann noch, objektiv zu sein.

In der Regel sind die utilitären Aspekte entscheidend, nicht die künstlerischen. Die utilitären aber sind ablesbar als Ergebnis der letzten Ausstellungen und der Kataloge der Ausstellungen.
Und weil sie es sind, können natürlich die Auffassungen nicht übereinstimmen zwischen einem Fachgremium eines Verbandes und staatlicher Institutionen im einzelnen Fall. Einig ist man sich in der Bewertung der Tendenzen, wie sie dann solche ‚Regie-Ausstellungen' der 11. Bezirksausstellung und der Show ‚Bekenntnis und Tat' trotzdem sichtbar macht.
Es ist also ein Irrtum, der in jeder Beratung herangezogen wird, dass die Vorbereitung auf die X. den Beitrag (unseren) bestimmt. Wir haben nur verfügbar, was geschaffen wurde, aber wir können bestenfalls manipulieren, indem wir ganz bestimmte Bilder wählen. Das allerdings hat mit der Arbeit des Verbandes nichts gemein, es ist nicht unsere.
Es sind zwei Funktionen durch zwei Seiten zu erfüllen, hier muss fein säuberlich getrennt werden bei aller Freundschaft zwischen Staatsapparat und freiberuflichen Künstlern. Wir haben unsere Aufgabe oder gesellschaftliche Pflicht erfüllt ...
Wir sind gerade dabei, uns zu Vollzugsbeamten zu entwickeln."

So schließt sich der Kreis von einem Künstler, dessen ästhetisches Gespür ihm ermöglichte Elementarteilchen unseres Lebens wahrzunehmen und in ihrem Wesen darzustellen und dem philosophierenden Maler, der die Welt und die Existenz der Menschen stets neu entdeckte, erfasste, interpretierte, um sie vermittelt über seine Kunstwerke, erträglicher zu gestalten.
Er ist seinen Lebensauffassungen unbeirrt bis zu seinem Tode am 6. Januar 2010 gefolgt, hat sich noch im Dezember 2009 seinen Studenten gewidmet und am 19. Dezember 2009 noch an dem ersten Weihnachtlichen Kunstsalon im Rathaus Senftenberg mit Bildern von ihm teilgenommen.

Ich möchte den Epilog mit dem Lieblingsgedicht von Gerhart beginnen.

Auseinandergehen

Morgen werde ich aus deiner Wolke steigen
Und dich in den Himmel weiterschwimmen lassen
Deinen Brüsten noch mal winken, wenn der Wind sie freigibt
Und den Kopf wegdrehn, eh deine Tränen kommen

Ach, ich weiß: Nun wirst du schlechter segeln
Und die ersten Tage nur ein müder Regen sein
Und dein Bett wird niederstürzen als ein kalter Schnee
Und dein Lachen wird mich wie zerzauster Hagel treffen

Und ich werde manchmal noch nach oben schauen
Ob nicht noch ein Stückchen blaue Freude in dir ist?
Nur wenn ich dein Trauern spür in den Gewittern
Fragen: bin ich ganz umsonst bei dir gewesen?

Volker Braun

Abschied in der Wendischen Kirche

Rede des Freundes, Hans – Peter Rößiger

Gerhart Lampa – ein Vermächtnis

Am 19. Dezember 2009, im Rathaus Senftenberg, der 1. Weihnachtliche Kunstsalon, dabei Arbeiten von Gerhart Lampa. Der Künstler selbst anwesend, unsere letzte persönliche Begegnung, wie ich heute weiß. Die Spuren seiner Krankheit sind längst sichtbar. Er selbst zeigt eine Haltung, womit er nicht Mitleid, sondern Achtung erfährt. Ein tiefer Blick, Freude des Wiedersehens, eine leichte Umarmung, gute Wünsche für das zu erwartende Fest.

Am 2. Januar ein Telefonat ins hiesige Krankenhaus, wo ich meinen, wo ich unseren Freund mittlerweile wieder weiß. Gemeinsame Wünsche für ein gutes Jahr, ich wünsche ihm vor allem bessere Gesundheit und gemeinsam nehmen wir uns vor, seinen 70. im August prächtig zu feiern. Hoffen und Bitten.

Dann, am Morgen des 6. Januar, der Anruf von seiner geliebten Frau Barbara:
„Gerhart ist eingeschlafen."

Fassungslosigkeit wandelt sich schnell in Schmerz und Trauer.
Trauer um den Verlust eines wichtigen Freundes, eines wunderbaren Menschen, der er für sehr viele war. Eines hochbegabten, welcher im Leben immer das Schöne suchte, es oft im Einfachen fand, uns an seiner Entdeckung vielfältig teilhaben ließ.

Wer ihm nahe war, sah die Wunden, welche die heimtückische Krankheit ihm schlug und bewunderte seinen leidenschaftlichen Kampf eines Weiterlebens in Würde und der ihm gegebenen Größe. Nie kam ein Wort des Klagens über seine Lippen, nie erfuhr man Verzweiflung über jenes wohl nicht Abzuwendende, stattdessen immer in der Größe seiner selbst, edel und aufrecht.
Gerhart Lampa wusste, dass der Tod zum Leben gehört. Oft schon hatte er dies bei Freunden und Verwandten erfahren, hat sie gemalt in ihren letzten Stunden, so auch die eigene Auseinandersetzung damit suchend. Und doch, die Erkenntnis des zu erwartenden eigenen Abschieds wiegt ungleich schwerer. Da helfen nur unzerstörbarer Lebensmut oder die Größe des eigenen Charakters. Gerhart hatte beides.

Und er hatte seine Barbara, welche ihm Ehefrau, Geliebte und Atelierkollegin gleichermaßen war. Sie, die das gemeinsame Leben mit Gerhart immer als etwas Besonderes empfand, hat ihn, als die Krankheit nicht mehr abzuwenden war, liebevoll und fast unmerklich gestützt.

Aber seine Liebe, seine Gedanken waren auch immer bei seinen Kindern Anne, Barbara und Thomas. Immer wieder, wenn ich Gerhart Lampa in seinem Atelier besuchte, begann er sehr bald mit sichtlichem Stolz von seinen Kindern zu erzählen. Seine eben noch so ruhige Art des Gespräches erfuhr dann plötzlich eine Lebendigkeit, welche diese besondere Liebe zu ihnen auch für jeden anderen sichtbar werden ließ. Einen großen und verinnerlichten Stolz auf seine Kinder, auf das von ihnen gelebte Leben. Seine Augen hatten plötzlich ein großes Leuchten, wenn er in ungewöhnlichem Temperament über berufliche Entwicklungen oder räumliche Veränderungen, über Abschlüsse und Neuanfänge der Kinder berichtete.

Dann irgendwann die Fotos der Enkelkinder. Da wurde der Souverän plötzlich zum liebevollen Großvater. An der Wand im Atelier erste Malversuche des Nachwuchses, von Gerhart bewahrt – vielleicht Eigenes darin suchend.
Und immer wieder Geschichten aus Kindheit und Jugend, von der geliebten Mutter, dem Bruder Heiner, mit welchem er zu gerne durch die Elbauen streifte und seiner Schwester Therese. Sie alle waren ihm stets nah und lebenswichtig.

Wenn dieses Haus heute voller ist denn je, so ist dies vorderst Beweis eines gemeinsamen großen Verlustes.

Gerhart Lampa, der Maler, Ehemann, Vater, Freund, Professor, der Menschen-Freund aus innerster Überzeugung. Er, ein Wissender um die Beiderseitigkeit lebendiger Freundschaften, unabhängig von Stellung, Berufung, Individualität – auch da ein Großer und tatsächlich ohne Feind. Kaum glaubhaft dies, gerade heute in einer Zeit fast verlorengegangenem Miteinander. Entsprungen seiner Souveränität des Umganges, seinem Glauben an das Gute im Menschen, einer Geduld des Zuhörens und des Bemühens um Verständnis für den anderen. Seine Achtung vor dem Leben der anderen erfuhr durch sie Achtung für ihn, welche fast etwas Einmaliges hatte.
Er besaß durch Erziehung und Entwicklung ein eigenes Selbstverständnis in der Form des Umgangs mit den Menschen, der Natur und den jeweiligen Verhältnissen. Hoch gebildet, dies ständig vertiefend, souverän in seinen Darstellungen, sich immer überzeugend artikulierend, so haben wir ihn immer wieder erlebt.
Dies rührt nicht zuletzt von seiner Erziehung her. Seine Familie lebte noch die von ihm gern als preußische Tradition gesehenen Eigenschaften, wie Aufrichtigkeit, Klarheit in den Aussagen und mit einem gesunden Zukunftswillen.
Kühn zu leben. Helfender statt Bittender zu sein. Ein Streiter für Gerechtigkeit und großer Menschlichkeit.
Typisch deshalb auch seine Lebensmaxime, von seinem von ihm so verehrten Großvater, einem kaiserlichen Marineoffizier, übernommen, die da lautet: „Die Tugend der Kühnen ist Beharrlichkeit und die Kraft eines langen Atems." Dies hat er stets im tiefen Selbstverständnis bis an sein Lebensende gelebt.

Als Künstler wurde er zu einem genauen Beobachter seiner Umgebung, verfügte über ein großes Maß gediegenen, ansprechenden Handwerks. Als feinfühliger Intellektueller besaß er ein Grundverständnis für historische Entwicklung, ein großes Interesse an geschichtlichen Prozessen.
Dabei war er kein Regionalhistoriker, eher ein Welthistoriker, welchen neben den Grundfragen menschlicher Entwicklung besonders die Gegebenheiten deutscher Geschichte faszinierten. Und hier besonders die germanischen Wurzeln unseres Volkes. Der stets die kausalen Zusammenhänge einer Entwicklung erkannte und Gegenwärtiges immer wieder überzeugend aus Vergangenem herleiten konnte. So war er menschliche und geistige Persönlichkeit, die ihn zu einem wahrlich Großen machte.

In mehr als 30 Jahren habe ich ihn nicht ein einziges Mal zornig erlebt, stets erfuhr ich eine Gelassenheit in Auseinandersetzungen, die Milde eines großen Verständnisses. Die Augen wach, manchmal etwas zusammengekniffen, ein vertiefen der eigenen Erkenntnis signalisierend, dabei um seinen Mund ein geheimnisvolles Lächeln, Reflexion des Erlebten, des Verstehens.

Stets forderte er sich selbst in seiner Kunst – sich selbst aber auch andere, in der Lehre, in den Gesprächen.
Besonders geschätzt wurde er natürlich von seinen Kollegen, von denen einige ihm wichtige Freunde wurden. Man verzeihe mir schon jetzt eine wohl vorhandene Unvollständigkeit, aber Namen wie Eckhard Böttger, Günther Rechn, Dieter Clausnitzer, Erna und Paul Böckelmann, Georgios Wlachopolus, Hans-Peter Bethke, Horst Rink, der Fotograf Thomas Kläber, der Bildhauer Ernst Sauer oder die Schmuckgestalterin Christine Przybilski müssen hier unbedingt genannt werden. Und nicht zuletzt Freunde, wie das Ehepaar Hannelore und Wolfgang Joswig, aber auch der Senftenberger Schriftsteller und Lyriker Bernd-Dieter Hüge, welcher ihm ein kleines Gedicht widmete.
Gemeinsames wurde zu bestimmten Lebensinhalten. Gemeinsam Erfahrenes verband. Streitbar und solidarisch damals in der Sektion Malerei und Grafik des Verbandes Bildender Künstler in Cottbus, deren langjähriger Vorsitzender Gerhart Lampa war, hielten die engen Verbindungen auch über die Zeit der Loslösung durch neue gesellschaftliche Verhältnisse.

Ich besuchte Gerhart Lampa in seinem Atelier in Ruhland. Nach einem herzlichen Willkommen zieht er eine hölzerne Kiste unter dem Tisch hervor: „Wein von Doktor Henning", bemerkt er augenzwinkernd. Ein roter Franzose. Während ein großer Schluck wunderbarer französischer Seele in unsere Gläser fließt und dann zu uns, erinnert sich Gerhart dankbar an solche Persönlichkeiten wie eben jenes Dr. Henning oder Dr. Kurt Häge. Übereinstimmungen in Lebenshaltungen, aber auch ästhetischen Auffassungen lassen sie über die Zeit nicht nur gegenseitige Achtung und Wertschätzung, sondern ein großes Stück Freundschaft leben. Begegnungen stets auf Augenhöhe zwischen dem Künstler und den Vorstandsvorsitzenden des größten regionalen Unternehmens, der LAUBAG, heute VATTENFALL. Ebenso zu nennen wären hier Herr Rohde von der Commerzbank und Herr Meier von der ESSAG. Sie alle wurden zu Freunden, zu Liebhabern und Förderern seiner Malerei.
Herr Dr. Kurt Häge ist es, welcher unseren Freund mit Arbeiten im freien Raum beauftragt. So entstehen u.a. das Steintor von Gut Geisendorf oder die Zeichen der Erinnerung an das devastierte Dorf Kausche.
Monolithische Zeichen, die an die Frühzeit menschlichen Gestaltens erinnern, sind bewusst vom Künstler gewählt, damit Ursprüngliches lebendig gehalten wird. Unverwechselbar und lebensbeständig.

Als ein Mensch, welcher das Leben als ein großes Geschenk begreift, möchte Gerhart Lampa dem Leben etwas zurück geben, im Leben Besonderes schaffen, Spuren hinterlassen. Gerhart hat Spuren hinterlassen. Diese Aufträge sind Herausforderung und Zeugnis zugleich.
Und doch ist es schwerer geworden nach der Wende, ausschließlich als freiberuflicher Künstler zu arbeiten. Nicht wenige suchen nach einem beruflichen Übergang in ein geregeltes Einkommen. Auch Gerhart Lampa. Sein Glück, dass sich der damalige Intendant Heinz Klevenow der Zeiten Lampas im Malsaal des Cottbusser Theaters erinnert und ihn zum Malsaalvorstand am eigenen Hause macht. Für das Schöpferische in Lampa die so notwendige finanzielle Sicherheit, um weiter kreativ sein zu können. Für den Menschen Gerhart Lampa eine wunderschöne Zeit des Miteinander mit den Kollegen der Werkstätten der Neuen Bühne. Die Verbindung bleibt auch nach seinem Ausscheiden 2002. Das beeindruckende Bühnenbild zur Inszenierung „Wer hat Angst vor Virginia Woolf" in der Regie von Sewan Latchinian ist ein Beleg dafür.

Die Flasche erfährt längst die gewollte Leere und ist jetzt Hinweis auf das Ursprungsland dieses so genussvollen Tropfens.
Frankreich, ein Land mit großer Geschichte und einer wunderbaren Landschaft wird zur liebvoll-malerischen Entdeckung von Gerhart und Barbara. Die Bretagne, die langen Strände des Atlantik, schließlich Korsika.
Es ist jene Insel, die fortan zum besonderen Reizpunkt wird. Waren es früher fast ausschließlich die Tagebaue als künstlerische herausfordernde Zeichen verletzter Landschaft mit so tiefen Wunden, ist es jetzt auch das farbige Gebilde im Mittelmeer, welches immer wieder zum Sujet wird. Steile Felsen, dem anstürmenden Meere trotzend, sich dabei oft in Partnerschaft wehrend, farblich so verschieden, von weißen Wellenkragen umspült.
Unzählige große und kleine Formate sind Zeugnisse eines tiefen Eindrucks von erlebten Naturgewalten, von natürlichen Farben und Formen die zum Malen gerade zu herausfordern.

Und auch hier sind es die Menschen jener Insel, die den Künstler immer wieder gern dorthin gehen lassen. Sie, gezeichnet von Sonne und Meereswinden, ringen der Kargheit des Bodens Leben ab. Erhalten sich in Demut und Bescheidenheit ein besonderes Stück tiefer Lebensfreude, welches sich mit großer Herzlichkeit paart.
Das Einfache ist das wirklich Große.
Dieses ihm eigene Verständnis findet Gerhart Lampa hier erneut bestätigt.

Gerhart Lampa hat Ende der 60 er Jahre Germanistik und Kunstpädagogik in Dresden studiert. Die dort erfahrenen zeichnerischen und malerischen Übungen nutzt er, um eigenes Handwerk zu vervollkommnen, das Pädagogische, um jenen, denen Malerei zur sinnvollen Freizeitgestaltung wird, ein guter Lehrer zu sein. Gern geht er zu jenen, die noch Ringen um eigene Ausdruckskraft, sich mühen mit anfänglich bescheidenen Mitteln, einmal Anspruchsvolles entstehen zu lassen. Mit Gerhart, dem so Sensiblen, Verständnisvollen, wird es dem einen oder anderen schließlich gelingen. Über Jahre begleitet er sie immer wieder in Plenairs oder in privaten Konsultationen. Der Künstlerkreis 07 ist hier ein wichtiges Beispiel.

Diese Fähigkeit der Vermittlung von Ästhetischem blieb auch der Hochschule nicht verborgen und so berief sie Gerhart Lampa zum Honorarprofessor für die studentische Ausbildung: Kreatives und künstlerisches Gestalten.
Es wird ein spannendes Miteinander. Gerhart fühlt sich wohl unter den jungen Menschen und sie begeistern sich schnell für seine meisterhafte Art des Vermittelns und seines Empfindens und Wissens um das wirklich Schöne. Auch von den Kollegen findet er rasch Anerkennung und so mancher wurde ihm dabei zum Freund. Zu Freunden werden ihm und Barbara in den letzten Jahren auch Germana und Dr. Klaus Grehn. Und Klaus ist es, welcher im vergangenen Jahr eine Biographie unseres geschätzten Freundes schreibt. Im Frühjahr dieses Jahres wird sie uns allen zugänglich sein. Dank auch dafür.

Die Flasche scheint getrunken. Gerhart hält sie trotzdem noch einmal schräg gegen das Licht, einen kleinen Rest erkennend und mir großzügig überlassend.
Seine Großzügigkeit ist einmalig. Ich kenne keinen Künstler dem das Verschenken von Kunst so viel Freude bereitet. Immer wieder nach einem besonders schönen Gespräch oder Abend oder für einen Geburtstag oder einen anderen Anlass, sucht er aus bereitstehenden kleinen Kisten ein

malerisches Andenken. Gemeint sind hier die kleinen Formate. Skizzen wie Gerhart sie nannte. Vom Malerischen sind jene in Postkarten-Größe entstandene Arbeiten mehr als eine Skizze. Sie sind Zeugnisse seiner unbändigen Kreativität des Augenblickes, entstanden, in einem Moment tiefer Berührung von Erfahrenem, einer empfindsamen Intensität von Erlebtem. Über Hundert sind es in jedem Jahr. Und viele, fast alle finden über die Zeit dankbare Empfänger. Es macht Gerhart Lampa glücklich, andere zu beschenken, sie mit seinen Mitteln ein bisschen glücklich zu machen. Wohl auch dieses Zeichen seiner großen Seele.
Dies wird auch immer wieder in den Themen seines malerischen Werkes erkennbar. Dieses ist so bedeutsam wie vielfältig. Es wird bleiben und künden von einem Künstler, dem Menschlichkeit höchstes Gut war.
Seine Herkunft, sein Charakter und seine Bildung gaben dem Sujet oft eine Tiefe, welche wir in unterschiedlichen Ebenen der Darstellung ablesen können.
Gerhart hat für mich etwas von einem malenden Philosophen oder besser philosophierenden Maler, mit großer Liebe zur Weisheit, zur Erkenntnis und deren spielerische Vermittlung.
Er hat Wahrheiten gesagt, die notwendig sind zu sagen, er hat dies getan mit den ihm eigenen Mitteln, ohne jemals zu verletzen. Er hat Symbolisches verkündet ohne jemals plakativ zu werden. Allein dafür könnte ich eine Reihe von Beispielen benennen, Themen wie „Hagen und Volker", „Jugendweihe", „Aufziehendes Unwetter", „Brennendes Magdeburg" und vieles, vieles mehr.
Lampa berichtet vom Leben in dessen unterschiedlichsten Facetten. Egal in welcher dazu gewählten Formsprache, ob mit deutlichem Duktus oder einer gediegenen Flächigkeit, mit pastellenen Tönen oder expressiven Farbimpulsen.
Seine Sicht auf den Gegenstand war stets eine besondere. Um dies deutlich zu machen fällt mir eine frühere Geschichte ein. Gerhart Lampa bekam den Auftrag Arbeiten für seine Pateneinheit, ein Jagdfliegergeschwader, zu liefern. Er malte nicht die tonnenschweren Flugzeuge mit ihren gefährlichen Bordwaffen, er malte nicht deren Piloten in martialischen Haltungen, er malte den Blick den sie hatten, wenn sie aus dem Cockpit schauten. Auf das Land, welches so farbenprächtig und still unter ihnen liegt, wenn sie pfeilschnell den Himmel durchziehen. Die Offiziere akzeptierten damals diesen Ansatz sofort. Nach der Wende holten Bundeswehroffiziere die Arbeiten in ihren Stützpunkt. Zeichen einer Malerei, die nicht nur von bleibendem Wert, sondern von großer Gültigkeit berichten kann.
Große Malerei hat immer die Kraft des Zeitlosen. Nur so übersteht sie die Stürme der Zeit, nur so behält sie Lebensnotwendigkeit.
So wie sein Werk, ist auch der Mensch Gerhart Lampa unvergänglich.
Was uns bleibt ist nicht nur sein anspruchsvolles malerisches Werk, was uns bleibt ist die lebendige Erinnerung an ihn, das Vermächtnis eines wahrlich großen Menschen. Sein Fehlen ist uns allen schon heute spürbar. Sein Verlust bleibt nicht ersetzbar. Wir alle versprechen es ihm aus tiefstem Herzen, versprechen seiner Frau Barbara und seinen Kindern Thomas, Barbara und Anne, er wird weiterleben, so lange uns ein solches gegeben ist."

Der Bürgermeister der Stadt Senftenberg, Andreas Fredrich, selbst ein bekennender Freund der Malerei, betonte in seiner Trauerrede die Bodenhaftigkeit Gerhart Lampas, seine Verbundenheit zur Lausitzer Landschaft und seine Liebe zur Malerei als die drei Konstanten in seinem Leben. Fredrich würdigte die Bedeutung Lampas für Senftenberg und ganz Ostdeutschland. Zugleich erinnerte er daran, dass Lampa von 1972 bis 1979 Direktor des Kreismuseums war und mit dem Karl-Blechen-Preis geehrt wurde. Für Fredrich strahlen die Bilder von Gerhart Lampa Ruhe und

Weite aus und „vor allem Achtung vor der Lausitzer Landschaft". Spuren habe Lampa in der Kreisstadt auch mit dem von ihm 1999 geschaffenen, am Klinikum aufgestellten, „Steinernen Lebenskreis" hinterlassen.

Für den LionsClub ehrte Bernd Leubner Gerhart Lampa. „Die Mitglieder des LionsClubs haben mit ihm einen langjährigen, von allen hochgeschätzten Freund und zugleich einen seiner Gründungsväter verloren ... Sein Platz ist leer geworden, umso mehr spüren wir und wissen wir in diesem Augenblick, wie wichtig er für uns war. ...
Seine hohen menschlichen Qualitäten lernte ich wie meine Lions Freunde in dem langjährigen Miteinander in unseren Clubaktivitäten schätzen. Er war stets ein kritischer und skeptischer Geist in den großen Dingen der Philosophie und der Politik. Aber in den ‚kleinen' Dingen in seinem Lebenskreis, in seinen eigenen Zielen und besonders in seinem sozialen Denken und Handeln war er keineswegs skeptisch, sondern viel mehr großzügig, lebensbejahend und zupackend. ...
Wie kaum ein anderer verkörperte er das Luther-Wort: ‚Wenn ich auch sicher wüsste, dass morgen die Welt untergeht, ich würde noch heute ein Bäumchen pflanzen.' Setzen wir für ‚Bäumchen pflanzen' ‚ein Bild malen', dann traf es auf Gerhart voll zu. ..."

Am 2. Februar 2010 wurde im Schloss Senftenberg eine Ausstellung „Gerhart Lampa – Malerei und Grafik aus der Kunstsammlung Lausitz" eröffnet. Diese Ausstellung war als Würdigung eines wachsenden Lebenswerkes zum 70. Geburtstag des Künstlers, am 11. August 2010, geplant. Sie wurde nach dem Tod Gerhart Lampas vorgezogen und wurde für die Besucher eine Ausstellung des Abschieds, der Erinnerung und Mahnung. „Niemand glaubte", so der Museumsdirektor Stefan Heinz, „dass der Künstler zur Eröffnung nicht mehr bei uns sein würde und es nun eine Gedenkveranstaltung sein wird."
Die Laudatio zur Ausstellungseröffnung hielt der Malerkollege und Kurator der Kunstsammlung Lausitz, Bernd Gork:
„Es war im kalten Winter 1979, als ich hier im Senftenberger Schlosshof an der Museumstür klingelte. Oben am Fenster kam ein Kopf zum Vorschein. Es war der von Gerhart Lampa, der mir öffnete und mich freundlich aufnahm. Damals war er Direktor des Museums, das man wegen der Kälte vorübergehend schliessen musste. Ich stand am Beginn meiner bildnerischen Tätigkeit, war unsicher und suchte seinen Rat als Maler und Grafiker. Diese meine erste Begegnung mit ihm erwies sich als folgenreich. Nachdem er meine Arbeiten durchgesehen hatte, bot er mir spontan eine kleine Ausstellung im Museum an, die einige Wochen später stattfand. Meine erste Ausstellung und noch dazu eine Museumsausstellung, das war viel mehr, als ich je zu hoffen gewagt hatte! Diese Episode ist charakteristisch für Gerhart Lampa, der sich stets mit großem Interesse bei jeder Gelegenheit der bildenden Kunst zuwandte, sich immer bereitwillig für die Ratsuchenden Zeit nahm und seine Liebe zur Kunst an nachfolgende Generationen weitergab. In zahllosen Gesprächen und bei Atelierbesuchen in den folgenden Jahren durfte ich durch ihn viel über die Geheimnisse der Malerei erfahren.

Gerhart Lampa war zuallererst Maler. Seine Aussage ‚Ich würde alles tun, um malen zu können' lässt keinerlei Zweifel an der Ernsthaftigkeit aufkommen, mit der er seiner Passion zeitlebens folgte. In seiner Malerei erlag er nicht einem Erneuerungszwang, sondern gehörte zu den Bewahrern europäischer Malkultur. Er hielt an der Darstellung des sichtbaren Gegenstandes fest. So ist die hohe Wertschätzung, die er für Harald Metzkes empfand, nur zu verständlich. Sein großes

Thema blieb die Landschaft, eine ‚von Emotionen durchwobene Landschaft', wie Fritz Jende es ausdrückte. Die Landschaft der Lausitz, die zweite Heimat des gebürtigen Magdeburgers, mit allen ihren Erscheinungsformen, ob als Kulturlandschaft oder als eine von industriellen Heimsuchungen geschundene. Danach die Bergbaufolgeland-schaften, geflutete, wie Tagebaue, aus denen Seen wurden oder Kippen, die auf ihre Wiederbelebung warteten. Nach 1989 konnte er seinen Erlebnishorizont erweitern. Reisen in west- und südeuropäische Gefilde beförderten neue Bildwelten. Einer lockeren, impressiv anmutenden Pinselschrift in den früheren Bildern folgte allmählich mit höherem Abstraktionsgrad eine Beruhigung der Flächen und Formen, zuweilen mit einer Steigerung der Farbkraft, etwa wenn ein gelbes Rapsfeld unter tiefblauem Himmel leuchtet oder eine weiße Kippe in einen roten Himmel ragt. Seine Landschaften sind nicht nur Abbilder der Natur, ihnen wohnt auch eine philosophische Dimension inne. Auf eines in den letzten Jahren wiederholt verwendeten Motivs des Abendlichtes angesprochen, sagte er:
„... Das Abendlicht ist wohl intuitiv die Vorahnung eines Abschieds, der Gestalt angenommen hat, Beschäftigung mit dem Tod, wer weiß ... Es ist nicht der klare Himmel, es ist letztes Licht und deshalb so kostbar. Vielleicht die Suche nach einer anderen Welt ..?"

Stillleben, Bildnisse und Figurenbilder waren weitere Themen seiner Kunst. Neben den Selbstbildnissen widmete er sich meist nahe stehenden Menschen. Dazu stellt Fritz Jende fest:
‚Die Menschendarstellungen Gerhart Lampas verraten ein hohes Maß an Einfühlungsvermögen, an menschlichem Mitempfinden. Sein gegenüber ist nicht Objekt, das ‘bildnerisch‘ umgesetzt wird, sondern der Mensch, selbstbewusst, leidend, schön. Charakterlichen Qualitäten, zwischenmenschlichen Beziehungen, sozialen und psychischen Zuständen spürt der Maler teilnehmend und achtungsvoll nach.'
Sein von menschlicher Wärme durchdrungenes Werk zeugt von der Liebe als einem wesentlichen Schaffensmotiv. Das mündet in dem Selbstbekenntnis: ‚Ja, - die Liebe durchzieht all meine Arbeit; Glück und Abschied, Berührung und Erinnerung. Ich hatte das Glück, viel Liebe zu erfahren. Die Liebe ist wohl der Schlüssel zu einem erfüllten Leben.'

Ein neues Gestaltungsmedium bereichert Gerhart Lampas künstlerisches Schaffen seit den 90er Jahren. Dafür dienten ihm die eiszeitlichen Zeugnisse in der Lausitz, die Findlinge. Bei der Arbeit mit ihnen vertraute er auf die ästhetische Ausstrahlung jedes einzelnen Steines mit seinen individuellen Formen, Farben und Strukturen. Eingriffe erfolgten, wenn überhaupt, überaus behutsam. Er begriff den Stein nicht, wie der Bildhauer, als Material für eine Skulptur, sondern er ist selbst Skulptur als landschaftsgestaltendes und raumgliederndes Element oder Teil eines künstlerischen Ensembles.

Nicht vergessen werden darf neben dem Künstler der Kunstvermittler und Pädagoge Gerhart Lampa. Nach seiner Ausbildung zum Lehrer für Kunst übernahm er zunächst die Funktion des Museumsdirektors in Senftenberg, wo er die Traditionen seines Vorgängers Günther Wendt fortsetzte und immer wieder Kunstausstellungen in das Haus holte. Außerdem diente ein Geschichtsfernstudium in Berlin seiner Museumsarbeit. Zeitlebens gab er gern seine künstlerischen Kenntnisse an Jüngere oder Kunstinteressierte bei zahlreichen Pleinairs, Werkstätten oder Seminaren weiter. Ausdruck der Wertschätzung, die ihm dafür entgegengebracht wurde, war seine Tätigkeit als Honorarprofessor an der Hochschule Lausitz seit 2002, nachdem er schon einige Jahre Grundlagen der Gestaltung gelehrt hatte.

Ebenfalls nicht vergessen werden darf die Arbeit Lampas im Verband Bildender Künstler der DDR in Cottbus. Als Sektionsleiter Malerei übernahm er mehrfach die künstlerische Leitung des Energiepleinairs und erwarb sich die Achtung seiner Kolleginnen und Kollegen. Der Vollständigkeit halber sei noch auf seine Theaterarbeit als Malsaalvorstand in Senftenberg verwiesen und sein soziales Engagement im LionsClub...

Gerhart Lampa war ein kommunikativer Mensch, der gerne seine Bilder in der Öffentlichkeit zeigte, seine Ansichten über Kunst mitteilte, etwa in Briefen oder Reden bei Ausstellungseröffnungen von Kollegen und er mit einem ganz eigenen Charme immer wieder Geschichten und Erlebnisse aus seinem Leben erzählte. Wie schon erwähnt, war seine Tür Ratsuchenden offen, und er war tolerant, wenn er bei dem Anderen ein echtes künstlerisches Anliegen verspürte. Er konnte aber auch unnachgiebig und scharfzüngig sein gegen Oberflächlichkeit, Scharlatanerie und Ignoranz. Uns Kollegen und Freunden von der einstigen Ateliergemeinschaft ‚Der Hof' war er ein treuer Gefährte und wir durften seine Großherzigkeit erleben, etwa wenn er uns jeweils zum Jahresende reich mit seiner Kunst beschenkte. Ebenfalls mit Toleranz und Sachverstand wirkte er als Mitinitiator in der Künstlergemeinschaft ‚Kreis 07', die ihn zurecht als Spiritus rector ansah.

Gern zitierte Gerhart Lampa seinen Großvater mit den Worten: ‚Beharrlichkeit ist eine Tugend der Kühnen und die Kraft eines langen Atems'. Das war seine Lebensmaxime. Mit ihr hat er auch der scheußlichen Krankheit getrotzt, bis zuletzt.
Der Maler muss jetzt schweigen. Seine Bilder aber sprechen weiter, heute zu uns und dafür wünsche ich uns Freude und ästhetischen Genuss."

Einzelausstellungen

Die Gesamtzahl der Einzelausstellungen und der Ausstellungsbeteiligungen von bzw. mit Werken von Gerhart Lampa in den Jahren 1975 bis 2009 ist nicht genau zu ermitteln. Klar ist aber, dass es eine erstaunlich große Anzahl ist. Auf viele wurde in dem Kapitel 7, im Zusammenhang mit der Widerspiegelung des Schaffens des Künstlers in den Medien, eingegangen. Im Folgenden werden die Orte genannt, an denen Gerhart Lampa ausstellte. Auch diese Angaben sind nicht vollständig. Außerdem ist zu beachten, dass im Verlaufe der 35 Jahre in vielen Orten mehrere Ausstellungen stattfanden.

Einzelausstellungen seit 1975 in:
Berlin, Bergisch-Gladbach, Bernkastel-Kues, Calau, Cottbus, Crosetto/Italien (mit P. Bethke und G. Rechn), Elsterwerda, Eppelborn (mit E. Böttger und D. Claußnitzer), Finsterwalde, Guben, Hildesheim (mit E. Böttger und D. Claußnitzer), Hoyerswerda, Köln, Magdeburg, München (mit E. Böttger und D. Claußnitzer), Püttlingen, Schwarzheide, Senftenberg, Stralsund, Weimar.

Bibliografie (Auswahl)

Katalog „Junge Künstler der DDR 1976", Berlin 1976, o. S.
Katalog „10. Kunstausstellung des Bezirkes Cottbus 1979, Cottbus 1979, Abb. S. 9, 37
Katalog Aquarelle in der DDR", Erfurt 1981, S. 109
Faltblatt „Gerhart Lampa, Malerei", Klubgalerie Magdeburg, 13.1. – 10.3. 1982, Text von Fritz Jende, 3 Abb.
Katalog „Aspekte. Cottbusser Kunst. Aquarelle, Pastelle, Gouachen", Staatliche Kunstsammlungen Cottbus 1982, S. 58,59, Abb. S. 60, 61
Faltblatt „Gerhart Lampa, Ölbilder und Zeichnungen", Kleine Galerie Hoyerswerda, 12.3. - 18. 4. 1983, Text von Martin Schmidt, 6 Abb.
Faltblatt „Gerhart Lampa, Malerei und Grafik", Kleine Galerie Guben o. J., Text von Gerhart Lampa, 7 Abb.
Katalog „11. Kunstausstellung des Bezirkes Cottbus 1984/85", Cottbus 1984, S.28, Abb.S.77
Katalog „Gerhart Lampa, Malerei, Grafik", Kreismuseum Senftenberg o. J. (1986), Texte von Thomas Zunkel, Fritz Jende, Martin Schmidt, 2 Farb- Abb., 9 Abb.
Katalog „Bekenntnis und Tat. Bildende Kunst im Bezirk Cottbus 1946-1986", Staatliche Kunstsammlungen Cottbus 1986, S. 19, 111, Farb- Abb. S.43, Abb. S. 84
Katalog „Internationales Energie-Pleinair 1977-1984", Staatliche Kunstsammlungen Cottbus 1986, Abb. S. 31
Katalog „Kunst und Sport. Sammlung des DTSB der DDR an der Zentralschule ‚Artur Becker' Bad Blankenburg", o. J. (1986), S. 39
Faltblatt „Metamorphosen", Kreismuseum Senftenberg 1987, 1 Abb.
Katalog „Staatliche Kunstsammlungen Cottbus 1977-1987", Cottbus 1987, Abb. S. 42
Katalog „X. Kunstausstellung der DDR", Dresden 1987/88, S. 458
Faltblatt „Landschaft der Lausitz im Bild ihrer Maler des 20. Jahrhunderts", Kleine Galerie Hoyerswerda, 30.8 bis 12.10. 1987, o. S., 1 Abb.
Katalog "Bildnerisches Volksschaffen im Besitz der Galerie Junge Kunst Frankfurt (Oder)", Frankfurt (Oder) 1988, 1 Abb.

Faltblatt „Objekt, Plastik, Zeichnung“, Kreismuseum Senftenberg 1989, o. S.,1 Farb- Abb.
Katalog „12. Kunstausstellung des Bezirkes Cottbus 1989/90“, Cottbus 1989, o. S., 1 Farb-Abb.
Katalog „Malerei, Grafik, Plastik, aus der Kunstsammlung Lausitz“, Kreismuseum Senftenberg 1990, S. 9, Abb. S. 27
Katalog „Umbrüche. Eckhard Böttger, Dieter Claußnitzer, Gerhart Lampa“, Kreismuseum Senftenberg 1991, Texte von Bernd Gork und Rocco Thiede, S. 3, 6-8 Farb- Abb. S. 22-24, Abb. S. 25, 26
Faltblatt “Wasserfarbenmalerei”, Kreismuseum Senftenberg und Theatergalerie 1991, 1Abb.
Katalog „ARTE TEDESCA CONTEMPORANEA“, Grossetto 1991, o. S., 3. S., 2 Farb-Abb.
Katalog „Gerhart Lampa, Ölbilder und Aquarelle“, Lausitzer Braunkohle AG Senftenberg, 15.06. bis 16.08.1993, Text von Bernd Gork, 12 Farb- Abb.
Katalog „Kunstsammlung Lausitz. Erwerbungen 1990-1993“, Kreismuseum Senftenberg 1994, Text von Bernd Gork, S.8, 57, Farb- Abb. S. 16
Katalog „Gerhart Lampa, Landschaft, Gestalt“, Lausitzer Bergbau-Verwaltungsgesellschaft MbH, o. J. (1995), Text von Klaus Trende, 10 Farb- Abb.
Katalog „Märkische Wandlungen. Bilder aus Brandenburg und Berlin“, Ausstellung im Alten Rathaus/Kulturhaus Potsdam vom 8.10. bis 7.11. 1999, Text von Klaus Trende, S. 20, Farb- Abb. S. 54,55
Kunst und Alltag. Kunst im öffentlichen Raum im Land Brandenburg, Hrsg. Udo G. Cordes, Fredersdorf 1999, S. 80, Farb- Abb. S. 82
Katalog „Rückblick. Braunkohleindustrie im Bild“, Lausitzer Braunkohle AG 1999, Text von Gerhart Lampa, S.15, Farb- Abb. S. 14
Katalog „GERHART LAMPA Malerei und Grafik aus der Kunstsammlung Lausitz“, Kreismuseum Senftenberg 2000, Text von Fritz Jende
Katalog „Stein – Zeichen. Gerhart Lampa – Erinnerungen an eine Landschaft“, Gut Geisendorf /VATTEBFALL 2005, Homage ´a Gerhart Lampa, Text Klaus Trende
Katalog „Gerhard Lampa“, Katalog zur Bilderschau zum 65. Geburtstag des Künstlers, Stadt Senftenberg 2005, Text Klaus Trende
Katalog „Paarweise. Barbara Seidl-Lampa, Gerhard Lampa, Skulptur und Malerei“, Gut Geisendorf/VATTENFALL 2007, Text Klaus Trende